IFRS auf einen Blick

Praktische Bild-Text-Darstellung –
übersichtlich nach Bilanzposten

Von
Prof. Dr. Isabel von Keitz
WP/StB Rainer Grote
Marc Hansmann

ERICH SCHMIDT VERLAG

Bibliografische Information der Deutschen Nationalbibliothek

Die Deutsche Nationalbibliothek verzeichnet diese Publikation
in der Deutschen Nationalbibliografie; detaillierte bibliografische
Daten sind im Internet über http://dnb.d-nb.de abrufbar.

**Weitere Informationen
zu diesem Titel finden Sie im Internet unter**
ESV.info/978 3 503 15693 1

Gedrucktes Werk: ISBN 978 3 503 15693 1
eBook: ISBN 978 3 503 15694 8

Dieses Papier erfüllt die Frankfurter Forderungen
der Deutschen Nationalbibliothek und der Gesellschaft für das Buch
bezüglich der Alterungsbeständigkeit und entspricht
sowohl den strengen Bestimmungen der US Norm Ansi/Niso
Z 39.48-1992 als auch der ISO-Norm 9706.

Druck und Bindung: Hubert & Co., Göttingen

Vorwort

Die offiziellen Verlautbarungen des IASB (inkl. der für die Anwender wichtigen ergänzenden Dokumente, wie z.B. Begründungen und illustrierende Beispiele) umfassen mittlerweile fast 4.000 Seiten. Für die Erstellung und Prüfung eines IFRS-Abschlusses ist die Nutzung dieser offiziellen Verlautbarungen unumgänglich. Inhalt und Aufbau des IASB-Regelwerks werden allerdings von vielen Anwendern zu Recht als sehr komplex und anwenderunfreundlich bewertet. Dies ist zum einen darin begründet, dass die einzelnen Standards und Interpretationen entsprechend ihrer zeitlichen Entstehung chronologisch nummeriert sind und somit keiner sachlichen Systematik folgen. Zum anderen erhöhen die vielen, z.T. kasuistischen Detailregelungen die Komplexität der IFRS. Insofern bedienen sich Studierende sowie Praktiker mit wenigen, aber auch solche mit mehr IFRS-Vorkenntnissen gerne Sekundärliteratur, um sich einen (ersten) Überblick über die IFRS zu verschaffen. Dergleichen Sekundärliteratur existiert bereits vielfältig und variantenreich. Was zeichnet also diese vorliegende neue Publikation aus, wodurch grenzt sie sich von den anderen Werken ab?

Die Besonderheit von „IFRS auf einen Blick" besteht darin, dass die wesentlichen IFRS-Bilanzierungsregeln konsequent in Abbildungen visuell veranschaulicht werden, so dass Sie die wichtigsten Ansatz- und Bewertungsvorschriften im Überblick sehen. Diese jeweils auf der linken Seite dargestellten Abbildungen werden auf der rechten Seite zudem kurz erläutert. Zum besseren Verständnis werden einzelne Bilanzierungsaspekte anhand von praxisorientierten (Zahlen-)Beispielen verdeutlicht. Der Aufbau dieser in dem Hauptteil D veranschaulichten Bilanzierungsvorschriften orientiert sich im Wesentlichen an dem Aufbau einer Bilanz. Einleitend werden zu jedem Bilanzposten die relevanten Standards und Interpretationen aufgelistet. Nach der visuellen Darstellung der Ansatz- und Bewertungsvorschriften (hierbei werden auch wesentliche Unterschiede zum HGB kurz thematisiert) wird zudem ein Überblick über die wichtigsten Ausweis- und Angabepflichten zu den einzelnen Bilanzposten gegeben. Anhand von Beispieltexten für ausgewählte Anhangangaben wird gezeigt, wie diese umgesetzt werden können. Der Hauptteil D wird eingerahmt von einem Teil C, in dem Inhalt und Aufbau der IFRS-Abschlussbestandteile dargelegt werden und dem Teil E, in dem weitere Berichterstattungspflichten erläutert werden. In den einführenden Kapiteln A und B erhalten Sie – ebenfalls mittels Abbildungen – grundlegende Informationen zum IASB sowie zur Internationalisierung der Rechnungslegung in Deutschland. In dem letzten Teil F werden die Grundlagen zur IFRS-Konzernrechnungslegung kurz veranschaulicht.

„IFRS auf einen Blick" richtet sich aufgrund des visuellen Konzeptes, der dargestellten Systematik sowie des Umfangs gleichermaßen an Studierende, (angehende) Wirtschaftsprüfer und Mitarbeiter im (Konzern-)Rechnungswesen eines Unternehmens, die bereits einen IFRS-Abschluss erstellen oder aber dies erst in Erwägung ziehen. Auch Mitarbeiter von Abteilungen (wie z.B. Finanz-, Treasury-, Controllingabteilungen), die an der IFRS-Abschlusserstellung nur indirekt beteiligt sind, Adressaten von IFRS-Abschlüssen (wie z.B. Banken/Lieferanten), die solche zur Entscheidungsfindung lesen und analysieren dürfen, Wirtschaftsjournalisten sowie sonstige IFRS-Interessierte erhalten mit diesem Werk einen schnellen und intuitiven Zugang zu den IFRS.

In dieser ersten Auflage wird der Stand der bis Ende August 2014 von der EU anerkannten Standards und Interpretationen berücksichtigt. Die von der EU bisher noch nicht anerkannten IFRS 9 und IFRS 15 werden insofern nur kurz als Ausblick vorgestellt. Darüber hinaus werden verschiedene Spezialvorschriften (z.B. IFRS 4, IAS 26 und IAS 41) nicht thematisiert. Zu den meisten Standards sowie Interpretationen werden indes die wesentlichen Regelungen so umfassend dargestellt, wie es für eine Zusammenfassung von 4.000 auf 400 Seiten möglich ist. Für detailliertere Einblicke wird insb. auf die Kommentarliteratur (z.B. die Loseblattsammlung von Thiele/von Keitz/Brücks (Hrsg.), Internationales Bilanzrecht, Bonn) oder natürlich die original IFRS verwiesen.

Wir danken unseren Mitarbeitern, insb. Herrn Clemens Pelster, für die tatkräftige und sorgfältige Mitwirkung bei den redaktionellen Arbeiten. Zudem danken wir für die Unterstützung der im RSM Netzwerk organisierten Wirtschaftsprüfungs- und Steuerberatungsgesellschaften in Deutschland.

Münster/Düsseldorf, im September 2014

Isabel von Keitz, Rainer Grote und Marc Hansmann

Inhaltverzeichnis

Abkürzungsverzeichnis

Abs.	Absatz
abzgl.	abzüglich
AG	Aktiengesellschaft
AK	Anschaffungskosten
allg.	allgemein(e)
ARC	Accounting Regulatory Committee
ARGE	Arbeitsgemeinschaft
Art.	Artikel
ass. U.	assoziiertes Unternehmen
Aufl.	Auflage
BaFin	Bundesanstalt für Finanzdienstleistungsaufsicht
BGB	Bürgerliches Gesetzbuch
BilMoG	Bilanzrechtsmodernisierungsgesetz
BilReg	Bilanzrechtsreformgesetz
BiRiLiG	Bilanzrichtliniengesetz
bzw.	beziehungsweise
ca.	circa
CF	Conceptual Framework
CGU	Cash Generating Unit
CNY	Renminbi
d.h.	das heißt
Dez.	Dezember
DM	Deutsche Mark
DP	Discussion Paper
DPR	Deutsche Prüfstelle für Rechnungslegung
DRS	Deutscher Rechnungslegungsstandard
DVD	Digital Video Disc
e.G.	eingetragene Genossenschaft
EBIT	Earnings before Interest and Taxes

EBT	Earnings before Taxes
ED	Exposure Draft
EFRAG	European Financial Reporting Advisory Group
EG	Europäische Gemeinschaft
EGHGB	Einführungsgesetz zum Handelsgesetzbuch
EK	Eigenkapital
EPS	Earnings per Share
etc.	et cetera
EU	Europäische Union
EUR	Euro
F&E	Forschung und Entwicklung
f.	folgend(e)
FASB	Financial Accounting Standard Board
ff.	fortfolgend(e)
FIFO	First-in-first-out
GE	Geldeinheiten
gem.	gemäß
ggf.	gegebenenfalls
GKV	Gesamtkostenverfahren
GmbH	Gesellschaft mit beschränkter Haftung
GoF	Geschäfts- oder Firmenwert
grds.	grundsätzlich
GU	Gemeinschaftsunternehmen
GuV	Gewinn- und Verlustrechnung
HB II	Handelsbilanz II
HGB	Handelsgesetzbuch
HK	Herstellungskosten
i.d.R.	in der Regel
i.H.v.	in Höhe von
i.S.d.	im Sinne des/der
i.V.m.	in Verbindung mit

IAS .... International Accounting Standard(s)
IASB .... International Accounting Standards Board
IASC .... International Accounting Standards Committee
IDW RH HFA .... IDW Rechnungslegungshinweise Hauptfachausschuss
IDW .... Institut der Wirtschaftsprüfer in Deutschland e.V.
IFRIC .... International Financial Reporting Interpretations Committee
IFRS .... International Financial Reporting Standard(s)
inkl. .... inklusive
insb. .... insbesondere
IOSCO .... International Organisation of Securities Commissions
IT .... Informationstechnik (information technology)
JA .... Jahresabschluss
Jan. .... Januar
JPY .... japanische Yen
JÜ .... Jahresüberschuss
Kap. .... Kapitel
KapAEG .... Kapitalaufnahmeerleichterungsgesetz
KG .... Kommanditgesellschaft
KonTraG .... Gesetz zur Kontrolle und Transparenz im Unternehmensbereich
KStG .... Körperschaftsteuergesetz
L+L .... Lieferung und Leistung
langfr. .... langfristig(e)
lat. St. Ertrag .... latenter Steuerertrag
LIFO .... Last-in-first-out
lt. .... laut
mind. .... mindestens
Mio. .... Million
MU .... Mutterunternehmen
Nr. .... Nummer
NYSE .... New York Stock Exchange
o.ä. .... oder ähnliche/s

OCI	Other Comprehensive Income
OHG	Offene Handelsgesellschaft
Okt.	Oktober
p.a.	per anno
PKW	Personenkraftwagen
PublG	Publizitätsgesetz
S.	Seite
SARG	Standards Advice Review Group
SEC	Securities and Exchange Commission
Sept.	September
SIC	Standard Interpretations Committee
sonst.	sonstige(n)
TEUR	Tausend Euro
TransPuG	Transparenz- und Publizitätsgesetz
TU	Tochterunternehmen
u.a.	unter anderem
u.V.m.	und Vieles mehr
UKV	Umsatzkostenverfahren
USA	United States of America
USD	US-Dollar
US-GAAP	United States Generally Accepted Accounting Principles
usw.	und so weiter
VFE-Lage	Vermögens-, Finanz- und Ertragslage
vgl.	vergleiche
vs.	versus
z.B.	zum Beispiel
z.T.	zum Teil
ZGE	zahlungsmittelgenerierende Einheiten

Zuordnung Standards/Interpretationen zu den Kapiteln

	Nr.	Titel	Kapitel
IAS	1	Darstellung des Abschlusses	C
	2	Vorräte	D.6
	7	Kapitalflussrechnungen	C.5
	8	Rechnungslegungsmethoden, Änderungen von rechnungslegungsbezogenen Schätzungen und Fehler	E.5
	10	Ereignisse nach der Berichtsperiode	**
	11	Fertigungsaufträge	D.14
	12	Ertragsteuern	D.13
	16	Sachanlagen	D.2
	17	Leasingverhältnisse	D.4
	18	Umsatzerlöse	D.14
	19	Leistungen an Arbeitnehmer	D.9
	20	Bilanzierung und Darstellung von Zuwendungen der öffentlichen Hand	D.1, D.2
	21	Auswirkungen von Wechselkursänderungen	F.5
	23	Fremdkapitalkosten	D.2.3
	24	Angaben über Beziehungen zu nahe stehenden Unternehmen und Personen	E.4
	26	Bilanzierung und Berichterstattung von Altersversorgungsplänen	**
	27	Einzelabschlüsse	**
	28	Anteile an assoziierten Unternehmen und Gemeinschaftsunternehmen	F.4
	29	Rechnungslegung in Hochinflationsländern	F.5
	32	Finanzinstrumente: Darstellung	D.8. (D.5.1, D.11.1)
	33	Ergebnis je Aktie	E.2
	34	Zwischenberichterstattung	**
	36	Wertminderung von Vermögenswerten	D.2.3 (D.1.3, F.2)
	37	Rückstellungen, Eventualverbindlichkeiten und Eventualforderungen	D.10
	38	Immaterielle Vermögenswerte	D.1
	39	Finanzinstrumente: Ansatz und Bewertung	D.5, D.11
	40	Als Finanzinvestition gehaltene Immobilien	D.3
	41	Landwirtschaft	**

*   von der EU noch nicht endorsed

**   diese Standards/Interpretationen werden nicht thematisiert

	Nr.	Titel	Kapitel
IFRS	1	Erstmalige Anwendung der International Financial Reporting Standards	B.6
	2	Anteilsbasierte Vergütung	D.12
	3	Unternehmenszusammenschlüsse	F.2
	4	Versicherungsverträge	**
	5	Zur Veräußerung gehaltene langfristige Vermögenswerte und aufgegebene Geschäftsbereiche	D.7, E.3
	6	Exploration und Evaluierung von Bodenschätzen	**
	7	Finanzinstrumente: Angaben	D.5
	8	Geschäftssegmente	E.1
	9*	Finanzinstrumente	D.5, D.11
	10	Konzernabschlüsse	F.2
	11	Gemeinsame Vereinbarungen	F.3
	12	Angaben zu Anteilen an anderen Unternehmen	F.1
	13	Bemessung des beizulegenden Zeitwerts	D.2.3
	14*	Regulatorische Abgrenzungsposten	**
	15*	Umsatzerlöse aus Verträgen mit Kunden	D.14
SIC	7	Einführung des Euro	**
	10	Beihilfen der öffentlichen Hand — kein spezifischer Zusammenhang mit betrieblichen Tätigkeiten	**
	15	Operating-Leasingverhältnisse — Anreize	D.4.1
	25	Ertragsteuern — Änderungen im Steuerstatus eines Unternehmens oder seiner Eigentümer	D.13.1
	27	Beurteilung des wirtschaftlichen Gehalts von Transaktionen in der rechtlichen Form von Leasingverhältnissen	D.4.1
	29	Dienstleistungskonzessionsvereinbarungen: Angaben	D.1.1, D.10.1
	31	Umsatzerlöse — Tausch von Werbedienstleistungen	D.14.1
	32	Immaterielle Vermögenswerte — Kosten von Internetseiten	D.1.1

*   von der EU noch nicht endorsed

**   diese Standards/Interpretationen werden nicht thematisiert

	Nr.	Titel	Kapitel
IFRIC	1	Änderungen bestehender Rückstellungen für Entsorgungs-, Wiederherstellungs- und ähnliche Verpflichtungen	D.2, D.10
	2	Geschäftsanteile an Genossenschaften und ähnliche Instrumente	D.8, D.11.1
	4	Feststellung, ob eine Vereinbarung ein Leasingverhältnis enthält	D.4.1
	5	Rechte auf Anteile an Fonds für Entsorgung, Rekultivierung und Umweltsanierung	D.10.1
	6	Verbindlichkeiten, die sich aus einer Teilnahme an einem spezifischen Markt ergeben — Elektro- und Elektronik-Altgeräte	D.10.1
	7	Anwendung des Anpassungsansatzes unter IAS 29 Rechnungslegung in Hochinflationsländern	D.13.1
	9	Neubeurteilung eingebetteter Derivate	D.5.1, D.11.1
	10	Zwischenberichterstattung und Wertminderung	D.5.1
	12	Dienstleistungskonzessionsvereinbarungen	D.1.1, D.5.1, D.10.1, D.14.1
	13	Kundenbindungsprogramme	D.10.1, D.14.1
	14	IAS 19 – Die Begrenzung eines leistungsorientierten Vermögenswertes, Mindestdotierungsverpflichtungen und ihre Wechselwirkung	D.9.2
	15	Verträge über die Errichtung von Immobilien	D.10.1, D.14.1
	16	Absicherung einer Nettoinvestition in einen ausländischen Geschäftsbetrieb	D.5.1
	17	Sachdividenden an Eigentümer	D.8.3
	18	Übertragung von Vermögenswerten durch einen Kunden	D.14.1
	19	Tilgung finanzieller Verbindlichkeiten durch Eigenkapitalinstrumente	D.8.1, D.11.1, D.12.1
	20	Abraumkosten in der Produktionsphase eines Tagebaubergwerks	D.1.1, D.2.1, D.6.1
	21	Abgaben	D.10.1, D.13.1

* von der EU noch nicht endorsed

** diese Standards/Interpretationen werden nicht thematisiert

Zuordnung Interpretationen zu den Standards

		IAS																												IFRS											SIC	IFRIC			
		1	2	7	8	10	11	12	16	17	18	19	20	21	23	24	26	27	28	29	32	33	34	36	37	38	39	40	41	1	2	3	4	5	6	7	8	10	11	13	29	4	6	12	13
SIC	7	X			X	X								⊗				X																											
	10				X								⊗																																
	15	X			X					⊗																																			
	25	X			X			⊗																																					
	27				X		X			⊗	X														X		X						X												
	29	X							X	X															X	X																			
	31				X						⊗																																		
	32	X	X				X		X	X															X		⊗					X													
IFRIC	1	X			X				⊗						X										X	⊗																			
	2																			⊗							X												X						
	4				X				X	⊗																X													X						
	5				X													X							X		X											X	X						
	6				X																				⊗																				
	7							⊗												⊗																									
	9																										⊗			X		X													
	10																						⊗	X			X																		
	12				X		X		X	X	X		X		X				X					X	X	X	X			X					X							X	X		
	13				X					⊗															X														X						
	14	X			X							⊗													X																				
	15	X			X		⊗				⊗														X																			X	X
	16				X									X											⊗																				
	17	X				X												X														X		X		X		X		X					
	18				X				X		X		X																	X										X					
	19	X			X														X								⊗				X	X							X						
	20	X	⊗						X																	X																			
	21	X			X			X					X			X							X		⊗																		X		

Teil A   Grundlagen zum IASB

A.1   Gründung und Entwicklung des IASB

A.2   Ziele und Grenzen des IASB

A.3   House of IFRS: Aufbau und Systematik des IASB-Regelwerks

A.4   Due-Process: Verfahren zum Erlass neuer Regeln

A.5   Conceptual Framework des IASB
- Zweck und Aufbau des Conceptual Framework
- Zweck und Adressaten eines IFRS-Abschlusses
- Qualitative Anforderungen an nützliche Finanzinformationen
- Zweistufiger Aktivierungs- und Passivierungsgrundsatz
- Bewertungsmaßstäbe

Gründung und Entwicklung des IASB

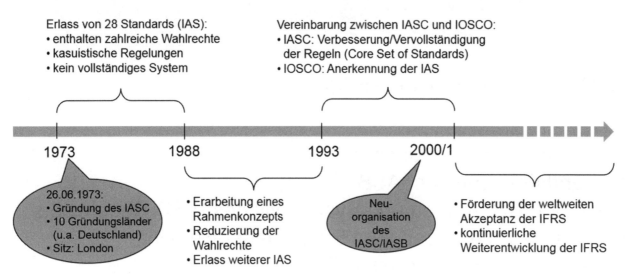

Erlass von 28 Standards (IAS):
- enthalten zahlreiche Wahlrechte
- kasuistische Regelungen
- kein vollständiges System

Vereinbarung zwischen IASC und IOSCO:
- IASC: Verbesserung/Vervollständigung der Regeln (Core Set of Standards)
- IOSCO: Anerkennung der IAS

1973　　　1988　　　1993　　　2000/1

26.06.1973:
- Gründung des IASC
- 10 Gründungsländer (u.a. Deutschland)
- Sitz: London

- Erarbeitung eines Rahmenkonzepts
- Reduzierung der Wahlrechte
- Erlass weiterer IAS

Neu-organisation des IASC/IASB

- Förderung der weltweiten Akzeptanz der IFRS
- kontinuierliche Weiterentwicklung der IFRS

Das IASC wurde **1973** von 10 Ländern (u.a. Deutschland) als privatrechtliche Organisation mit Sitz in London gegründet. Seither erarbeitet der IASC/IASB kontinuierlich Standards und Interpretationen, wobei diese – nach US-amerikanischem Vorbild – kasuistische, also für jeweils abgegrenzte Sachverhalte/Probleme, Rechnungslegungsvorschriften darstellen.

In den ersten Jahren (**1973 – 1988**) enthielten die Standards – als Kompromiss der Mitgliedsstaaten – noch zahlreiche Wahlrechte. Da es bis 1988 an einem Rahmenkonzept mangelte, bildeten die dahin erlassenen 28 IAS nur ein unvollständiges Rechnungslegungssystem.

In den Jahren **1989 – 1993** hat sich das IASC dieser Kritik angenommen und ein Rahmenkonzept (Conceptual Framework, siehe dazu Kap. A.5) erarbeitet und die Wahlrechte in den Standards reduziert.

Ein wichtiger Meilenstein für die weltweite Akzeptanz der IFRS stellte die **1994** getroffene Vereinbarung zwischen der IOSCO (der internationalen Organisation der Börsenaufsichtsbehörden) und dem IASC dar, welche beinhaltete, dass das IASC einen Kern an Vorschriften er- bzw. überarbeitete (Core Set of Standards) und die IOSCO im Gegenzug ihren Mitgliederorganisationen (den nationalen Börsenaufsichtsbehörden) die IAS als Börsenzulassungsstandards empfiehlt. Diese Empfehlung erfolgte – wenn auch damals noch mit Einschränkungen – im Jahre 2000.

2000/1 wurde das IASC umfassend neu organisiert und in IASB umbenannt. Seither arbeiten z.B. die Board-Mitglieder nicht mehr ehrenamtlich, sondern hauptberuflich. In zahlreichen Projekten (z.T. auch joint projects mit dem FASB) werden die IFRS kontinuierlich weiterentwickelt. Zudem wurde in den letzten Jahren die Akzeptanz verstärkt weltweit gefördert, so dass sich der IASB mittlerweile als **der** internationale Standardsetter etabliert hat.

Ziele und Grenzen des IASB

Ziele des IASB

Entwicklung einer weltweiten Rechnungslegungssprache:

- Erlass von qualitativ hochwertigen Regeln
- Förderung der weltweiten Akzeptanz und Einhaltung

Grenzen des IASB

fehlende Durchsetzungskraft:

- privatrechtliche Organisation ohne gesetzliche Befugnisse
- Mitglieder haben sich „verpflichtet", Anwendung der IFRS zu fördern

Mitwirkung der nationalen Standardsetzer bei Entwicklung und Förderung der Akzeptanz der IFRS

Anwendung in > 120 Länder

Das **Ziel** des IASB war und ist es nach wie vor, qualitativ hochwertige Rechnungslegungsvorschriften zu erarbeiten, die weltweit angewandt und anerkannt werden.

Als **privatrechtliche Organisation fehlt** dem IASB indes die erforderliche **Gesetzesbefugnis**, d.h. der IASB kann die Anwendung und Anerkennung der IFRS nicht verpflichtend fordern. Insofern ist der IASB darauf angewiesen, dass die Mitglieder die Anwendung und Anerkennung fördern und fordern.

Mittlerweile wird die **Anwendung** der IFRS weltweit **in > 120 Ländern** verpflichtend gefordert oder zumindest erlaubt.

House of IFRS: Aufbau und Systematik des IASB-Regelwerks

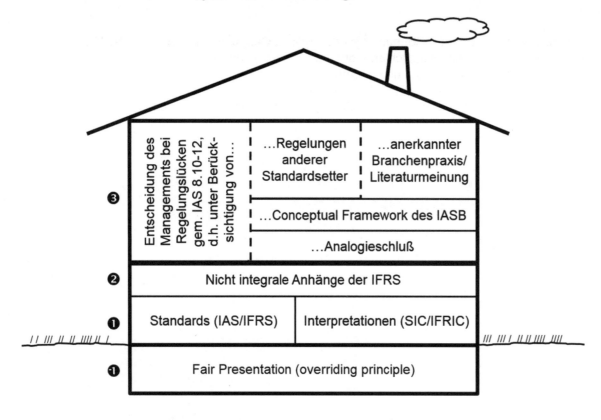

Das House of IFRS verdeutlicht Aufbau und Systematik des IASB-Regelwerkes, wobei sich der IFRS-Anwender von Etage zu Etage – je nach Bedarf – hocharbeiten muss:

❶ Das **overriding principle**: Fair Presentation (= eine den tatsächlichen Verhältnissen entsprechende Darstellung der wirtschaftlichen Lage) kann als Fundament des IASB-Regelwerkes angesehen werden. Gem. IAS 1.15 wird unterstellt, dass die Anwendung der IFRS grds. zu einer Fair Presentation führt. Allerdings kann in äußerst seltenen Fällen von den IFRS abgewichen werden, wenn ansonsten die Fair Presentation gefährdet ist (IAS 1.19).

❶ Im Regelfall sind für die Erstellung eines IFRS-Abschlusses zunächst die relevanten **Standards (IAS/IFRS)** und **Interpretationen (SIC/IFRIC)** heranzuziehen. Ob bzw. welcher Standard/welche Interpretation relevant ist, ergibt sich grds. aus den Anwendungsbereich der Regelungen.

❷ Neben den **Anhängen**, die integraler Bestandteil der IFRS sind, werden zu den IFRS z.T. weitere Anhänge (z.B. Begründungen, Anwendungsleitlinien, illustrierende Beispiele) vom IASB veröffentlicht, die nicht integrale Bestandteile der IFRS darstellen, für die praktische Anwendung/Auslegung der IFRS indes mitunter sehr hilfreich sind.

❸ Wird ein Sachverhalt/Bilanzproblem nicht (explizit) in einem IFRS geregelt, hat das Management unter Berücksichtigung der folgenden Aspekte – in absteigender Reihenfolge – über die anzuwendende Bilanzmethode zu entscheiden (IAS 8.10 ff., siehe auch Kap. E.5):
- IFRS, die ähnliche Sachverhalte regeln, sind analog anzuwenden,
- die Regeln des Conceptual Frameworks sind zu berücksichtigen,
- die Verlautbarungen anderer Standardsetter (z.B. US-amerikanischer), die Fachliteratur, die Branchenpraxis sind zu berücksichtigen, sofern diese auf analogem Framework basieren.

Due-Process: Verfahren zum Erlass neuer Regeln

Due-Process für **IFRS**

Ziel: ca. 2 Jahre; Praxis: z.T. > 5 Jahre

- Aufnahme auf Agenda → Bildung einer Konsultationsgruppe
- Discussion Paper (DP) → öffentliche Kommentierung
- Exposure Drafts (ED) → öffentliche Kommentierung
- IFRS

→ Nach 2-3 Jahren Anwendung: ggf. Überprüfung durch den IASB

Due-Process für **IFRIC**

Ziel: ca. 6 Monate

- Aufnahme auf Agenda → Meinungssammlung
- Draft IFRIC → öffentliche Kommentierung
- IFRIC

In der Satzung der IFRS Foundation und im Vorwort zu den IFRS sind die formellen Verfahren (due process) zum Erlass neuer/geänderter IFRS/IFRIC dargestellt.

Demnach werden vom IASB bzw. IFRS Interpretations Committee, unterstützt durch Arbeitsgruppen, zunächst Diskussionspapiere (Discussion Papers, nur bei Standards) und Entwürfe (Exposure Drafts) erarbeitet, die der Öffentlichkeit zur Kommentierung vorgelegt werden. Unter Berücksichtigung der Kommentare werden schließlich die finalen Regelungen erarbeitet und erlassen.

Ziel des IASB ist es, neue Standard grds. innerhalb von ca. 2 Jahren und Interpretationen innerhalb von 6 Monaten zu erarbeiten. In den vergangen Jahren konnten diese Zeiten indes nur selten eingehalten werden.

Zweck und Aufbau des Conceptual Framework

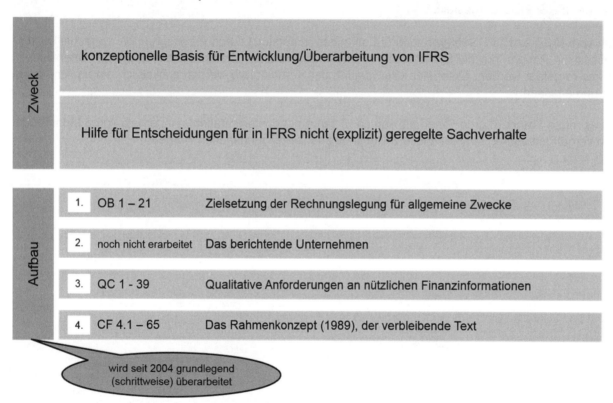

Das Conceptual Framework (Rahmenkonzept) dient primär dazu:

- den IASB bei der Entwicklung/Überarbeitung von IFRS sowie
- die Anwender (Unternehmen) und deren Abschlussprüfer bei der Behandlung von Themen, die noch nicht in IFRS (explizit) geregelt sind,

zu unterstützen.

Das Conceptual Framework stellt keinen IFRS dar und geht den IFRS – auch bei Widersprüchen nicht – vor. Einzelne Grundsätze sind allerdings (auch) im IAS 1 geregelt.

Im Rahmen der schrittweisen Überarbeitung des Conceptual Framework wurden die Ziele und qualitative Anforderungen bereits neu bestimmt. Nach einer Unterbrechung wird das Conceptual Framework-Projekt nun mit folgenden Themen seit 2012 fortgeführt:

- Berichtendes Unternehmen (reporting entity),
- Elemente des Abschlusses (elements),
- Bewertung (measurement),
- Darstellung und Angaben (presentation and disclosure).

Zweck und Adressaten eines IFRS-Abschlusses

Der IFRS-Abschluss hat allein eine **Informationsfunktion** (vgl. OB 2 ff. des Conceptual Framework). Die nach HGB zusätzlich zu berücksichtigende Ausschüttungsbemessungsfunktion (siehe Kap. B.1) ist nicht Gegenstand eines IFRS-Abschlusses.

Der IFRS-Abschluss soll insb. den bestehenden und potenziellen **Eigenkapital- und Fremdkapitalgebern entschei-dungsnützliche Informationen** bereitstellen, so dass diese Adressaten sich ein Bild über die aktuelle und künftige wirtschaftliche Lage eines Unternehmens machen und darauf aufbauend ihre Entscheidungen treffen können. Dem IASB ist bewusst, dass ein IFRS-Abschluss nicht alle für die Entscheidungsfindung notwendigen Informationen liefern kann. Dafür müssen die Adressaten insofern weitere Quellen heranziehen.

Neben den primären Adressaten kann ein IFRS-Abschluss auch von anderen Gruppen (Management, Aufsichtsbehör-den, Arbeitnehmer etc.) als Informationsquelle genutzt werden. Deren Interessen, die ggf. von denen der primären Ad-ressaten abweichen können, stehen indes nicht im Fokus des IASB.

Qualitative Anforderungen an nützliche Finanzinformationen

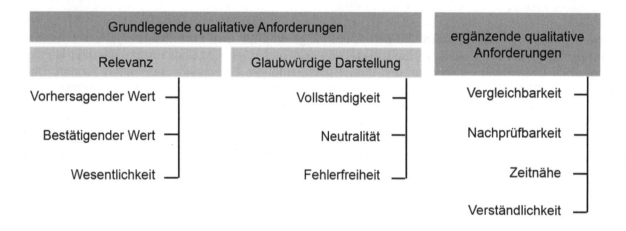

Grundlegende qualitative Anforderungen		ergänzende qualitative Anforderungen
Relevanz	Glaubwürdige Darstellung	
Vorhersagender Wert	Vollständigkeit	Vergleichbarkeit
Bestätigender Wert	Neutralität	Nachprüfbarkeit
Wesentlichkeit	Fehlerfreiheit	Zeitnähe
		Verständlichkeit

Kostenrestriktion: Kosten für Erstellen sind durch Nutzen der Offenlegung gerechtfertigt

In Kap. 3 des Conceptual Framework hat der IASB allgemein bestimmt, welche Eigenschaften/Anforderungen die im IFRS-Abschluss bereitgestellten Finanzinformationen grds. erfüllen müssen, um für die Adressaten entscheidungsnützlich zu sein.

Relevant sind Finanzinformationen, wenn sie einen **vorhersagenden** Wert und/oder einen **bestätigenden** Wert darstellen und **wesentlich** sind. Ein Wert ist vorhersagend, wenn Adressaten diesen zur Vorhersage künftiger Ereignisse nutzen (können). Ein Wert ist bestätigend, wenn er Feedback (Bestätigung oder Änderung) zu vorherigen Werten gibt. Wann ein Wert für die Entscheidungsfindung der Adressaten wesentlich ist, muss unternehmensspezifisch festgelegt werden.

Finanzinformationen müssen nicht nur relevante Vorgänge darstellen, sondern sie müssen auch die Vorgänge, die sie vorgeben darzustellen, **glaubwürdig** darstellen. Zwar ist Perfektion der Darstellung lt. IASB (fast) nicht erreichbar. Die Qualität der Darstellung sollte aber maximiert werden, indem sie weitestgehend:

- **vollständig** (alle für Entscheidung notwendige quantitative und qualitative Information),
- **neutral** (frei von Verzerrung, d.h. nicht einseitig, gewichtet, abgeschwächt etc.) und
- **fehlerfrei** ist.

Auch die **weiterführenden Anforderungen** (wie Vergleichbarkeit, Nachprüfbarkeit, Zeitnähe und Verständlichkeit) sollen zur Maximierung der Qualität der Finanzinformationen i.S.d. Entscheidungsnützlichkeit beitragen.

Die Maximierung der Qualität der Finanzinformationen unterliegt indes der **Kostenrestriktion**.

Zweistufiger Aktivierungs- und Passivierungsgrundsatz

1. Stufe

Vermögenswert (asset) =

unter **Kontrolle des Unternehmens** stehende Ressource, die Ergebnis von **vergangenen Ereignissen** ist und von der **Nutzenzufluss erwartet** wird

Schuld (liability) =

gegenwärtige Verpflichtung eines Unternehmens, die aus **vergangenen Ereignissen** resultiert und von der **Nutzenabfluss erwartet** wird

2. Stufe

Erfassungskriterien (recognition):

(1) Wahrscheinlichkeit des Nutzenzu- bzw. -abflusses

(2) Zuverlässige Bewertbarkeit

In Kap. 4, dem verbleibenden, noch nicht überarbeiteten Teil des Conceptual Framework von 1989 (CF 4.44 ff.), werden u.a. die Vermögenswerte und Schulden definiert und die allgemeinen Kriterien für die Aktivierung bzw. Passivierung dieser in der Bilanz bestimmt. In den Standards werden bis heute in den meisten Fällen auf diese Aktivierungs- bzw. Passivierungsgrundsätze zurückgegriffen und ggf. konkretisiert.

Bewertungsmaßstäbe

historical costs
Historische Anschaffungs- oder Herstellungskosten

current cost
Wiederbeschaffungswert/Tageswert (Beschaffungsmarktorientiert)

realisable (settlement) value
Veräußerungswert (Absatzmarktorientiert), Erfüllungsbetrag

present value
Ertrags-/Barwert (diskontierte künftige Nettomittelzu- bzw. abflüsse)

 Lediglich Nennung/Definition der Bewertungsmaßstäbe,
in einzelnen IFRS werden z.T. weitere Bewertungsmaßstäbe verwendet

In Kap. 4, dem verbleibenden, noch nicht geänderten Teil des Conceptual Framework (CF 4.55), werden u.a. verschiedene Maßstäbe für die Bewertung der Abschlussposten definiert und erläutert.

Diese Maßstäbe werden im Conceptual Framework allerdings allein definiert. Welcher Maßstab wann für welche Abschlussposten relevant ist, wird nicht im Conceptual Framework, sondern vielmehr in den Standards geregelt. Im Laufe der Zeit hat der IASB weitere Maßstäbe bestimmt/definiert. In dem IFRS 13 (siehe Kap. D 2.3) wird z.B. der Fair Value (beizulegender Zeitwert) Posten übergreifend geregelt und dessen Ermittlungsverfahren konkretisiert.

Teil B   Internationalisierung der Rechnungslegung in Deutschland

B.1   Ursachen für unterschiedliche Rechnungslegungssysteme

B.2   Übersicht über Reformschritte in Deutschland

B.3   Meilenstein der Internationalisierung der Rechnungslegung in Deutschland

B.4   Möglichkeiten der IFRS-Anwendung für deutsche Unternehmen

B.5   Vor- und Nachteile der IFRS-Anwendung
- Mögliche Vorteile der IFRS-Anwendung
- Mögliche Nachteile der IFRS-Anwendung

B.6   Erstmalige IFRS-Anwendung
- Anwendungsbereich von IFRS 1
- Vorgehensweise der IFRS-Erstanwendung
- Bestandteile eines erstmaligen IFRS-Abschlusses

B.7   Endorsement und Enforcement
- Endorsement
- Enforcement

Ursachen für unterschiedliche Rechnungslegungssysteme

	Deutschland	USA/IFRS
Wirtschafts-liberalismus	weniger ausgeprägt („alles" staatlich reguliert)	ausgeprägt (reguliert der [Kapital]markt selbst)
Unternehmens-finanzierung	primär Bankkredite	hohe Bedeutung des Kapitalmarkts
Rechtssystem	code law (abstrakte Regelungen für alle „Fälle")	case law (konkrete Regeln für bestimmte Sachverhalte, kasuistisch)
Einfluss des Steuerrechts	hoch (Maßgeblichkeitsprinzip)	gering
Ausschüttung	basiert auf Jahresabschluss	z.B. Solvenztest

Im letzten Jahrhundert haben sich in Deutschland und in den USA, beeinflusst durch verschiedene **sozio-kulturelle und ökonomische Aspekte**, recht unterschiedliche Rechnungslegungssysteme entwickelt. Da das Regelwerk des IASB stark durch die Amerikaner geprägt wurde, haben deren sozio-kulturellen und ökonomischen Aspekte auch einen Einfluss auf die Entwicklung der IFRS-Regelungen.

Der in den **USA** stark ausgeprägte Wirtschaftsliberalismus hat dazu geführt, dass in den USA bis 1929 (fast) keine Rechnungslegungsvorschriften existierten. Erst durch den Börsencrash 1929 sah die US-amerikanische Regierung die Notwendigkeit, entsprechende Regelungen zu erlassen. Da in den USA der Kapitalmarkt eine hohe Bedeutung hat und auch viele Privatpersonen direkt oder indirekt (z.B. über Pensionsfonds) ihr Vermögen in Unternehmensanteile angelegt haben, hat der Börsencrash gerade auch bei den Privatpersonen zu großen Vermögensverlusten geführt. Der Kapitalmarkt hatte augenscheinlich nicht selbst geregelt, dass bzw. welche Finanzinformationen offenzulegen sind. Seit 1933 werden nunmehr in den USA Rechnungslegungsvorschriften erlassen – indes primär für die kapitalmarktorientierten Unternehmen.

In **Deutschland** wurden hingegen im Handels- und Gesellschaftsrecht schon seit über 150 Jahren Rechnungslegungsvorschriften erlassen, die, abgesehen von spezifischen Regelungen abhängig von Rechtsform und Größe der Unternehmen, grds. von allen Unternehmen mit Sitz in Deutschland anzuwenden waren bzw. sind. Spezielle Vorschriften für kapitalmarktorientierte Unternehmen sieht das deutsche Bilanzrecht grds. nicht vor. Was auch dem Umstand geschuldet ist, dass aktuell von > 3 Mio. Unternehmen nur ca. 1.000 kapitalmarktorientiert sind.

Während in den USA eher das englische Rechtssystem in Form des **case law** (Fallrecht) besteht, gilt in Deutschland das sogenannte **code law** (Gesetzesrecht). Auch nach Streichung der umgekehrten Maßgeblichkeit hat das deutsche **Steuerrecht** – anders als in den USA – noch einen hohen Einfluss auf den handelsrechtlichen Abschluss bzw. die Bilanzpolitik deutscher Unternehmen.

Während in Deutschland der Jahresabschluss nach wie vor Basis für die **Ausschüttungsbemessung** ist, sind international eher sogenannte Solvency Tests (Solvenztests) maßgeblich für die Ausschüttung.

Übersicht über Reformschritte in Deutschland

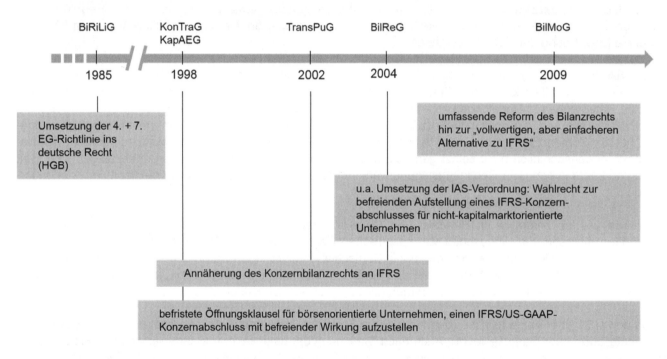

Ein weiterer Unterschied zwischen den IFRS-/US-GAAP- und dem deutschen Regelwerk besteht in der **Entwicklungsdynamik**. Während die IFRS kontinuierlich er- und bearbeitet werden (siehe Kap. A.1), hat das deutsche Bilanzrecht bis Ende des letzten Jahrhunderts nur wenige, dafür aber grundlegende Reformen erfahren. In den letzten 15-20 Jahren gab es nicht zuletzt aufgrund der Bestrebungen der großen kapitalmarktorientierten Unternehmen (siehe Kap. B.3) häufiger kleinere Änderungen des HGB, durch die entweder einzelne HGB-Vorschriften (insb. das Konzernbilanzrecht) an die IFRS angenähert oder die Anwendung der IFRS (oder anfänglich auch der US-GAAP) mit befreiender Wirkung ermöglicht bzw. vorgeschrieben wurden.

Mit dem **BilMoG** wurde das HGB in 2009 umfassend in Richtung IFRS geändert. Aufgrund der oben beschriebenen unterschiedlichen sozio-kulturellen und ökonomischen Einflussfaktoren sowie der unterschiedlichen Jahresabschlussziele ist eine gänzliche Übernahme der IFRS ins HGB (derzeit) nicht möglich.

Meilenstein der Internationalisierung der Rechnungslegung in Deutschland

1993: Listing von Daimler Benz an NYSE

Verpflichtung zur parallelen Erstellung von 2 Konzernabschlüssen

| HGB -Konzernabschluss
HGB-Konzern-JÜ 1993:
615 Mio. DM | US-GAAP-Konzernabschluss
US-GAAP-Konzern-JÜ 1993:
-1.839 Mio. DM |

Herausforderungen:
• Aufwand für Erstellung von zwei Abschlüssen
• Kommunikation der abweichenden HGB- vs. US-GAAP-Ergebnisse

Bestrebungen insb. der Global-Player unternehmerische Abschlüsse mit befreiender Wirkung erstellen zu können:
    • ab 1998: Wahlrecht für Konzernabschluss nach IAS/US-GAAP (KapAEG)
    • ab 2005: Pflicht für IFRS-Konzernabschluss (IAS-Verordnung)

Ein grundlegender Meilenstein für die Internationalisierung der Rechnungslegung in Deutschland war das **Listing von Daimler Benz an der NYSE**. Damals musste Daimler Benz zwei Konzernabschlüsse erstellen, was einerseits kostenintensiv ist. Andererseits – und dies stellte wohl das größere Problem dar – musste das Unternehmen zwei gänzlich verschiedene Ergebnisse kommunizieren. Die Adressaten standen vor der Frage: Welches Ergebnis ist nun das „richtige"?

Dem Beispiel von Daimler Benz, sich an der NYSE listen zu lassen, sind damals weitere Unternehmen gefolgt. Andere Unternehmen haben ungeachtet eines Listing in den USA zusätzlich zum HGB einen Konzernabschluss nach internationalen Vorschriften erstellt. Aufgrund der mit der Erstellung und Veröffentlichung von zwei Konzernabschlüssen verbundenen Probleme waren insb. diese Unternehmen bestrebt, einen **internationalen Konzernabschluss mit befreiender Wirkung** erstellen zu können. Von 1998 bis 2004 konnten sie dies aufgrund einer durch das KapAEG im HGB erlassenen Zwischenlösung. Seit 2005 bestehen nun die nachfolgend dargestellten Pflichten bzw. Möglichkeiten der IFRS-Anwendung für Unternehmen mit Sitz in Deutschland.

Möglichkeiten der IFRS-Anwendung für deutsche Unternehmen

	Jahresabschluss	Konzernabschluss
kapitalmarkt-orientierte Unternehmen i.S.d. § 264d HGB	**Pflicht für HGB-Abschluss** (insb. für Ausschüttung, maßgeblich für Steuerbilanz)	**IFRS-Pflicht seit 2005 bzw. 2007**
nicht-kapitalmarkt-orientierte Unternehmen	**Unternehmenswahlrecht für zusätzlichen IFRS-Abschlusses (zu Informationszwecken)**	**Unternehmenswahlrecht (HGB oder IFRS)**

Die 2002 erlassene **IAS-Verordnung** verpflichtet seit 2005 bzw. 2007 alle **kapitalmarktorientierten Unternehmen** i.S.d. § 264d HGB mit Sitz in der EU, den Konzernabschluss unter Anwendung der IFRS zu erstellen. In Deutschland müssen gem. § 315a Abs. 1 und 2 HGB alle Unternehmen, die Eigenkapital- oder Fremdkapital-Mittel am geregelten Markt handeln lassen oder eine Zulassung beantragt haben, einen IFRS-Konzernabschluss erstellen.

Die **nicht-kapitalmarktorientierten Unternehmen** haben gem. § 315a Abs. 3 HGB ein Wahlrecht, einen HGB- oder IFRS-Konzernabschluss zu erstellen.

Der **Jahresabschluss** muss hingegen von allen Unternehmen **zwingend nach HGB** erstellt werden, da dieser Basis für die Ausschüttungsbemessung ist. Ein IFRS-Jahresabschluss kann indes freiwillig zusätzlich erstellt werden und zu Informationszwecken im Bundesanzeiger – mit befreiender Wirkung – veröffentlicht werden (§ 325 Abs. 2a, 2b HGB).

Mögliche Vorteile der IFRS Anwendung

Erleichterte/günstigere Kapitalbeschaffung:

- Leichterer Zugang zu weiteren, ggf. internationalen Fremdkapitalgebern
- Verbessertes Rating (bessere Kreditkonditionen)
- Leichterer Zugang zu anderen alternativen Finanzierungsformen

Faktische Pflicht durch Banken, Kunden, Mutterunternehmen

Interne Vorteile:

- Erleichterte Konsolidierung aller in- und ausländischen TU
- Erleichterung hinsichtlich Harmonisierung des internen und externen Rechnungswesens

Transparenz/Vergleichbarkeit:

- Besserer Branchenvergleich bei internationaler Geschäftstätigkeit
- Bessere Berichterstattung gegenüber Gesellschaftern

Für die Ausübung des Wahlrechts, die Konzernabschlüsse nach HGB oder IFRS zu erstellen, müssen die Unternehmen die Vor- und Nachteile einer IFRS-Anwendung gegenüberstellen. Dabei sind insb. die **Vorteile unternehmensindividuell** zu **beurteilen**.

So können Unternehmen, die Probleme bei der **(Fremd-)Kapitalbeschaffung** haben, ggf. von der IFRS-Anwendung profitieren, da im IFRS-Konzernabschluss z.T. durch die Bewertung zu Zeitwerten stille Reserven gezeigt werden und so möglicherweise die wirtschaftliche Lage positiver als im HGB-Konzernabschluss dargestellt wird. Zudem können internationale Kapitalgeber einen HGB-Abschluss mangels HGB-Kenntnissen vielfach nicht lesen und stellen deshalb Kapital nur mit einem Risikoaufschlag bereit. Aber nicht immer führt die IFRS-Bilanzierung zu einer positiven Darstellung der wirtschaftlichen Lage oder für Unternehmen, die gut mit Eigenkapital ausgestattet sind, ist die Kapitalbeschaffung auch mit HGB-Abschluss unproblematisch.

Vielfach wird von einem nach **IFRS** bilanzierenden Mutterunternehmen ein IFRS-Jahresabschluss bzw. eine IFRS HB II **faktisch verlangt**. Ggf. fordern aber auch Banken oder Kunden/Lieferanten im Rahmen von Vertragsverhandlungen einen IFRS-Abschluss – entweder um die Bonität besser einschätzen oder um sich für die Preisverhandlung ein realistischeres Bild von der Ertragslage bilden zu können.

Insb. bei Unternehmen, die **zahlreiche Tochterunternehmen** mit Sitz im Ausland haben, kann ein IFRS-Konzernabschluss zu einer Erleichterung führen, da viele nationale Regelwerke weltweit mittlerweile den IFRS (weitestgehend) entsprechen und zum anderen Mitarbeiter/Berater mit IFRS-Kenntnissen im Ausland eher zu finden sind als solche mit HGB-Kenntnissen.

Eine **weltweite Vergleichbarkeit** (z.B. auch mit Wettbewerber) ist letztlich nur bei IFRS-Anwendung möglich.

Mögliche Nachteile der IFRS Anwendung

Einmalige Kosten der Umstellung für:	Folgekosten, da
• Berater • IT-Anpassung • Mitarbeiterschulung	• ein HGB-Abschluss und • ein IFRS-Abschluss zu erstellen sind

Komplexität/Dynamik der Vorschriften

Zu positive Darstellung der wirtschaftlichen Lage

kann ggf. zu Begehrlichkeiten von z.B. Arbeitnehmern, Kunden, Zulieferern führen

Zu hohe Transparenz

„maßgeschneidert" für kapitalmarktorientierte Unternehmen, aber keine Berücksichtigung der Besonderheiten des Mittelstandes

Insgesamt kann eine IFRS-Anwendung dann sinnvoll sein, wenn ein Unternehmen den **Abschluss als „Marketinginstrument"** nutzt, um sich den relevanten Stakeholdern zu präsentieren und/oder im Unternehmen **Synergieeffekte/Kostenvorteile** erzielt werden können.

Den Vorteilen/Chancen sind die Nachteile/Risiken gegenüberzustellen. An erster Stelle sind hier die Kosten anzuführen, die sich bei der erstmaligen Anwendung der IFRS ergeben werden (z.B. für Berater, IT-Anpassung, Schulung der Mitarbeiter). Da neben den IFRS auch weiterhin die HGB-Vorschriften – zumindest im Jahresabschluss – anzuwenden sind, kommt es auch in den Folgejahren zu erhöhten Kosten. Auch die Dynamik und Komplexität des IFRS Regelwerkes führt letztlich zu zusätzlichen Kosten, da mehr Mitarbeiter und/oder Berater für die Erstellung sowie Prüfung der Abschlüsse erforderlich werden.

Die oben als Vorteil beurteilte positive Darstellung der wirtschaftlichen Lage kann sich ggf. auch nachteilig auswirken, wenn z.B. Arbeitnehmer ihre Gehaltsforderungen darauf begründen oder auch im Rahmen von Vertragsverhandlungen mit Kunden/Lieferanten „Begehrlichkeiten" der Stakeholder geschürt werden.

Die mit den IFRS vorhandenen hohen Transparenzanforderungen können als Nachteil beurteilt werden, wenn zu befürchten ist, dass z.B. Konkurrenten ansonsten nicht veröffentlichte Informationen erhalten.

Die IFRS werden eher für kapitalmarktorientierte Unternehmen gemacht. Die Besonderheiten des deutschen Mittelstandes werden vom IASB hingegen nicht berücksichtigt.

Anwendungsbereich von IFRS 1

Positive Abgrenzung des Anwendungsbereichs

Ein IFRS-Erstanwender ist, wer z.B. bislang
- keinen IFRS-konformen Abschluss,
- einen IFRS-konformen Abschluss ohne ausdrückliche und uneingeschränkte Erklärung zur Übereinstimmung mit allen IFRS,
- einen IFRS-konformen, aber nicht veröffentlichten Abschluss

erstellt hat.

Negative Abgrenzung des Anwendungsbereichs

Kein Erstanwender gem. IFRS 1 ist, wer z.B.
- bereits in der Vergangenheit IFRS-konforme Abschlüsse mit einer ausdrücklichen und uneingeschränkten Erklärung zur Übereinstimmung mit allen IFRS veröffentlicht hat oder
- im Vorjahr einen Abschluss mit der ausdrücklichen und uneingeschränkten Erklärung zur Übereinstimmung mit allen IFRS veröffentlicht hat, auch wenn dieser nur einen eingeschränkten Bestätigungsvermerk erhalten hat.

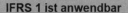

IFRS 1 ist anwendbar

Der Anwendungsbereich des IFRS 1 erstreckt sich auf den **ersten IFRS-Abschluss**, sowie auf jeden **Zwischenabschluss** (sofern diese erstellt werden), der in den Zeitraum fällt, den der erste IFRS-Abschluss abdeckt (IFRS 1.2).

Als „erster IFRS-Abschluss" gilt derjenige veröffentlichte Abschluss eines Unternehmens, der als erster eine **ausdrückliche und uneingeschränkte Erklärung** zur Übereinstimmung mit **allen IFRS** enthält (IFRS 1.3). Daher ist es nicht ausreichend, dass der Abschluss eines Unternehmens z.B. nur mit einigen IFRS konform ist oder nur für einige Beträge Überleitungen auf IFRS-konforme Werte enthält.

Wendet ein Unternehmen indes bereits IFRS an, so ist bei **Änderungen der Rechnungslegungsmethoden** nicht IFRS 1, sondern – je nach Sachverhalt – **IAS 8** (siehe Kap. E.5) oder die **Übergangsvorschrift** des jeweils einschlägigen Standards anzuwenden (IFRS 1.5).

Vorgehensweise der IFRS-Erstanwendung

Grundsatz der retrospektiven Anwendung/Anpassung
(IFRS 1.7)

- Alle Vermögenswerte/Schulden sind so zu bilanzieren, als wenn sie schon im Zeitpunkt ihrer erstmaligen Erfassung nach IFRS bilanziert worden wären.

- Im Übergangszeitpunkt sind Differenzen zu den bisherigen Rechnungslegungsvorschriften erfolgsneutral mit den Gewinnrücklagen zu verrechnen.

- Es ist die neueste IFRS-Version anzuwenden, auch wenn diese z.T. im Übergangszeitpunkt nicht anwendbar waren.

verpflichtende Ausnahmen von der retrospektiven Anpassung (IFRS 1.14-17 und IFRS 1.B)	**optionale Ausnahmen** von der retrospektiven Anpassung (IFRS 1.C-E)
Beispiele: • historische Schätzungen • Ausbuchung finanzieller Vermögenswerte/Schulden	Beispiele: • Unternehmenszusammenschlüsse • Fair Value als deemed cost einer Sachanlage • kumulierte Umrechnungsdifferenzen

Grundsätzlich sind auf die Berichtsperiode und die Vergleichsperiode (siehe nachfolgende Seite) die zum Erstanwendungszeitpunkt gültigen IFRS retrospektiv anzuwenden (IFRS 1.7).

Anpassungen der nach bisheriger Rechnungslegung ermittelten Vergleichszahlen an die IFRS-konformen Zahlen sind direkt mit den Gewinnrücklagen oder einem anderen, angemessenen Eigenkapitalbestandteil zu verrechnen (IFRS 1.11).

Zu den verpflichtenden Ausnahmen von der retrospektiven Anpassung zählen u.a. folgende Beispiele:
- Das bilanzierende Unternehmen soll für die nach IFRS erneut zu berichtenden Vorperioden dieselben **Schätzungen** zugrunde legen, die auch zum damaligen Erstellungszeitpunkt nach bisheriger Rechnungslegung galten (mit Ausnahme von objektiv fehlerhaften Schätzungen) (IFRS 1.14).
- Für die **Ausbuchung finanzieller Vermögenswerte/Schulden** sind die Vorschriften des IAS 39/IFRS 9 prospektiv anzuwenden. D.h. nach bisheriger Rechnungslegung bereits ausgebuchte finanzielle Vermögenswerte/Schulden bleiben weiterhin ausgebucht. Die retrospektive Anwendung ist nur erlaubt, wenn die gem. IAS 39/IFRS 9 notwendigen Informationen zum Zeitpunkt der Ausbuchung nach bisheriger Rechnungslegung bereits vorlagen (IFRS 1.B2-B3).

Freiwillige Ausnahmen von der retrospektiven Anpassung betreffen z.B. folgende Sachverhalte:
- Auf **Unternehmenszusammenschlüsse** vor dem Übergangszeitpunkt auf IFRS braucht IFRS 3 wahlweise nicht angewendet werden (siehe hierzu und zu den weiteren Konsequenzen dieses Wahlrechts IFRS 1 Appendix C).
- Wahlweise darf im Übergangszeitpunkt auf IFRS der **Fair Value** anstelle der gem. IAS 16/36 retrospektiv zu ermittelnden fortgesetzten Anschaffungs-/Herstellungskosten **als deemed costs** für eine Sachanlage angesetzt werden (IFRS 1.D5).
- Für die **kumulierten Umrechnungsdifferenzen** darf wahlweise im Übergangszeitpunkt auf IFRS der Wert „0" angesetzt werden. Daraus folgt, dass beim Verkauf eines ausländischen Geschäftsbetriebes keine Umrechnungsdifferenzen aus der Zeit vor dem Übergangszeitpunkt auf IFRS realisiert werden können (IFRS 1.D13).

Bestandteile eines erstmaligen IFRS-Abschlusses

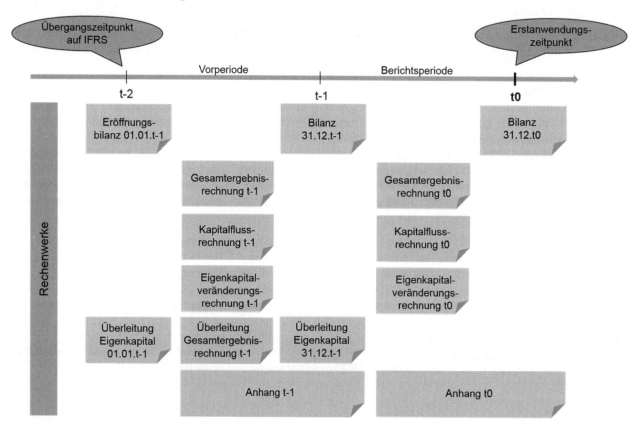

Da mit dem ersten IFRS-Abschluss dem Adressaten auch Vergleichsinformationen bereitgestellt werden sollen, sind folgende **Rechenwerke** zu erstellen (IFRS 1.21):

- drei Bilanzen,
- zwei Gesamtergebnisrechnungen (als eine oder als zwei getrennte Rechnungen),
- zwei Eigenkapitalveränderungsrechnungen,
- zwei Kapitalflussrechnungen und
- zwei Anhänge (mit zusätzlichen Informationen gem. IFRS 1.23-31. So fordert IFRS 1.23 z.B. eine Erläuterung der Auswirkungen des Übergangs von der vorherigen Rechnungslegung auf IFRS).

Weiterhin sind **Überleitungsrechnung** zu erstellen (IFRS 1.24):

- zwei Überleitungen des Eigenkapitals nach bisheriger Rechnungslegung auf das Eigenkapital nach IFRS,
- eine Überleitung des (Gesamt)Ergebnisses nach bisheriger Rechnungslegung auf das Gesamtergebnis nach IFRS für den letzten Abschluss, der nach bisheriger Rechnungslegung aufgestellt wurde.

Die Aufstellung eines IFRS-Abschlusses entbindet nicht von weiteren Berichtspflichten des deutschen Handelsrechts. Dies gilt insb. für die **Lageberichterstattung** (siehe auch Kap. C.1).

Endorsement

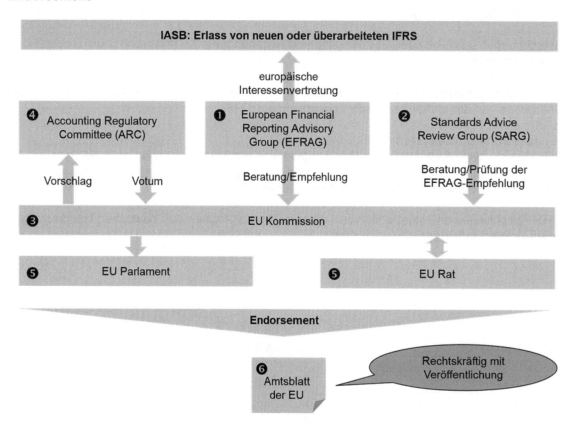

Die vom IASB erlassenen (neuen oder überarbeiteten) IFRS haben mangels der Gesetzgebungsbefugnisse des IASB (siehe Kap. A.2) keinen Gesetzescharakter. Für die Übernahme in EU-Recht bedarf es eines Anerkennungsverfahrens (**Endorsement**), mit dem die EU die Vereinbarkeit mit der EG-Richtlinie sowie den europäischen Interessen prüft und billigt (endorsed). So behält sich die EU nicht zuletzt die legislative Kompetenz vor. An dem Anerkennungsverfahren sind verschiedene Institutionen beteiligt:

❶ Die **European Financial Reporting Advisory Group (EFRAG)** ist eine privatrechtliche Vereinigung, die bereits im Prozess der Standardentwicklung beim IASB als Interessenvertretung der EU fungiert. Sie gibt der EU-Kommission eine Empfehlung bezüglich der Annahme oder Ablehnung der neuen IFRS.

❷ Die **Standards Advice Review Group (SARG)** berät ebenfalls die EU Kommission. Im Gegensatz zur EFRAG besteht die SARG aus von der EU-Kommission bestellten Personen. Sie soll die EFRAG-Empfehlungen im Hinblick auf Ausgewogenheit und Objektivität prüfen.

❸ Unter Berücksichtigung der EFRAG-/SARG-Empfehlungen macht die **EU-Kommission** dem ARC einen Vorschlag.

❹ Das **Accounting Regulatory Committee (ARC)** steht unter dem Vorsitz der EU Kommission und setzt sich zusammen aus Vertretern der EU-Mitgliedsstaaten. Das ARC stimmt über den Vorschlag der EU-Kommission zur Übernahme ab.

❺ Der weitere Prozess hängt davon ab, ob die Stellungnahme des ARC mit der Absicht der EU Kommission zur Übernahme bzw. Ablehnung eines IFRS in europäisches Recht übereinstimmt (Fall a)) oder nicht (Fall b)):
- Fall a): Der Kommissionsvorschlag wird dem **EU Parlament** und dem **EU Rat** vorgelegt.
- Fall b): Der Kommissionsvorschlag wird zunächst dem EU Rat vorgelegt. Erst nach dessen Entscheidung bzw. Änderung des Vorschlags geht der Vorschlag an das Parlament.

❻ Nach Zustimmung von EU Parlament und EU Rat wird der jeweilige IFRS im **Amtsblatt der EU** veröffentlicht. In der EU gelten ausschließlich die dort veröffentlichten Fassungen eines Standards. Insb. die Zeitpunkte der Erstanwendung können sich aufgrund des zuweilen langwierigen Komitologieverfahrens z.T. von denen in der IASB-Verlautbarung unterscheiden.

Enforcement

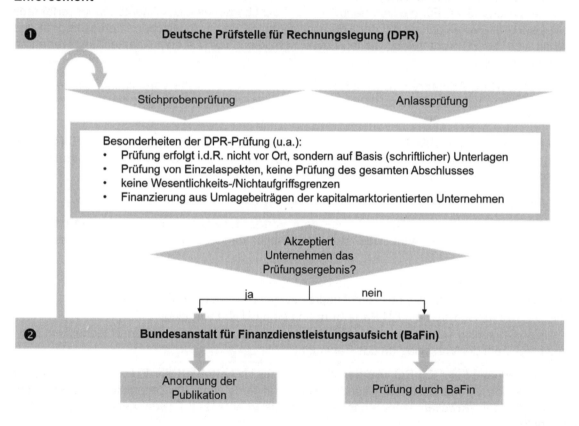

❶ **Deutsche Prüfstelle für Rechnungslegung (DPR)**

Stichprobenprüfung

Anlassprüfung

Besonderheiten der DPR-Prüfung (u.a.):
- Prüfung erfolgt i.d.R. nicht vor Ort, sondern auf Basis (schriftlicher) Unterlagen
- Prüfung von Einzelaspekten, keine Prüfung des gesamten Abschlusses
- keine Wesentlichkeits-/Nichtaufgriffsgrenzen
- Finanzierung aus Umlagebeiträgen der kapitalmarktorientierten Unternehmen

Akzeptiert Unternehmen das Prüfungsergebnis?

ja   nein

❷ **Bundesanstalt für Finanzdienstleistungsaufsicht (BaFin)**

Anordnung der Publikation

Prüfung durch BaFin

Aufgrund der Transparenzrichtlinien der EU von 2004 war Deutschland verpflichtet, ein Enforcementsystem für kapitalmarktorientierte Unternehmen zu etablieren, mit dem deren ordnungsgemäße Finanzberichterstattung überwacht wird. In Deutschland wurde in der Folge ein **zweistufiges Enforcementsystem** geschaffen, an dem mit der Deutschen Prüfstelle für Rechnungslegung (DPR) und der Bundesanstalt für Finanzdienstleistungsaufsicht (BaFin) eine privatrechtliche Organisation und eine staatliche Einrichtung beteiligt sind. Im Unterschied zum Abschlussprüfer wird der Enforcement-Prüfer nicht vom Unternehmen beauftragt oder direkt vergütet. Geprüft wird der veröffentlichte (also vom Abschlussprüfer bereits geprüfte) Abschluss.

❶ Die DPR nimmt ihre Prüfungen stichprobenartig (**Stichprobenprüfung**) sowie aufgrund von konkreten Anlässen bzw. auf Anforderung der BaFin (**Anlassprüfung**) vor (erste Stufe des Verfahrens). In beiden Fällen wird indes nicht die gesamte Rechnungslegung geprüft. Vielmehr beschränkt sich die Prüfung auf die festgestellten Sachverhalte bzw. kritische Bilanzierungsthemen. Eine thematische Ausweitung der Prüfung ist allerdings jederzeit möglich.

Im Rahmen der Prüfungen werden von dem betroffenen Unternehmen Unterlagen sowie Antworten auf Fragebögen angefordert. Zusätzlich können auch persönliche Gespräche mit dem Unternehmen und dessen Abschlussprüfer geführt werden. Am Ende der Prüfung trifft die DPR eine Feststellung dahingehend, ob die geprüfte Rechnungslegung fehlerhaft ist oder nicht. Wurden Fehler festgestellt, wird die BaFin regelmäßig eine **Veröffentlichung des Prüfungsergebnisses** anordnen. Bei geringfügigen Feststellungen erfolgt durch die DPR ein Hinweis, den Sachverhalt in der künftigen Rechnungslegung „richtig" abzubilden.

❷ Verweigert das Unternehmen die Kooperation mit der DPR, wird der Fall zur weiteren Prüfung **an die BaFin verwiesen** (zweite Stufe des Verfahrens). Gleiches gilt, wenn das Prüfungsergebnis nicht vom Unternehmen akzeptiert wird.

Anders als die jährliche Abschlussprüfung unterliegen die kapitalmarktorientierten Unternehmen abhängig von der Stichprobenauswahl nur ca. alle 3–5 Jahre einer Enforcement-Prüfung.

Teil C   Inhalt und Aufbau der Abschlussbestandteile

C.1   Überblick über die Abschlussbestandteile

C.2   Bilanz
- Möglicher Aufbau einer Bilanz unter Berücksichtigung der Mindestposten gem. IAS 1.54
- Unterscheidung von kurz- und langfristigen Vermögenswerten bzw. Schulden gem. IAS 1.60 ff

C.3   Gesamtergebnisrechnung
- Möglicher Aufbau der Darstellung von Gewinn/Verlust (GuV)
- Möglicher Aufbau der Darstellung vom Gesamtergebnis

C.4   Eigenkapitalveränderungsrechnung
- Möglicher Aufbau einer Eigenkapitalveränderungsrechnung gem. IAS 1.106 ff.

C.5   Kapitalflussrechnung
- Möglicher Aufbau einer Kapitalflussrechnung gem. IAS 7

C.6   Anhang
- Mögliche Struktur eines Anhangs gem. IAS 1.112

Überblick über die Abschlussbestandteile

Pflichtbestandteile eines Jahres-/Konzernabschlusses nach IAS 1.10

❶ Bilanz

❷ Darstellung von Gewinn/Verlust und
   sonstigem Ergebnis (Gesamtergebnisrechnung)

❸ Eigenkapitalveränderungsrechnung

❹ Kapitalflussrechnung

❺ Anhang

jeweils für die
Berichtsperiode und die
Vergleichsperiode

❻ Eröffnungsbilanz der Vorperiode

zusätzlich bei retrospektiven
Anpassungen

Andere Bezeichnungen für die Bestandteile sind erlaubt!

Die Aufstellung eines **Lageberichts** sowie die **Prüfungs- und Offenlegungspflichten** werden nicht vom IASB geregelt, sondern obliegen den jeweiligen relevanten nationalen Gesetzgebern, Standardsettern, Börsen etc.

Ein vollständiger IFRS-Abschluss besteht aus den **fünf Bestandteilen** Bilanz, Gesamtergebnisrechnung, Eigenkapital-veränderungsrechnung, Kapitalflussrechnung und Anhang. Dies gilt – anders als nach HGB – sowohl für den **Jahres-/Einzelabschluss** als auch den **Konzernabschluss** und ist unabhängig von der Rechtsform und Größe des Unternehmens. Mit Ausnahme der Segmentberichterstattung gem. IFRS 8 (siehe Kap. E.1) sowie der Angabe der Ergebnisse je Aktien gem. IAS 33 (siehe Kap. E.2) gibt es, im Hinblick auf die Berichterstattung, keine Unterschiede zwischen den kapitalmarktorientierten und nicht-kapitalmarktorientierten Unternehmen.

Gem. IAS 1.10 ist es erlaubt, die Bestandteile des Abschlusses anders zu bezeichnen. So kann z.B. statt „Darstellung von Gewinn/Verlust und sonstigem Ergebnis" die **Bezeichnung „Gesamtergebnisrechnung"** verwendet werden.

Alle fünf Pflichtbestandteile sind sowohl für die **Berichtsperiode** als auch für mind. eine **Vorperiode** zu erstellen (IAS 1.10 (ea) und IAS 1.38-38B). Dies betrifft grds. auch alle Angabepflichten, sofern in den IFRS nichts anderes geregelt bzw. erlaubt ist. So muss z.B. der Rückstellungsspiegel gem. IAS 37.84 nicht für die Vorperiode angegeben werden. Gem. IAS 1.38C-D ist die Angabe von weiteren Vergleichsinformationen zulässig, sofern diese den IFRS entsprechen.

Hat ein Unternehmen im Berichtsjahr **retrospektive Anpassungen** vorgenommen (z.B. rückwirkende Anwendung einer Bilanzierungs- oder Bewertungsmethode, rückwirkende Umgliederung oder rückwirkende Fehlerbeseitigung (siehe Kap. E.5)) ist neben den genannten fünf Pflichtbestandteilen zusätzlich die Bilanz zu Beginn der Vorperiode anzugeben. In diesem Fall sind drei Bilanzen, nämlich zum Abschlussstichtag der Berichtsperiode, zum Abschlussstichtag der Vorperiode sowie zu Beginn der Vorperiode, zu erstellen.

In IAS 1.13 gibt der IASB zwar den Hinweis, dass viele Unternehmen zusätzlich eine Art **Lagebericht** veröffentlichen, fordert einen solchen indes nicht und hat bisher auch keine verbindlichen Regelungen zum Aufbau und Inhalt eines solchen erlassen. Im Dezember 2010 wurden nur unverbindliche Richtlinien zur Erstellung eines sogenannten Management Commentary erlassen. Insofern müssen Unternehmen mit Sitz in Deutschland, die einen IFRS-Abschluss erstellen, einen Lagebericht gem. §§ 289 bzw. 315 HGB (sowie DRS 20) erstellen. Das Regelwerk des IASB enthält zudem keine **Prüfungs- und Offenlegungsvorschriften**. Somit sind für Unternehmen mit Sitz in Deutschland diesbezüglich die HGB-Vorschriften zu beachten.

Möglicher Aufbau einer Bilanz unter Berücksichtigung der Mindestposten gem. IAS 1.54

Aktiva	Passiva
Immaterielle Vermögenswerte	gezeichnetes Kapital
Sachanlagen	Rücklagen
Als Finanzanlagen gehaltene Immobilien	nicht beherrschende Anteile
Biologische Vermögenswerte	**Eigenkapital**
Nach der Equity-Methode bilanzierte Finanzanlagen	
sonstige finanzielle Vermögenswerte	langfr. Rückstellungen
latente Steueransprüche	langfr. finanzielle Verbindlichkeiten
Langfristige Vermögenswerte	latente Steuerschulden
	Langfristige Schulden
Vorräte	kurzfristige Rückstellungen
Forderungen aus Lieferung und Leistung	kurzfristige finanzielle Verbindlichkeiten
sonst. Forderungen	Verbindlichkeiten aus Lieferung und Leistung
laufende Steueransprüche	sonst. Verbindlichkeiten
Zahlungsmittel und Zahlungsmitteläquivalente	laufende Steuerschulden
gem. IFRS 5 zum Verkauf bestimmte Vermögenswerte	gem. IFRS 5 zum Verkauf bestimmte Schulden
Kurzfristige Vermögenswerte	**Kurzfristige Schulden**
Summe Aktiva	**Summe Passiva**

Das Regelwerk des IASB sieht **keine** dem § 266 HGB vergleichbare **Gliederungsstruktur** vor. In IAS 1.54 sind allein verschiedene Posten aufgelistet, die – sofern für ein Unternehmen relevant – in der Bilanz separat darzustellen sind (**Mindestposten**). Die Reihenfolge der Mindestposten und die Bezeichnung der Posten können indes von einem Unternehmen individuell geändert werden. Ebenso können zusätzliche Posten, Überschriften und Zwischensummen ergänzt werden. Entscheidend für die Reihenfolge, die Bezeichnung und den Umfang der Posten ist, dass die Gliederung für das Verständnis der Vermögens- und Finanzlage eines Unternehmens relevant ist.

Gem. IAS 1.60 sind die Vermögenswerte und Schulden in der Bilanz grds. in jeweils kurzfristige und langfristige Vermögenswerte/Schulden zu differenzieren (siehe nachfolgende Seite). Insofern ist eine IFRS-Bilanz nach der Fristigkeit zu gliedern, sofern eine Gliederung nach der Liquidität – wie z.B. bei Banken – für die Darstellung der Vermögens- und Finanzlage nicht relevanter ist.

Es bleibt im Ermessen des Unternehmens, ob die Aktiva und Passiva nach **zunehmender oder abnehmender Fristigkeit** gegliedert werden.

Unterscheidung von kurz- und langfristigen Vermögenswerten bzw. Schulden

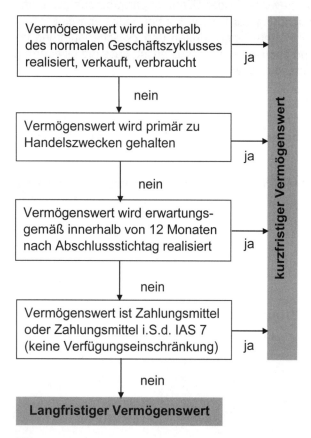

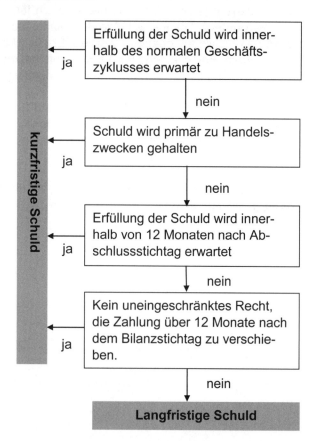

Gem. IAS 1.66 bzw. IAS 1.69 sind Vermögenswerte bzw. Schulden als kurzfristig zu klassifizieren, wenn eines der vier genannten Kriterien erfüllt ist. Ist keines der vier Kriterien erfüllt, sind die Vermögenswerte bzw. Schulden hingegen als langfristig einzustufen und entsprechend in der Bilanz auszuweisen.

Latente Steueransprüche bzw. latente Steuerschulden sind gem. IAS 1.56 unabhängig von der erwarteten Realisierung bzw. Inanspruchnahme immer unter den langfristigen Vermögenswerten bzw. Schulden in einer nach der Fristigkeit gegliederten Bilanz auszuweisen.

Möglicher Aufbau der Darstellung von Gewinn/Verlust (GuV)

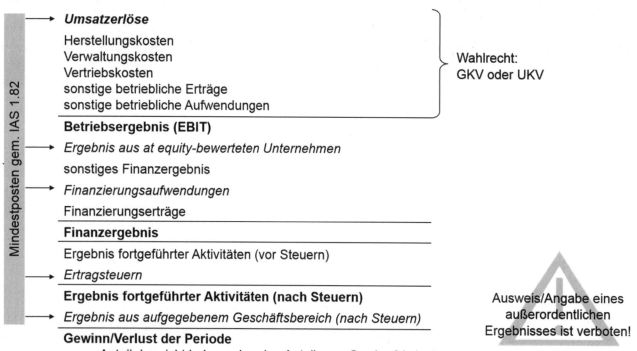

Umsatzerlöse

Herstellungskosten
Verwaltungskosten
Vertriebskosten
sonstige betriebliche Erträge
sonstige betriebliche Aufwendungen

Wahlrecht:
GKV oder UKV

Betriebsergebnis (EBIT)

Ergebnis aus at equity-bewerteten Unternehmen

sonstiges Finanzergebnis

Finanzierungsaufwendungen

Finanzierungserträge

Finanzergebnis

Ergebnis fortgeführter Aktivitäten (vor Steuern)

Ertragsteuern

Ergebnis fortgeführter Aktivitäten (nach Steuern)

Ergebnis aus aufgegebenem Geschäftsbereich (nach Steuern)

Gewinn/Verlust der Periode
   - Anteil der nicht beherrschenden Anteile am Gewinn/Verlust
   - Anteil der Eigentümer des Mutterunternehmens am Gewinn/Verlust

Mindestposten gem. IAS 1.82

Ausweis/Angabe eines
außerordentlichen
Ergebnisses ist verboten!

Der Gewinn/Verlust und das sonstige Ergebnis kann gem. IAS 1.10A entweder
- in einer einzigen fortlaufenden Darstellung gestaltet werden oder
- in zwei getrennten Rechnungen (wie auf S. 52 und 54 verdeutlicht):
  - Darstellung von Gewinn/Verlust (GuV),
  - Darstellung vom Gesamtergebnis (beginnend mit Gewinn/Verlust).

Das Regelwerk des IASB sieht – anders als § 275 HGB – **keine Gliederungsstruktur** für die GuV vor. Vielmehr werden gem. IAS 1.82 nur verschiedene **Mindestposten** gefordert, die für sich keine vollständige Rechnung ergeben. Weitere Posten, Überschriften und/oder Zwischensummen können aber ergänzt werden bzw. sollten ergänzt werden, sofern dies für die Darstellung der Ertragslage relevant ist (IAS 1.85 f.).

Ein **außerordentliches Ergebnis** darf indes weder in der GuV separat ausgewiesen noch im Anhang angegeben werden (IAS 1.87).

Für die Gliederung des Betriebsergebnisses erlaubt der IASB – ähnlich wie das HGB – das **Gesamtkostenverfahren (GKV) oder** das **Umsatzkostenverfahren (UKV)**.

Sofern gem. IFRS 5 (siehe Kap. E.3) ein **aufgegebener Geschäftsbereich** vorliegt, ist das Nach-Steuerergebnis dieses Bereichs separat auszuweisen.

Möglicher Aufbau der Darstellung vom Gesamtergebnis

Gewinn/Verlust der Periode (lt. GuV)

Neubewertung der Sachanlagen
Neubewertung von Pensionsverpflichtungen
Ertragsteuern

Wahlrecht für Darstellung in Gesamtergebnisrechnung oder Anhang:
- Ertragsteuern
- Umgliederungsbeträge

sonstiges Ergebnis, das später nicht umgegliedert wird

Währungsumrechnungsdifferenzen
Fair Value-Bewertung von zur Veräußerung verfügbarer finanzieller Vermögenswerte
Anteil assoziierter Unternehmen an Fair Value-Bewertung von zur Veräußerung gehaltener Vermögenswerte
Cashflow Hedges
Ertragsteuern

sonstiges Ergebnis, das später – bei Erfüllung bestimmter Bedingungen – **in den Gewinn/Verlust umgegliedert wird (recycling)**

∑ sonstiges Ergebnis

Gesamtergebnis

- Anteil der nicht beherrschenden Anteile am Gesamtergebnis
- Anteil der Eigentümer des Mutterunternehmens am Gesamtergebnis

Im Fall der gesonderten Darstellung einer GuV beginnt die Gesamtergebnisrechnung mit dem lt. GuV ermittelten Gewinn/Verlust.

Die anschließend auszuweisenden Posten des sonstigen Ergebnisses (other comprehensive income/OCI) sind wie folgt zu **gruppieren** (gem. IAS 1.82A):

- **Sonstige Ergebnisposten**, die anschließend **nicht in den Gewinn/Verlust umgegliedert** werden. (hierzu zählt sonstiges Ergebnis aus Neubewertung von Sachanlagen gem. IAS 16 (siehe Kap. D.2.3) und Neubewertung von Pensionsverpflichtungen gem. IAS 19 (siehe Kap. D.9)).
- **Sonstige Ergebnisposten**, die **anschließend in den Gewinn/Verlust umgegliedert** werden, sofern bestimmte Voraussetzungen erfüllt sind (hierzu zählen Währungsumrechnungsdifferenzen gem. IAS 21 (siehe Kap. F.5), sonstiges Ergebnis aus Fair-Value-Bewertung von zur Veräußerung verfügbarer finanzieller Vermögenswerte gem. IAS 39 (siehe Kap. D.5.3) sowie sonstiges Ergebnis aus Cashflow Hedges gem. IAS 39 (siehe Kap. D.5.4).

Gem. IAS 1.91 können die sonstigen Ergebnisposten jeweils als **Nachsteuer- oder Vorsteuerposten** in der Gesamtergebnisrechnung ausgewiesen werden. Im Fall des Ausweises als Vorsteuerposten sind die Ertragsteuern in separater Zeile (wie dargestellt) auszuweisen. Die Ertragsteuern für einzelne sonstige Ergebnisposten können alternativ in Gesamtergebnisrechnung oder im Anhang angegeben werden.

Ebenso sind die **Umgliederungsbeträge** (Beträge, die vorher im sonstigen Ergebnis erfasst wurden und z.B. bei Realisierung in Gewinn/Verlust umgegliedert werden) entweder im Gesamtergebnis jeweils getrennt auszuweisen oder im Anhang anzugeben.

Möglicher Aufbau einer Eigenkapitalveränderungsrechnung gem. IAS 1.106 ff.

	Gezeichnetes Kapital	Kapitalrücklage	Gewinnrücklage	kumuliertes übriges Eigenkapital				Aktionären der AG zurechenbares Eigenkapital	Nicht beherrschende Anteile	Summe Eigenkapital
				Währungsumrechnung	available for sale securities	Cashflow Hedge	Neubewertung Sachanlagen			
Stand 1.1.t1										
Anpassungen gem. IAS 8	X	X	X	X	X	X	X		X	
angepasster Stand										
Kapitalerhöhung	X	X								
Dividende			X							
Gewinn/Verlust			X						X	
Sonstiges Ergebnis			$X^{1)}$	X	X	X	X		X	
Einstellung in Gewinnrücklage			$X^{2)}$				X			
Stand 31.12.t1										

[1] beinhaltet sonstiges Ergebnis aus Neubewertung der Pensionsverpflichtung (gem. IAS 19)

[2] betrifft erfolgsneutrale Umgliederung des kumulierten übrigen Eigenkapitals aus Neubewertung von Sachanlagen (gem. IAS 16)

X → jeweils sofern relevant

Gem. IAS 1.106 beinhaltet die Eigenkapitalveränderungsrechnung mind. Folgendes:

- Gesamtergebnis, mit getrenntem Ausweis des Anteils der nicht beherrschenden Anteile und des Anteils der Eigentümer des Mutterunternehmens
- Änderungen der Rechnungslegungsmethoden gem. IAS 8
- Für jede Eigenkapitalkomponente eine Überleitungsrechnung der Buchwerte zu Beginn und am Ende der Berichtsperiode bei getrennter Berücksichtigung von:
  - Gewinn/Verlust,
  - Sonstigem Ergebnis,
  - Transaktionen mit Eigentümern.

Möglicher Aufbau einer Kapitalflussrechnung gem. IAS 7

Ergebnis vor Steuern (lt. GuV)
Finanzergebnis
Abschreibungen
sonstige nicht zahlungswirksame Aufwendungen/Erträge
Veränderung der Rückstellungen
Zu-/Abnahme Vorräte, Forderungen L+L, Verbindlichkeiten L+L
Veränderungen übriges Nettovermögen
Gewinne/Verluste aus Abgang von lfr. Vermögenswerten
❶ gezahlte Zinsen
❷ gezahlte Ertragsteuern

Cashflow aus betrieblicher Tätigkeit

Erwerb von Tochterunternehmen abzgl. übernommener Zahlungsmittel
Investitionen (z.B. Erwerb von Sachanlage)
Desinvestition (z.B. Verkauf von Sachanlage)
❸ erhaltene Zinsen
erhaltene Dividenden

Cashflow aus Investitionstätigkeit

Kapitalerhöhung
❹ Dividendenzahlung
Kreditaufnahme
Schuldentilgung

Cashflow aus Finanzierungstätigkeit
Nettozunahme an Zahlungsmittel-/Zahlungsmitteläquivalente

❶ alternativ in Cashflow aus Finanzierungstätigkeit

❷ alternativ in Cashflow aus Investitions- und/oder Finanzierungstätigkeit, falls zuordenbar

❸ alternativ in Cashflow aus betrieblicher Tätigkeit

❹ alternativ in Cashflow aus betrieblicher Tätigkeit

In IAS 7 ist ausführlich geregelt, wie eine Kapitalflussrechnung zu gestalten ist. So wird – ähnlich wie in DRS 21 – eine Dreiteilung des Cashflow respektive der Veränderungen der Zahlungsmittel und Zahlungsmitteläquivalente verlangt.

Während der Cashflow aus **betrieblicher Tätigkeit** alternativ nach der **direkten oder indirekten Methode** dargestellt werden kann, sind die Cashflows aus **Investitionstätigkeit** und aus **Finanzierungstätigkeit** zwingend nach der **direkten Methode** darzustellen.

Insb. für gezahlte/erhaltene Zinsen, Dividenden und Ertragsteuern erlaubt IAS 7 alternative Zuordnungen.

Die Summe der Cashflows aus den drei Bereichen ergibt die Veränderung des Zahlungsmittelbestandes. Dieser definiert sich nach IAS 7.7 als Summe aus **Zahlungsmitteln** (i.d.R. Bankguthaben) und **Zahlungsmitteläquivalenten**. Letztere qualifizieren sich dadurch, dass sie kurzfristige Zahlungsverpflichtungen bedienen können. Damit fallen Finanzinvestitionen nur unter diese Definition, wenn sie insgesamt nur eine Laufzeit von 3 Monaten haben.

Mögliche Struktur eines Anhangs gem. IAS 1.112

Angabenelemente	Beispiele
Informationen über Grundlagen der Erstellung des Abschlusses	Angabe von Abschlussstichtag, Berichtsperiode und Darstellungswährung
angewandte Bilanzierungs- und Bewertungsmethoden	Neubewertungs- oder Anschaffungskostenmethode für Sachanlagen
Informationen zur Konzernrechnungslegung (inkl. Konsolidierungskreis)	Anwendung der Full-Goodwill-Methode
Erläuterung der Posten der GuV/ Gesamtergebnisrechnung/Bilanz/ Eigenkapitalveränderungsrechnung/Kapitalflussrechnung	Betrag jeder bedeutsamen Kategorie von Erträgen, die während der Berichtsperiode erfasst worden sind; Anlagenspiegel, Rückstellungsspiegel
Informationen, die nicht in anderen Bestandteilen ausgewiesen werden, für das Verständnis aber relevant sind	Eventualverbindlichkeiten, Methoden des Finanzrisikomanagements

Ähnlich wie nach HGB sollen dem Adressaten eines IFRS-Abschlusses mit dem Anhang erläuternde, kommentierende sowie zusätzliche Informationen bereitgestellt werden, die in den anderen Abschlussbestandteilen in der Form noch nicht enthalten sind.

Gem. IAS 1.112 ff. werden die links aufgeführten Angabenelemente – möglichst auch in der dargestellten Reihenfolge – gefordert. Die konkreten Angabepflichten werden in den einzelnen Standards gefordert. Insgesamt ergeben sich demnach fast 1.000 verschiedene Angabepflichten. Insofern sind auch in der Tabelle nur einige wenige Beispiele angeführt.

Teil D Ausgewählte Bilanzierungsvorschriften

D.1 Immaterielle Vermögenswerte (ohne GoF)

D.1.1 Relevante Vorschriften

o Anwendungsbereich von IAS 38
o Definitionsmerkmale: Identifizierbarkeit und Verfügungsmacht
o Beispiele für immaterielle Vermögenswerte
o Normenkontext

D.1.2 Ansatz

o Überblick über die Ansatzvorschriften für immaterielle Vermögenswerte
o Ansatzvorschriften für selbst erstellte immaterielle Vermögenswerte
o Ansatzkriterien für selbst erstellte immaterielle Vermögenswerte gem. IAS 38.57
o Beispiel für den Ansatz von selbst erstellten immateriellen Vermögenswerten

D.1.3 Bewertung

o Überblick über Bewertungsmethoden
o Bestandteile der Herstellungskosten
o Beispiel für die Bewertung von selbst erstellten immateriellen Vermögenswerten

o Besonderheiten der planmäßigen Abschreibung
o Besonderheiten des Impairmenttests von immateriellen Vermögenswerten

D.1.4 Berichterstattung

o Überblick über Anhangangaben
o Beispiel für Angaben zu den Bilanzierungs- und Bewertungsmethoden

o Beispiel für einen Anlagenspiegel
o Beispiel für sonstige allgemeine Anhangangaben

Anwendungsbereich von IAS 38

Positive Abgrenzung des Anwendungsbereichs

Es liegt
(1) ein Vermögenswert (asset) i.S.d. Rahmenkonzeptes vor, der
(2) nicht monetär,
(3) nicht materiell und
(4) identifizierbar ist.

Negative Abgrenzung des Anwendungsbereichs

Es liegt keiner der folgenden Vermögenswerte vor, z.B.:
(1) Vorräte im Anwendungsbereich von IAS 2,
(2) Fertigungsaufträge, die nach IAS 11 bilanziert werden,
(3) Leasingverhältnisse i.S.d. IAS 17,
(4) Geschäfts- oder Firmenwerte aus Unternehmenszusammenschlüssen (IFRS 3),
(5) Versicherungsverträge nach IFRS 4.

Zudem ist IAS 38 u.a. nicht anzuwenden auf:
(6) Ansatz und Bewertung von Exploration und Evaluation mineralischer Ressourcen (IFRS 6),
(7) Ausgaben für die Förderung nicht-regenerativer Ressourcen.

IAS 38 ist anwendbar

Für die Bilanzierung von immateriellen Vermögenswerten ist grds. **IAS 38** einschlägig (IAS 38.2). Zu den Definitions-merkmalen von immateriellen Vermögenswerten respektive der positiven Abgrenzung des Anwendungsbereichs des IAS 38 siehe insb. die nachfolgenden Seiten.

Zur **Abgrenzung von einer materiellen Sachanlage** gem. IAS 16 ist bei einer Verbindung von immateriellem und ma-teriellem Vermögenswert (z.B. bei einem Speichermedium, das eine Software enthält) unter Berücksichtigung der un-ternehmensspezifischen Verwendungsabsicht zu bestimmen, welcher der Vermögenswerte der funktions- und wert-mäßig Wesentliche ist. Bei der Software auf einem Speichermedium würde regelmäßig IAS 38 zur Anwendung kom-men, da der immaterielle Vermögenswert „Software" wesentlicher ist, als z.B. die DVD, auf der sie gespeichert wurde. Ist die Software hingegen integraler Bestandteil einer Maschine, könnte dies darauf hindeuten, dass für die Bilanzie-rung der Maschine inkl. der Software insgesamt IAS 16 anzuwenden ist (vgl. IAS 38.4).

Aus dem Anwendungsbereich von IAS 38 werden einige (immaterielle) Vermögenswerte per **Negativabgrenzung** ausgeschlossen (IAS 38.2 a)-d) und IAS 38.3), für die der IASB spezifische Regelungen erlassen hat. So schließt be-reits das Definitionskriterium „nicht monetär" finanzielle Vermögenswerte gem. IAS 32 aus (vgl. auch IAS 38.2 b)). Zu-dem sind alle immateriellen Vermögenswerte, die zum **Anwendungsbereich eines anderen Standards** gehören, vom Anwendungsbereich des IAS 38 ausgenommen. Dies betrifft, z.B.

- immaterielle Vermögenswerte, die als Vorräte gehalten werden (IAS 2),
- immaterielle Vermögenswerte, die aus Fertigungsaufträge für Dritte resultieren (IAS 11),
- latente Steuern (IAS 12),
- die Nutzungsrechte im Rahmen von Leasingverhältnissen (IAS 17),
- derivative Geschäfts- oder Firmenwerte (IFRS 3),
- vertragliche Rechte eines Versicherungsgebers (IFRS 4),
- immaterielle Vermögenswerte des Anlagevermögens, die als zur Veräußerung gehalten klassifiziert werden (IFRS 5).

Definitionsmerkmale: Identifizierbarkeit und Verfügungsmacht

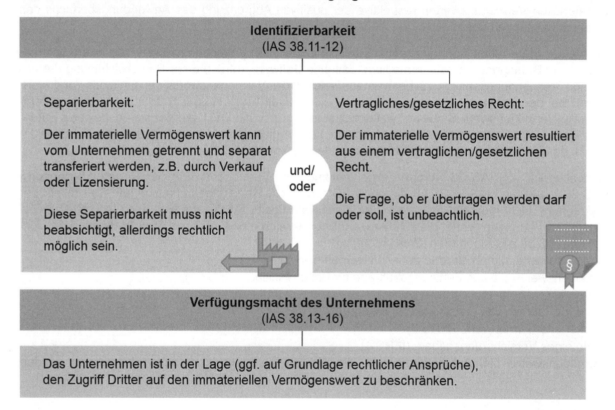

Identifizierbarkeit
(IAS 38.11-12)

Separierbarkeit:

Der immaterielle Vermögenswert kann vom Unternehmen getrennt und separat transferiert werden, z.B. durch Verkauf oder Lizensierung.

Diese Separierbarkeit muss nicht beabsichtigt, allerdings rechtlich möglich sein.

und/
oder

Vertragliches/gesetzliches Recht:

Der immaterielle Vermögenswert resultiert aus einem vertraglichen/gesetzlichen Recht.

Die Frage, ob er übertragen werden darf oder soll, ist unbeachtlich.

Verfügungsmacht des Unternehmens
(IAS 38.13-16)

Das Unternehmen ist in der Lage (ggf. auf Grundlage rechtlicher Ansprüche), den Zugriff Dritter auf den immateriellen Vermögenswert zu beschränken.

Zwei wesentliche Definitionsmerkmale von immateriellen Vermögenswerten i.S.d. IAS 38 sind die Identifizierbarkeit und die Verfügungsmacht des Unternehmens.

Das Kriterium der **Identifizierbarkeit** wird durch die Erfüllung von einem der beiden nachfolgenden Merkmale operationalisiert (IAS 38.11-12):

- **vertragliches/gesetzliches Recht**: besteht ein vertragliches (z.B. durch einen Lizenzvertrag) oder gesetzliches (z.B. auf Grundlage des Urheberrechts) Recht, dann gilt der immaterielle Vermögenswert als identifizierbar. Identifizierbarkeit besteht in diesem Fall unabhängig davon, ob seitens des Unternehmens die Absicht oder die rechtliche Fähigkeit besteht, den immateriellen Vermögenswert auch tatsächlich zu übertragen.

- **Separierbarkeit**: ist der immaterielle Vermögenswert seitens des Unternehmens einzeln verwertbar (also kann er z.B. einzeln veräußert oder lizensiert werden), dann gilt er als identifizierbar, sofern diese Einzelverwertbarkeit auch rechtlich möglich ist. Z.B. wären Kundendaten, die aus rechtlichen Gründen nicht weitergegeben werden dürfen, nicht separierbar, und damit auch kein identifizierbarer, immaterieller Vermögenswert. Eine konkrete Übertragungsabsicht muss hierfür indes nicht bestehen.

Das Kriterium der **Verfügungsmacht** ergibt sich aus der asset-Definition des Rahmenkonzepts (siehe auch Kap. A.5). Demnach muss das Unternehmen in der Lage sein, Dritten den Zugriff auf die Ressource verwehren zu können. Dies geschieht regelmäßig, aber nicht zwingend, auf Grundlage rechtlich durchsetzbarer Ansprüche (IAS 38.13 ff.). Über das Know-how seiner Mitarbeiter hat das Unternehmen zumeist keine Verfügungsmacht, da die Mitarbeiter kündigen können, ohne dass das Unternehmen diese daran hindern könnte. Ein angemeldetes Patent oder eine Lizenz dürfte hingegen in den meisten Fällen dieses Kriterium erfüllen.

Beispiele für immaterielle Vermögenswerte

Marketing-related Intangibles
- Warenzeichen
- Internet Domain Name
- Firmenlogos etc.
- Zeitungsnamen
- Vertragliche Wettbewerbsverbote

Customer-related Intangibles
- Kundenlisten (separierbar)
- Auftragsbestand
- Kundenverträge
- Nichtvertragliche Kundenbeziehungen

Artistic-related Intangibles
- Urheberrechte, Lizenzrechte usw. an Werken von Literatur, Oper, Musik, Film und Funk, bildender Kunst und Fotografie

Contract-based Intangibles
- Dienst-, Werk- und Leasingverträge, in dem Maße, in dem sie gemessen am Markt vorteilhaft sind (bei "Einkaufskontrakten" Preis unter Marktpreis, bei "Verkaufskontrakten" Preis über Marktpreis)
- Mineralgewinnungsrechte, Ausbeutungsrechte
- Fernseh-, Rundfunk-, Telefonlizenzen
- Landerechte und ähnliche Luftfahrtlizenzen, Lizenzen zum Betrieb mautpflichtiger Verkehrswege

Technology-based Intangibles
- Patente
- Urheberrechtlich geschützte Software
- Rechtlich geschützte Datenbasen
- Ungeschütztes Know-How, Rezepte, Datenbanken, Geschäftsgeheimnisse usw. (soweit separierbar)

In den Illustrative Examples zu IFRS 3 werden die nebenstehenden Beispiele für immaterielle Vermögenswerte genannt, bei denen der IASB davon ausgeht, dass sie identifizierbar sind.

Wenngleich IFRS 3 sich auf im Rahmen eines Unternehmenszusammenschlusses erworbene immaterielle Vermögenswerte bezieht, geben diese Beispiele einen allgemeinen Überblick über immaterielle Vermögenswerte i.S.d. IAS 38. Für die Frage, welche der immateriellen Vermögenswerte bei Erfüllung welcher Voraussetzungen bilanzierungsfähig/-pflichtig sind, siehe Kap. D.1.2.

Normenkontext

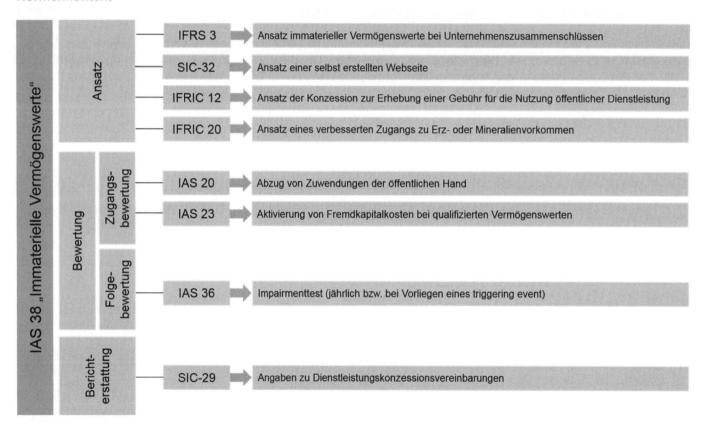

Für die Bilanzierung von immateriellen Vermögenswerten sind neben IAS 38 und den grds. zu beachtenden Standards IFRS 13 (siehe Kap. D.2.3 für die Fair Value-Ermittlung), IAS 12 (siehe Kap. D.13 für latente Steuern) und IAS 1 (siehe Kap. C für Ausweisfragen) folgende Standards/Interpretationen ggf. relevant:

- **IAS 20** „Bilanzierung und Darstellung von Zuwendungen der öffentlichen Hand": Bemessung der Anschaffungs-/Herstellungskosten von immateriellen Vermögenswerten bei Zuwendungen der öffentlichen Hand.

- **IAS 23** „Fremdkapitalkosten": Aktivierung von Fremdkapitalkosten als Bestandteil der Anschaffungs-/Herstellungskosten von immateriellen Vermögenswerten.

- **IAS 36** „Wertminderung von Vermögenswerten": (außerplanmäßige) Wertminderung eines immateriellen Vermögenswertes.

- **IFRS 3** „Unternehmenszusammenschlüsse": besondere Kriterien für die Identifikation und den Ansatz immaterieller Vermögenswerte (siehe folgende Seiten).

- **SIC-29** „Angaben – Vereinbarungen über Dienstleistungskonzessionen": z.B. Angaben zu Art und Umfang von Rechten, bestimmte Vermögenswerte zu nutzen.

- **SIC-32** „Immaterielle Vermögenswerte - Kosten von Internetseiten": Ansatz einer selbst erstellten Webseite als immaterieller Vermögenswert bei Erfüllung der Kriterien des IAS 38.57.

- **IFRIC 12** „Dienstleistungskonzessionsvereinbarungen": Ansatz eines Rechtes (Konzession), von den Nutzern einer öffentlichen Dienstleistung eine Gebühr zu erheben, als immaterieller Vermögenswert.

- **IFRIC 20** „Abraumkosten in der Produktionsphase eines Tagebaubergwerks": Ansatz der Produktionsabraumkosten ggf. als immaterieller Vermögenswert.

Überblick über die Ansatzvorschriften für immaterielle Vermögenswerte

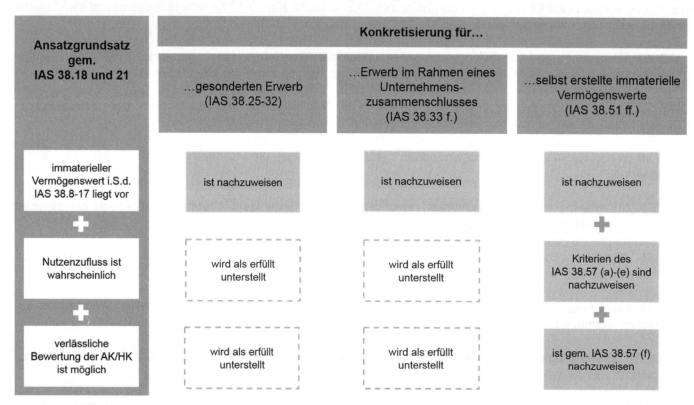

Entsprechend der **allgemeinen Ansatzvorschriften** von Vermögenswerten gem. dem Rahmenkonzept (CF 4.44) besteht für immaterielle Vermögenswerte gem. IAS 38.18 i.V.m. IAS 38.21 eine **Ansatzpflicht**, wenn die **drei folgenden Kriterien kumulativ nachgewiesen** werden können:

- das Vorliegen eines immateriellen Vermögenswertes i.S.d. IAS 38.8,
- die Wahrscheinlichkeit, dass dem Unternehmen der erwartete künftige wirtschaftliche Nutzen aus dem Vermögenswert zufließen wird, und
- die verlässliche Bestimmbarkeit der Anschaffungs-/Herstellungskosten des Vermögenswertes.

In IAS 38.25 ff. werden die allgemeinen Ansatzvorschriften für die verschiedenen Zugangsarten konkretisiert:

- Demnach wird im Fall des **gesonderten Erwerbs** sowie des **Erwerbs im Rahmen eines Unternehmenszusammenschlusses** unterstellt, dass das 2. und 3. Kriterium stets erfüllt wird. Für diese beiden Zugangsarten ist insofern entscheidend, ob ein immaterieller Vermögenswert i.S.d. IAS 38.8 vorliegt.
- Werden immaterielle Vermögenswerte **selbst erstellt**, ist indes die Erfüllung der drei Kriterien nachzuweisen, wobei in IAS 38.51ff. weitere Konkretisierung geregelt sind.
- Konkretisierung der Ansatzkriterien bei **Erwerb durch Zuwendungen der öffentlichen Hand** und bei **Tausch von Vermögenswerten** sind in IAS 38.44 bzw. IAS 38.45-47 geregelt.

Der IASB hat eine **Abgrenzung zwischen Erwerb und Selbsterstellung** nicht explizit geregelt. Aus dem Wortlaut und Sinn des IAS 38 lässt sich ableiten, dass eine Selbsterstellung vorliegt, wenn ein immaterieller Vermögenswert von dem bilanzierenden Unternehmen erst noch entwickelt worden ist. Insofern kann in der Herstellungsphase, anders als beim Erwerb, noch unsicher sein, ob überhaupt ein immaterieller Vermögenswert entsteht. Wird ein von einem Dritten erworbener immaterieller Vermögenswert von dem Unternehmen selbst weiterentwickelt (sogenanntes Customizing) ist im Einzelfall abhängig von dem Umfang des Customizing zu entscheiden, ob ein selbst geschaffener oder erworbener Vermögenswert zu bilanzieren ist. Besondere Regelungen für F&E-Projekte gelten gem. IAS 38.42.

Nach **HGB** besteht für erworbene immaterielle Vermögensgegenstände eine Ansatzpflicht. Für selbst erstellte immaterielle Vermögensgegenstände siehe die folgenden Seiten.

Ansatzvorschriften für selbst erstellte immaterielle Vermögenswerte

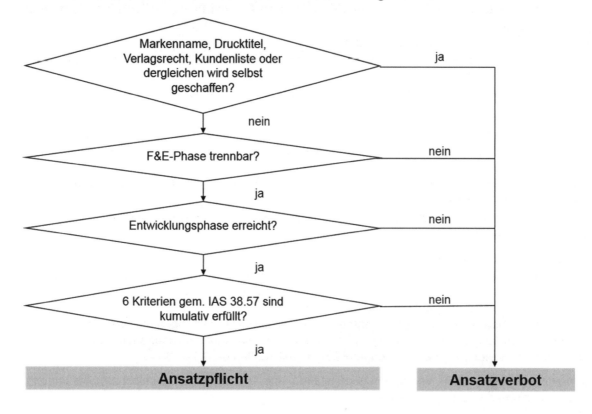

Für bestimmte selbst geschaffene immaterielle Vermögenswerte (**Markenname, Drucktitel, Verlagsrecht, Kundenliste** o.ä.) ist in IAS 38.63 ein ausdrückliches Bilanzierungsverbot kodifiziert. Hintergrund ist, dass die Ausgaben für derartige immaterielle Vermögenswerte kaum von den Ausgaben für die Entwicklung des Unternehmens als Ganzes abgegrenzt werden können.

Weiterhin muss es dem Unternehmen möglich sein, die **Forschungs- und Entwicklungsphasen** eindeutig voneinander zu **trennen**. Dies ist z.B. bei separaten aufbauorganisatorischen Einheiten möglich oder auch, wenn die F&E-Aktivitäten in formalisierten, sequenziellen Prozessen erfolgen. IAS 38.56 respektive IAS 38.59 nennen Beispiele für typische Aktivitäten der Forschungs- bzw. Entwicklungsphase. Diese Beispiele zielen darauf ab, dass eine Forschungsphase durch die ggf. noch ungerichtete Suche nach Alternativen für Materialen, Produkte etc. gekennzeichnet ist, während eine **Entwicklungsphase** mit der Entscheidung für und Weiterentwicklung von einer solchen Alternative ansetzt, z.B. durch Tests, Pilotanlagen, Prototypenentwicklung etc.

Die Ausgaben der Entwicklungsphase sind dann zu aktivieren, sobald die in IAS 38.57 genannten **sechs Kriterien kumulativ erfüllt** sind (siehe nachfolgende Seiten). In diesem Zusammenhang ist zu beachten, dass IAS 38.71 eine Nachaktivierung von Kosten, die bereits als Aufwand erfasst worden sind, ausdrücklich untersagt. Das bilanzierende Unternehmen muss daher zeitnah bestimmen können, ab wann die anfallenden Kosten keinen Aufwand mehr darstellen dürfen, sondern aktiviert werden müssen.

Gem. § 248 Abs. 2 **HGB** gilt für selbst erstellte immaterielle Vermögensgegenstände in der Entwicklungsphase grds. ein **Aktivierungswahlrecht**. Analog der IFRS-Regelung sind Kosten der Forschungsphase nicht aktivierungsfähig (§ 255 Abs. 2 HGB). Ebenfalls analog der Vorschrift in IAS 38 sind selbst geschaffene Marken, Drucktitel, Verlagsrechte, Kundenlisten oder vergleichbare immaterielle Vermögensgegenstände explizit vom Ansatz ausgenommen.

Ansatzkriterien für selbst erstellte immaterielle Vermögenswerte gem. IAS 38.57

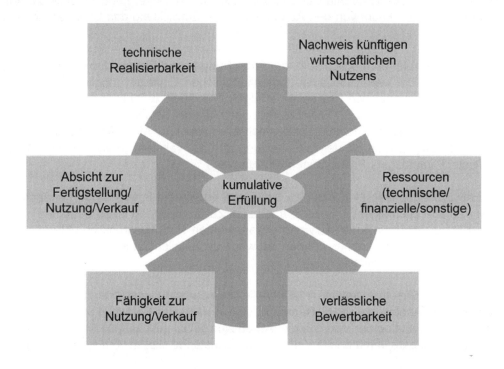

Technische Realisierbarkeit der Fertigstellung: Das Unternehmen muss nachweisen können, dass die Fertigstellung des immaterielle Vermögenswertes soweit technisch machbar ist, dass dieser genutzt oder verkauft werden kann.

Absicht zur Fertigstellung/Nutzung/Verkauf: Nachzuweisen ist, dass das Unternehmen diese Fertigstellung auch tatsächlich beabsichtigt. Solange das Management über die Fertigstellung noch nicht entschieden hat, ist dieses Kriterium nicht erfüllt.

Fähigkeit zur Nutzung/Verkauf: Das Unternehmen muss in der Lage sein, den immateriellen Vermögenswert entweder selber zu nutzen oder aber ihn zu verkaufen. Rechtliche Aspekte können z.B. einer Nutzung/einem Verkauf entgegenstehen (wenn z.B. eine entwickelte Substanz durch die entsprechenden Behörden nicht zugelassen wird). Bei geplantem Verkauf von Gütern, die auf Grundlage des immateriellen Vermögenswertes produziert werden sollen (z.B. neue Serienmodelle), ist eine Marktnachfrage nachzuweisen.

Nachweis des künftigen wirtschaftlichen Nutzens: Zur Erfüllung dieses Kriteriums ist ausschlaggebend, die angefallenen Entwicklungskosten durch die künftigen Erträge bzw. Minderkosten zumindest gedeckt werden. Diese Prognosen sollen gem. IAS 36 (siehe Kap. D.2.3) erstellt werden (IAS 38.60).

Ressourcen (technische/finanzielle/sonstige): Für die Frage, ob das Unternehmen über ausreichende Ressourcen zur Fertigstellung verfügt, sind z.B. die zugrunde gelegten Business Pläne heranzuziehen oder auch externe Finanzierungszusagen für das Projekt (IAS 38.61).

Verlässliche Bewertbarkeit: Die Herstellungskosten für die Entwicklung des immateriellen Vermögenswertes müssen verlässlich bewertbar sein. Hierfür ist grds. eine Projektzeiterfassung/ein Projektcontrolling erforderlich.

Beispiel für Ansatz von selbst erstellten immateriellen Vermögenswerten

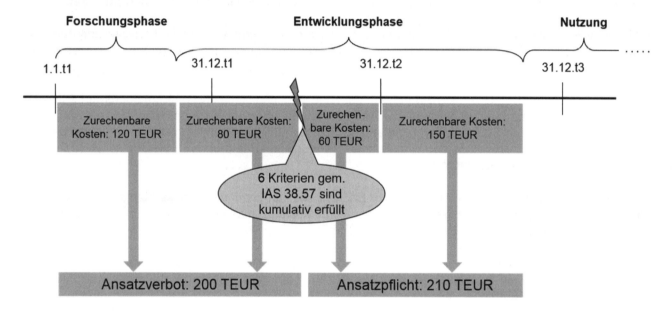

In der **Forschungsphase** fallen Kosten i.H.v. 120 TEUR an. Da es sich jedoch um die Forschungsphase handelt, sind diese nicht aktivierungsfähig und werden dementsprechend aufwandswirksam erfasst (IAS 38.54).

Es schließt sich die **Entwicklungsphase** an. Zu Beginn dieser Phase sind noch nicht alle Kriterien des IAS 38.57 kumulativ erfüllt. Während dieser Periode fallen zusätzliche 80 TEUR an zurechenbaren Kosten an, die weiterhin aufwandswirksam sind und nicht, auch nicht nachträglich, aktiviert werden dürfen (IAS 38.65 + 71).

Mit der kumulativen Erfüllung aller sechs Kriterien des IAS 38.57 beginnt die **verpflichtende Aktivierung** der zurechenbaren Kosten. D.h. die nach der Erfüllung der Kriterien anfallenden Kosten i.H.v. insgesamt 210 TEUR sind zu aktivieren. Die IFRS sehen eine Aktivierungspflicht, kein explizites Wahlrecht, vor. Die **Aktivierung endet** mit dem Abschluss der Entwicklungsphase und der anschließenden Nutzung und ggf. (planmäßigen) Abschreibung des immateriellen Vermögenswertes.

Überblick über Bewertungsmethoden

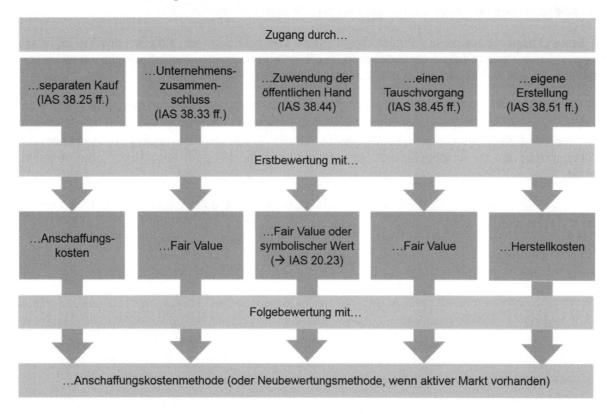

Die **Erstbewertung** richtet sich nach dem **Zugangsweg** des immateriellen Vermögenswertes:

- **Separater Kauf**: Bewertung mit den Anschaffungskosten (siehe Kap. D.2.3).

- **Unternehmenszusammenschluss**: Bewertung mit Fair Value gem. IFRS 13 (vgl. auch IFRS 3.18). Der Fair Value bestimmt sich nach einem Marktpreis oder wird in Ermangelung eines solchen mit Hilfe eines Bewertungsverfahrens ermittelt.

- **Zuwendung der öffentlichen Hand**: Nicht monetäre Zuwendungen der öffentlichen Hand, wie z.B. die kostenfreie Zuteilung von Lizenzen/Konzessionen durch die öffentliche Hand, werden gem. IAS 38.44 i.V.m. IAS 20.23 entweder mit dem beizulegenden Zeitwert oder einem symbolischen Wert bewertet. Als Gegenbuchung wird eine Art Rechnungsabgrenzungsposten „deferred income" passiviert.

- **Tauschvorgang**: Grds. wird der derartig „erworbene" immaterielle Vermögenswert mit dem Fair Value des hingegebenen Vermögenswertes bewertet. Sollte es jedoch dem Tauschvorgang an wirtschaftlicher Substanz fehlen (wenn sich also weder Risiko, zeitlicher Anfall und Betrag der Cashflows aus dem Vermögenswert noch der Unternehmenswert des betroffenen Geschäftsteils signifikant ändern) oder der Fair Value keines der beiden Vermögenswerte bestimmbar sein, wird der erhaltene Vermögenswert mit dem Buchwert des hingegebenen Vermögenswertes bewertet.

- **Eigene Erstellung**: Bewertung mit den Herstellungskosten (siehe nachfolgende Seiten).

Für die **Folgebewertung** besteht ein **Wahlrecht** zwischen der Anschaffungskostenmethode und der Neubewertungsmethode. Letztere darf jedoch nur angewendet werden, sofern ein aktiver Markt für den immateriellen Vermögenswert besteht und ist deshalb in der Praxis regelmäßig nicht relevant (IAS 38.78). Für eine ausführliche Beschreibung der Anschaffungskosten- und Neubewertungsmethode siehe Kap. D.2.3.

Das **HGB** sieht in § 253 eine Zugangsbewertung zu Anschaffungs-/Herstellungskosten vor. Gem. § 255 Abs. 2a HGB dürfen nur die Entwicklungskosten in die Herstellungskosten miteinbezogen werden. In den Folgejahren sind Vermögensgegenstände mit zeitlich begrenzter Nutzung planmäßig und darüber hinaus bei voraussichtlich dauerhafter Wertminderung außerplanmäßig abzuschreiben (§ 253 Abs. 3 HGB).

Bestandteile der Herstellungskosten

Pflichtbestandteile	Beispiele/Hinweise
Materialeinzelkosten	Lizenzgebühren
+ Fertigungseinzelkosten	Löhne
+ Sondereinzelkosten der Fertigung	Handbücher
+ Materialgemeinkosten	Kosten des Wissensmanagements
+ Fertigungsgemeinkosten	Gehälter von Projektleitern
+ planmäßige Abschreibungen	...auf genutzte Patente
+ Herstellungsbezogene Verwaltungskosten	Kosten der Lohnbuchhaltung
+ Kosten des Sozialbereichs	Aufwendungen für betriebliche Altersvorsorge
+ Fremdkapitalkosten (bei einem qualifizierten Vermögenswert)	siehe Beispiel in Kap. D.2.3
./. Zuwendungen der öffentlichen Hand	Subventionen zu Entwicklungsprojekten
= **Herstellungskosten im Zugangszeitpunkt**	
+ nachträgliche Herstellungskosten	Erweiterung einer Software um Zusatzfunktionen

sofern Herstellung direkt zurechenbar; Berücksichtigung der Normalbeschäftigung

Zu den Herstellungskosten gem. IAS 38.66 werden alle direkt zurechenbaren Kosten (mit einigen expliziten Ausnahmen, siehe unten) gezählt. Diese umfassen **Aufwendungen für Materialien** oder Dienstleistungen, **Leistungen an Arbeitnehmer** (also z.B. die Gehälter der beteiligten F&E-Mitarbeiter soweit diese über Zeiterfassungsmechanismen der Herstellung des immateriellen Vermögenswertes zugeordnet werden können), **Registrierungsgebühren** (z.B. zur Anmeldung von Patenten oder ähnlichen Schutzrechten) sowie **Abschreibungen** auf Lizenzen oder Patente, die für die Herstellung des immateriellen Vermögenswertes angeschafft wurden.

Auch **Gemeinkosten** (z.B. Abschreibungen auf das Gebäude des F&E-Bereichs) sind zurechenbar, wenn sie über Schlüsselungen dem immateriellen Vermögenswert zugeordnet werden können.

Weiterhin ist zu prüfen, ob der immaterielle Vermögenswert die Definition eines qualifizierten Vermögenswertes i.S.d. IAS 23 erfüllt, mit der Folge, dass **Fremdkapitalkosten** ebenfalls zu aktivieren wären (siehe Kap. D.2.3).

Zuwendungen der öffentlichen Hand sind lt. IAS 20.24 entweder als passivischer Rechnungsabgrenzungsposten oder als Abzug von dem bezuschussten immateriellen Vermögenswert zu bilanzieren.

Nachträgliche Herstellungskosten sind zu aktivieren, sofern sie die Kriterien des IAS 38.57 erfüllen. Eine nachträgliche Aktivierung von **bereits als Aufwand erfassten Kosten** ist indes **nicht gestattet** (IAS 38.71).

Explizit **ausgenommen von der Aktivierung** werden in IAS 38.67 jedoch **allgemeine Verwaltungs- oder Vertriebskosten**, die nicht direkt zurechenbar sind, **Anlaufverluste** oder andere Ineffizienzen sowie Aufwendungen für **Mitarbeiterschulungen**.

Gem. § 255 Abs. 2 **HGB** besteht für herstellungsbezogene Verwaltungskosten, Kosten des sozialen Bereichs sowie fertigungsbezogene Fremdkapitalzinsen grds. ein **Einbeziehungswahlrecht**.

Beispiel für die Bewertung von selbst erstellten immateriellen Vermögenswerten

Sachverhalt

Die Praxis-AG entwickelt in ihrem neu errichteten F&E-Gebäude ein neues Herstellungsverfahren. Die F&E-Aktivitäten beginnen am 05.02.t1. Ab dem 30.06.t1 werden die Kriterien gem. IAS 38.57 für eine Aktivierung als immaterieller Vermögenswert erfüllt. Die linear erfassten Abschreibungsbeträge für das Gebäude betragen 100 TEUR pro Jahr, das Gebäude wird zu Hälfte von dem Projekt zur Entwicklung des neuen Herstellungsverfahrens belegt. Die dem Entwicklungsprojekt zugeordneten Gehälter der Entwickler betragen in t1 monatlich 20 TEUR und in t2 monatlich 30 TEUR. In t2 werden neue Mitarbeiter in das Projekt eingebunden,

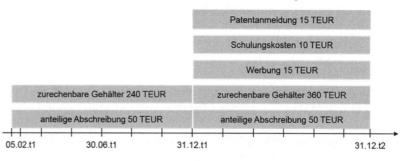

damit die internen Zeitpläne eingehalten werden können. Dafür nehmen die Mitarbeiter an Schulungen teil, um rasch effizient mitarbeiten zu können. Der Praxis-AG entstehen hieraus Kosten i.H.v. 10 TEUR. Die Entwicklungsarbeiten laufen bis zum 31.12.t2. Ende t2 wird das Verfahren zum Patent angemeldet und von der Praxis-AG ab t3 in der Produktion eingesetzt. Für die Patentanmeldung fallen insgesamt 15 TEUR an Gebühren an. Zudem wendet die Praxis-AG noch in t2 15 TEUR für Marketingaktivitäten auf, da sie das Verfahren künftig auch an Dritte auslizensieren möchte.

Lösung

Das Produktionsverfahren wird am 31.12.t2 als immaterieller Vermögenswert wie folgt bewertet (Zugangsbewertung):
570 TEUR (= 25 TEUR + 50 TEUR + 120 TEUR + 360 TEUR + 15 TEUR).

anteilige Abschreibungen in t1 und t2   anteilige Gehälter in t1 und t2   Patentanmeldung

Die Aktivierung der Entwicklungskosten **beginnt** erst mit der kumulativen Erfüllung der Kriterien des IAS 38.57 (siehe S. 76 ff.), mithin also nach dem 30.06.t1, und **endet** mit dem Abschluss der Entwicklungsphase am 31.12.t2. Die anteiligen Entwicklungskosten, die bis zum 30.06.t1 angefallen sind, dürfen nicht einbezogen werden (IAS 38.65).

Direkt zurechenbare Kosten entstehen in Form von Gehältern der Entwickler (= Leistungen an Arbeitnehmer i.S.d. IAS 19). In t1 sind für 6 Monate je 20 TEUR und in t2 für 12 Monate jeweils 30 TEUR einbeziehungspflichtig, insgesamt also 120 TEUR + 360 TEUR = 480 TEUR. Weitere direkt zurechenbare Kosten sind die Kosten für die Patentanmeldung i.H.v. 15 TEUR.

Zudem können die Abschreibungen auf das Gebäude anteilig dem Projekt **zugeschlüsselt** werden. Da das Gebäude zu 50% von dem Projekt genutzt wird, ergeben sich für t1 einbeziehungspflichtige anteilige Abschreibungen i.H.v. 25 TEUR und für t2 i.H.v. 50 TEUR.

Ausdrücklich vom Ansatz **ausgeschlossen** sind die Schulungskosten i.H.v. 10 TEUR sowie die Aufwendungen für Werbung i.H.v. 15 TEUR (IAS 38.67).

Besonderheiten der planmäßigen Abschreibung

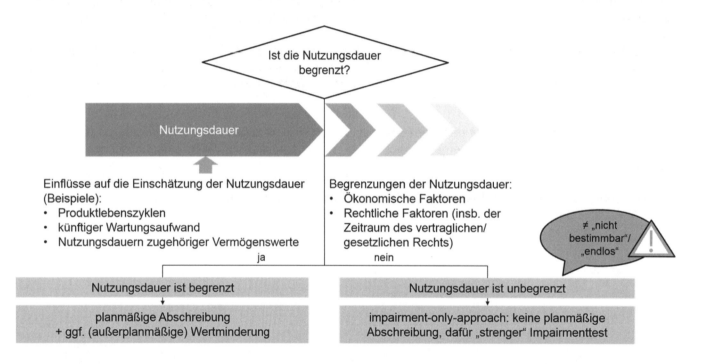

Zunächst ist für den immateriellen Vermögenswert festzustellen, ob die **Nutzungsdauer begrenzt oder unbegrenzt** ist. Letzteres darf nicht mit einer „endlosen" Nutzungsdauer gleichgesetzt werden (IAS 38.91) – vielmehr geht es um die Frage, ob absehbar ist, wann der Vermögenswert keine Einzahlungsüberschüsse mehr generiert (IAS 38.88).

Die Nutzungsdauer eines immateriellen Vermögenswertes wird von einer **Vielzahl von Faktoren bestimmt**, die vom bilanzierenden Unternehmen bei der Bestimmung der Nutzungsdauer zu berücksichtigen sind. Zu diesen Faktoren zählen u.a. (IAS 38.90):

- Produktlebenszyklen für den immateriellen Vermögenswert bzw. vergleichbare Vermögenswerte,
- notwendige Wartungsaufwendungen, sofern das Unternehmen fähig und gewillt ist, diese Ausgaben zu tätigen,
- Nutzungsdauern von Vermögenswerten, die mit dem immateriellen Vermögenswert zusammen genutzt werden, sofern dadurch die Nutzungsdauer des immateriellen Vermögenswertes begrenzt wird.

Begrenzt werden kann die Nutzungsdauer grds. von ökonomischen oder rechtlichen Faktoren. Erstere wirken auf die Fähigkeit des Unternehmens, Nutzenzuflüsse zu generieren. Letztere beschränken ggf. den Zeitraum, in dem das Unternehmen Verfügungsmacht über den immateriellen Vermögenswert besitzt. Ist der immaterielle Vermögenswert auf Grundlage eines vertraglichen/gesetzlichen Rechts identifizierbar, so ist die Nutzungsdauer durch die Laufzeit dieses Rechts begrenzt. Potenzielle Verlängerungen dürfen nur berücksichtigt werden, sofern diese voraussichtlich zu nur unwesentlichen Kosten ausgeübt werden.

Immaterielle Vermögenswerte mit **begrenzter Nutzungsdauer** sind über diese planmäßig abzuschreiben. Zum Verfahren der planmäßigen Abschreibung, siehe grundlegend Kap. D.2.3. Zusätzlich ist jährlich ein möglicher außerplanmäßiger Wertminderungsbedarf zu prüfen (siehe Kap. D.2.3). Immaterielle Vermögenswerte mit **unbegrenzter Nutzungsdauer** dürfen nicht planmäßig abgeschrieben werden. Für sie gilt der impairment-only-approach. Zum Impairmenttest siehe die nachfolgenden Seiten.

Das **HGB** wendet in § 253 Abs. 3 HGB für die planmäßige Abschreibung ebenfalls das Konzept der zeitlich begrenzten Nutzung an. Außerplanmäßige Abschreibungen sind ggf. unabhängig von der zeitlichen Begrenzung der Nutzung vorzunehmen, sofern sie voraussichtlich dauerhaft sind.

Besonderheiten des Impairmenttests von immateriellen Vermögenswerten

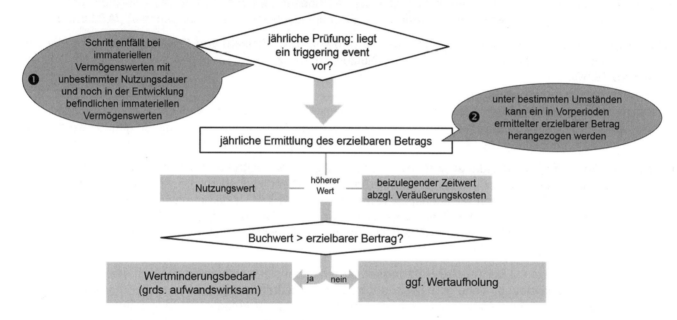

In Kap. D.2.3 wird der dreistufige Impairmenttest erläutert, der grds. auch für immaterielle Vermögenswerte gilt. Folgende zwei Besonderheiten sind im Rahmen des Impairmenttests von immateriellen Vermögenswerten zu beachten:

❶ Immaterielle Vermögenswerte mit unbestimmbarer Nutzungsdauer sowie noch in Entwicklung befindliche immaterielle Vermögenswerte sind **mind. einmal jährlich** auf Wertminderung durch einen Vergleich des Buchwerts mit dem erzielbaren Betrag zu prüfen. Der erste Schritt des Impairmenttests, die Prüfung auf das Vorliegen eines sogenannten triggering events, entfällt somit. Der **Zeitpunkt** dieses jährlichen Impairmenttests ist für jeden immateriellen Vermögenswert frei wählbar, soll aber stetig beibehalten werden (IAS 36.10 a)).

❷ Unter bestimmten Umständen ist gem. IAS 36.24 eine erneute jährliche Ermittlung des erzielbaren Betrags nicht erforderlich. Vielmehr kann ein in einer Vorperiode ermittelter erzielbarer Betrag herangezogen werden, wenn
- sich die Zusammensetzung der Zahlungsmittelgenerierenden Einheit (sofern der immaterielle Vermögenswert zu einer solchen gehört) seither nicht wesentlich geändert hat,
- der erzielbare Betrag zuletzt den Buchwert deutlich überstieg und
- eine Einschätzung der Ereignisse und Veränderung von Tatsachen seit der letzten Ermittlung es unwahrscheinlich erscheinen lässt, dass der erzielbare Betrag gegenwärtig unter dem Buchwert liegt.

Das **HGB** sieht in § 253 Abs. 3 HGB für (immaterielle) Vermögensgegenstände des Anlagevermögens nur bei voraussichtlich dauernder Wertminderung eine außerplanmäßige Abschreibung vor.

Überblick über Anhangangaben

• Angaben	Textziffern	Beispiele
allgemeine Angaben zu Bilanzierungs- und Bewertungsmethoden	IAS 38.118 a)-d)	angewandte Abschreibungsmethoden und Nutzungsdauern
Anlagespiegel	IAS 38.118 e)	Anfangs- und Endbestände sowie Bewegungen der Periode
sonstige Angaben allgemein zu immateriellen Vermögenswerten	IAS 38.122	vertragliche Verpflichtungen zum Kauf von immateriellen Vermögenswerten
Angaben bei Anwendung der Neubewertungsmethode	IAS 38.124 und IFRS 13.91 ff.	Wertansätze, der sich bei Anwendung der Anschaffungskostenmethode ergeben hätten
Angaben zu F&E-Aufwendungen	IAS 38.126	kumulierter Betrag der F&E-Aufwendungen, die in der Periode als Aufwand erfasst wurden
Angaben bei Wertminderungen/ Wertaufholung gem. IAS 36	IAS 38.120 und IAS 36.126 ff.	Betrag der Wertminderung, Zeile des GuV-Ausweises
Angaben bei Zuwendungen der öffentlichen Hand	IAS 20.39	Art und Umfang der Zuwendungen

Beispiel für Angaben zu den Bilanzierungs- und Bewertungsmethoden

Erworbene und selbst geschaffene immaterielle Vermögenswerte werden gem. IAS 38 aktiviert, wenn es wahrscheinlich ist, dass mit der Nutzung ein künftiger wirtschaftlicher Vorteil verbunden ist und die Kosten des Vermögenswertes zuverlässig bestimmt werden können.

Die entgeltlich erworbenen immateriellen Vermögenswerte werden zu Anschaffungskosten angesetzt und entsprechend ihrer Nutzungsdauer über drei bis sechs Jahre planmäßig linear abgeschrieben. Alle entgeltlich erworbenen immateriellen Vermögenswerte besitzen eine begrenzte Nutzungsdauer.

Abgrenzbare selbst erstellte Produktinnovationen werden aktiviert, sobald die in IAS 38.57 geforderten Ansatzvoraussetzungen kumulativ erfüllt sind. Ab diesem Zeitpunkt werden die einzelnen Produktinnovationen direkt zurechenbaren Entwicklungs- respektive Herstellungskosten (im Wesentlichen Personalkosten) einschließlich entwicklungsbezogener Gemeinkosten aktiviert. Die aktivierten selbst erstellten Produktinnovationen werden ab dem Zeitpunkt, ab dem sie zur Verwertung zur Verfügung stehen, planmäßig über ihre wirtschaftliche Nutzungsdauer abgeschrieben. Alle aktivierten selbst erstellten immateriellen Vermögenswerte besitzen eine begrenzte Nutzungsdauer. Sie werden über den erwarteten Produktlebenszyklus von bis zu acht Jahren linear abgeschrieben.

Die Werthaltigkeit der immateriellen Vermögenswerte wird regelmäßig ggf. auf Basis von zahlungsmittelgenerierenden Einheiten (Cash Generating Units) überprüft. Sofern erforderlich, werden entsprechende Wertberichtigungen gem. IAS 36 vorgenommen. Noch in der Entwicklung befindliche immaterielle Vermögenswerte werden jährlich auf Werthaltigkeit überprüft sowie zusätzlich, wenn zu anderen Zeitpunkten Hinweise für eine mögliche Wertminderung vorliegen.

Beispiel für einen Anlagenspiegel

	Aktivierte Entwicklungs-kosten	Patente	Sonstige immaterielle Vermögenswerte	Summe
Buchwert am 1.1.t1				
Zugänge				
Erwerb durch Unternehmenszusammenschlüsse				
Wertminderungen				
Wertaufholungen				
Abschreibungen des Geschäftsjahres				
Effekte aus Wechselkursänderungen				
andere Änderungen				
Buchwert am 31.12.t1				

Anschaffungs- bzw. Herstellungskosten				
Kumulierte Abschreibungen und Wertminderungen				
Buchwert 1.1.t1				
Anschaffungs- bzw. Herstellungskosten				
kumulierte Abschreibungen und Wertminderungen				
Buchwert 31.12.t1				

Diese Angaben sind für das Berichtsjahr sowie für das Vorjahr zu machen.

Beispiel für sonstige allgemeine Anhangangaben

Es wurden Forschungs- und Entwicklungskosten i.H.v. X EUR (Vorjahr: X EUR) in Ermangelung der Ansatzkriterien gem. IAS 38 und weitere X EUR (Vorjahr: X EUR) als Abschreibungen für aktivierte selbst erstellte immaterielle Vermögenswerte aufwandswirksam erfasst.

Die Abschreibungen sowie Wertminderungen werden in der GuV-Position Abschreibungen erfasst. Die Wertaufholungen werden in den sonstigen betrieblichen Erträgen erfasst. In t2 und t1 wurden weder wesentliche Wertminderungen noch wesentliche Wertaufholungen für sonstige immaterielle Vermögenswerte erfasst.

Die Praxis-AG besitzt ein Patent für die Herstellung von Spezialwerkzeugen. Der Buchwert des Patents i.H.v. X EUR (Vorjahr: X EUR) wird in X Jahren (Vorjahr: X Jahren) vollständig abgeschrieben.

Die vertraglichen Verpflichtungen für den Kauf von sonstigen immateriellen Vermögenswerten betrugen zum 31.12.t2 X EUR (Vorjahr: X EUR).

D.2 Sachanlagen

D.2.1 Relevante Vorschriften

o Anwendungsbereich von IAS 16
o Normenkontext

D.2.2 Ansatz

o Ansatzvoraussetzungen
o Beispiel zum Komponentenansatz

D.2.3 Bewertung

o Überblick über Bewertungsmethoden
o Definition der Anschaffungskosten
o Definition der Herstellungskosten
o Beispiel zu Abbruch-/Wiederherstellungskosten
o Beispiel zu Fremdkapitalzinsen
o Anschaffungskostenmethode
o Neubewertungsmethode
o Beispiel zur Neubewertungsmethode

o Fragen zur planmäßigen Abschreibung
o Impairmenttest – Schritte im Überblick
o Impairmenttest – Ermittlung des Nutzungswertes
o Impairmenttest – Ermittlung des beizulegenden Zeitwerts abzüglich Veräußerungskosten
o Impairmenttest – Bestimmung von zahlungsmittelgenerierenden Einheiten

D.2.4 Berichterstattung

o Überblick über Anhangangaben
o Beispiel für Angaben zu den Bilanzierungs- und Bewertungsmethoden

o Beispiel für einen Anlagenspiegel
o Beispiel für sonstige allgemeine Anhangangaben

Anwendungsbereich von IAS 16

Positive Abgrenzung des Anwendungsbereichs

Es liegt ein
(1) materieller Vermögenswert vor,
(2) der für Produktions-/Vertriebs-/Verwaltungszwecke
(3) voraussichtlich länger als ein Jahr gehalten/genutzt wird.

Negative Abgrenzung des Anwendungsbereichs

Es liegt keiner der folgenden Vermögenswerte vor:
(1) Sachanlage, die als zur Veräußerung gehalten gem. IFRS 5 klassifiziert ist,
(2) Biologischer Vermögenswert gem. IAS 41,
(3) Vermögenswert aus Exploration und Evaluierung gem. IFRS 6,
(4) Abbau-/Schürfrechte nicht-regenerativer Ressourcen,
(5) Leasinggegenstand i.S.d. IAS 17,
(6) Als Finanzanlage gehaltene Immobilie gem. IAS 40,
(7) Ersatzteil, das < 1 Periode genutzt wird (IAS 2).

IAS 16 ist anwendbar

Die Bilanzierung von Sachanlagen wird grds. **in IAS 16** geregelt (IAS 16.2).

Aus dem Anwendungsbereich von IAS 16 werden indes einige Vermögenswerte per **Negativabgrenzung** ausgeschlossen (IAS 16.3), für die der IASB spezifische Regelungen erlassen hat.

Einige der spezifischen Regelungen verweisen jedoch für einzelne Bilanzierungsaspekte auf IAS 16. Dies betrifft, z.B.:
- **IAS 17** für die Folgebewertung von Leasinggegenständen,
- **IAS 40** für die Folgebewertung zu fortgeführten Anschaffungs-/Herstellungskosten von als Finanzinvestitionen gehaltenen Immobilien,
- **IAS 41**, in dem teilweise auf IAS 16 verwiesen wird, z.B. für landwirtschaftliche genutzte Grundstücke,
- **IFRS 5** für Sachanlagen, die als „zur Veräußerung gehalten" klassifiziert werden.

Mit den Annual Improvements 2009-2011 wurde zudem klargestellt, dass **Ersatzteile und Wartungsgeräte** mit einer Nutzungsdauer von > 1 Jahr als Sachanlagen – nicht als Vorräte – zu bilanzieren sind (IAS 16.8).

Normenkontext

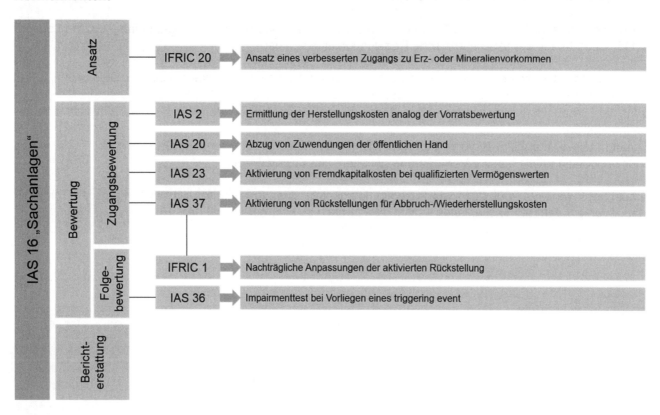

Für die Bilanzierung von Sachanlagen sind neben IAS 16 und den grds. zu beachtenden Standards IFRS 13 (siehe Kap. D.2.3 für die Fair Value-Ermittlung), IAS 12 (siehe Kap. D.13 für latente Steuern) und IAS 1 (siehe Kap. C für Ausweisfragen) folgende Standards/Interpretationen ggf. relevant:

- **IAS 2** „Vorräte": Ermittlung der Herstellungskosten einer Sachanlage.

- **IAS 20** „Bilanzierung und Darstellung von Zuwendungen der öffentlichen Hand": Bemessung der Anschaffungs-/Herstellungskosten bei Zuwendungen der öffentlichen Hand.

- **IAS 23** „Fremdkapitalkosten": Aktivierung von Fremdkapitalkosten als Bestandteil der Anschaffungs-/Herstellungskosten.

- **IAS 36** „Wertminderung von Vermögenswerten": außerplanmäßige Abschreibungen der Sachanlage.

- **IAS 37** „Rückstellungen, Eventualverbindlichkeiten und Eventualforderungen": Ermittlung einer ggf. in den Anschaffungs-/Herstellungskosten der Sachanlage zu aktivierenden Rückstellung dem Grunde und der Höhe nach.

- **IFRIC 1** „Änderungen bestehender Rückstellungen für Entsorgungs-, Wiederherstellungs- und ähnliche Verpflichtungen": nachträgliche Anpassungen der mit der Sachanlage aktivierten Rückstellung.

- **IFRIC 20** „Abraumkosten in der Produktionsphase eines Tagebaubergwerks": Bilanzierung von Nutzenzuflüssen, die aus der Abraumbeseitigung einer Mine entstehen.

Für weitere Interpretationen (IFRIC/SIC), die auf IAS 16 verweisen, siehe S. XX.

Ansatzvoraussetzungen

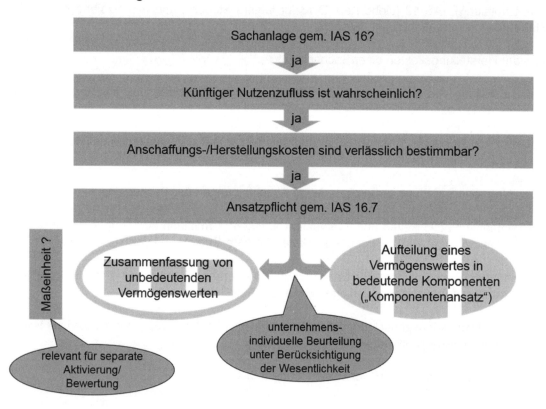

Gem. IAS 16.7 besteht für Sachanlagen eine Ansatzpflicht, wenn

- der künftige **Nutzenzufluss** aus dem Vermögenswert **wahrscheinlich** ist <u>und</u>
- eine **verlässliche Bewertung** der Anschaffungs-/Herstellungskosten gegeben ist.

Diese Ansatzkriterien entsprechen den **allgemeinen Ansatzvoraussetzungen** des Rahmenkonzeptes und werden für Sachanlagen nicht weiter konkretisiert. Vielmehr sind diese Kriterien bei Anschaffung oder Herstellung von Sachanlagen **regelmäßig erfüllt**.

Bezüglich der Frage, was einen im Anlagenverzeichnis **separat zu aktivierenden Vermögenswert** darstellt, wird in IAS 16 explizit keine Vorgabe gemacht (IAS 16.9). Vielmehr ist dies unternehmensindividuell unter Berücksichtigung der Wesentlichkeit zu beurteilen:

- ggf. sind mehrere, für sich genommen unwesentliche Vermögenswerte **zusammenzufassen** oder
- eine Sachanlage wird in mehrere wesentliche Einzelkomponenten **aufgeteilt** (sogenannter „Komponentenansatz", siehe nachfolgendes Beispiel)

Grds. ergeben sich aus den Ansatzvoraussetzungen **keine Unterschiede zum HGB**.

Beispiel zum Komponentenansatz

Sachverhalt

Die Praxis-AG nutzt ein Verwaltungsgebäude, das sich in ihrem Eigentum befindet. Das Gebäude ist als Sachanlage gem. IAS 16 klassifiziert. Die Anschaffungskosten des Gebäudes betragen insgesamt 1.000 TEUR. Die Nutzungsdauer des Gebäudes wird mit 35 Jahren festgelegt. In den Anschaffungskosten enthalten ist eine aufwendigere **Dachkonstruktion** für 100 TEUR, mit einer Nutzungsdauer von 25 Jahren, sowie eine **Heizungsanlage** mit Anschaffungskosten von 40 TEUR und einer Nutzungsdauer von 20 Jahren.

Ferner hat die Praxis-AG einen Hausmeisterservice beauftragt, der **regelmäßig kleinere Schönheitsreparaturen** vornimmt (z.B. Stoßstellen durch Türgriffe beseitigt). Monatlich betragen die Kosten hierfür 600 EUR. Unabhängig davon steht eine **grundlegende Renovierung** des Gebäudes, u.a. ein Anstrich von innen und außen alle 10 Jahre, an. Die geschätzten Kosten für die Renovierung betragen insgesamt 70 TEUR.

Lösung

Die Dachkonstruktion und ggf. auch die Heizungsanlage sind unter Berücksichtigung der unternehmensindividuell festgelegten Wesentlichkeitsgrenzen als wesentliche Komponenten getrennt vom „restlichen" Gebäude zu aktivieren und zu bewerten. Auch die grundlegende Renovierung kann als separate Komponente aktiviert werden.

Die laufenden Wartungsarbeiten sind indes gem. IAS 16.12 von einer Aktivierung ausgenommen.

In IAS 16 ist der sogenannte **Komponentenansatz** geregelt. Danach sind wesentliche Bestandteile einer Sachanlage gesondert zu bilanzieren. Die relevanten Regelungen des Komponentenansatzes sind in IAS 16 „verstreut": IAS 16.13-14 regeln den separaten **Ansatz** von physischen Komponenten (IAS 16.13) und größeren Wartungsarbeiten (IAS 16.14). In IAS 16.43 ist die separate **Folgebewertung** dieser Komponenten geregelt, in IAS 16.70 die **Ausbuchung** derselben.

Der Standard legt nicht explizit fest, ab wann eine Komponente als **wesentlich** gilt. Das Kriterium ist jedoch im Sinne einer Wertgrenze zu verstehen (also z.B. 5–15% des Gesamtwertes). Zudem spielen die unterschiedlichen Nutzungsdauern der Komponenten eine Rolle. Eine gegebene oder nicht gegebene separate Nutzbarkeit ist hingegen unbeachtlich. Für die Praxis empfiehlt sich hinsichtlich der Wertgrenze eine mit dem Wirtschaftsprüfer abgestimmte, einheitliche Festlegung in der Bilanzierungsrichtlinie. Im Beispiel ist unternehmensindividuell festzulegen, ob auch die Heizungsanlage als separate Komponente anzusehen ist.

Wird ein wesentlicher Bestandteil als Komponente separat angesetzt, so ist dieser auch gesondert von der übrigen Sachanlage abzuschreiben. Für jede Komponente sind daher **individuelle Nutzungsdauern** zu bestimmen. Wird eine Komponente ersetzt, ist der Restbuchwert der alten Komponente auszubuchen (IAS 16.70) und die neue Komponente ihrerseits zu aktivieren und planmäßig abzuschreiben. Dies führt grds. zu einer periodengerechten Verteilung der Kosten.

Eine ausdrückliche, dem Komponentenansatz vergleichbare, Regelung gibt es im **HGB** nicht. Das IDW hält allerdings die Anwendung des Komponentenansatzes auch im HGB-Abschluss – beschränkt auf **physisch separierbare Komponenten** – für zulässig (vgl. IDW RH HFA 1.016). In dem Beispiel dürften daher nach HGB auch die Dachkonstruktion sowie ggf. die Heizungsanlage, nicht aber die Renovierungsarbeiten als separate Komponente aktiviert werden. Die Kosten der Renovierung (im Beispiel 70 TEUR nach 10 Jahren) werden im Zeitpunkt des Anfalls aufwandswirksam.

Überblick über Bewertungsmethoden

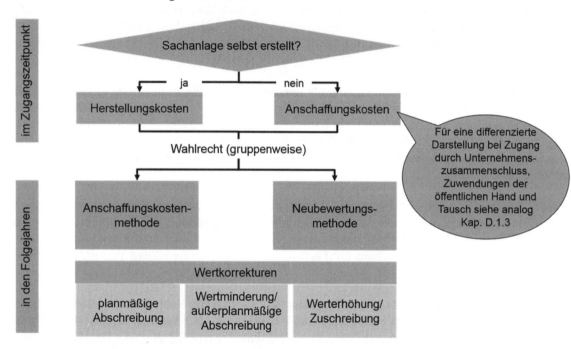

Die Bewertung von Sachanlagen erfolgt im **Zugangszeitpunkt** pagatorisch mit den **Anschaffungskosten** (bei einem erworbenen Vermögenswert) bzw. den **Herstellungskosten** (bei einem selbst erstellten Vermögenswert).

Für die **Folgebewertung** sieht IAS 16.29 ein **Wahlrecht** vor: Neben der Bewertung zu fortgeführten Anschaffungs-/Herstellungskosten (IAS 16.30) ist, sofern der Fair Value des Vermögenswertes verlässlich ermittelt werden kann, eine Folgebewertung nach der Neubewertungsmethode (IAS 16.31) zulässig.

Das Bewertungswahlrecht bezieht sich auf eine homogene **Gruppe von Sachanlagen**, ist also nicht einheitlich für alle Sachanlagen anzuwenden. Es ist jedoch nicht zulässig, einen Teil der Vermögenswerte einer Gruppe zu fortgeführten Anschaffungs-/Herstellungskosten und nur selektiv ausgewählte Vermögenswerte derselben Gruppe nach der Neubewertungsmethode zu bilanzieren (kein „cherry picking"). Als Beispiele für eine Gruppe nennt IAS 16.37 „unbebaute Grundstücke", „Gebäude" oder „Büroausstattung". Bei der Abgrenzung der Gruppen ergeben sich Ermessensspielräume für den Bilanzierenden.

Das für eine Gruppe von Sachanlagen gewählte Verfahren zur Folgebewertung ist grds. beizubehalten (Grundsatz der **Stetigkeit**). Ein **Wechsel der Verfahren** ist nur zulässig, wenn sich dadurch der Einblick in die Vermögens-, Finanz- und Ertragslage verbessert (vgl. IAS 8, siehe Kap. E.5).

Sowohl bei Anwendung der Anschaffungskostenmethode als auch der Neubewertungsmethode sind folgende Wertkorrekturen zu prüfen bzw. vorzunehmen:
- planmäßige Abschreibung,
- Wertminderung (außerplanmäßige Abschreibung),
- Werterhöhung.

Im **HGB** erfolgt die Zugangsbewertung zu Anschaffungs- oder Herstellungskosten. Allerdings unterscheiden sich die Definitionen der Anschaffungs-/Herstellungskosten zwischen HGB und IFRS (siehe nachfolgende Seiten). Für die Folgebewertung ist gem. § 253 HGB das Anschaffungskostenmodell einschlägig, ein Neubewertungsmodell sieht das HGB nicht vor.

Definition der Anschaffungskosten

Pflichtbestandteile	Beispiele/Hinweise
Kaufpreis	mit dem Verkäufer vereinbarter Preis inkl. nicht erstattungsfähiger Steuern/Zölle
./. Kaufpreisminderungen	Rabatte, Boni, Skonto
+ direkt zurechenbare Kosten	Kosten der Standortvorbereitung, Montagekosten, Kosten für Testlauf
+ Abbruch-/Wiederherstellungskosten, für die gem. IAS 37 im Zugangszeitpunkt eine Passivierungspflicht besteht	siehe Beispiel auf S. 112 f.
+ Fremdkapitalkosten (bei einem qualifizierten Vermögenswert)	siehe Beispiel auf S. 114 f.
./. Zuwendungen der öffentlichen Hand	Subvention für die Anschaffung von Investitionsgütern
= **Anschaffungskosten im Zugangszeitpunkt**	
+ nachträgliche Anschaffungskosten	Aufzugsanlage, die in ein bestehendes Gebäude eingebaut wird

Die Bestandteile der Anschaffungskosten sind in IAS 16.16-22 geregelt.

Zu den **direkt zurechenbaren Kosten** zählen alle Kosten, die anfallen, um einen Vermögenswert am beabsichtigten Ort in den betriebsbereiten Zustand zu versetzen. Das Kriterium „direkt zurechenbar" bedingt, dass die Kosten unmittelbar durch den Erwerb oder die Versetzung in den betriebsbereiten Zustand verursacht werden. Diese umfassen neben den Einzelkosten auch über geeignete Verrechnungsschlüssel zurechenbare Gemeinkosten.

Abbruch-/Wiederherstellungskosten sind zu berücksichtigen, wenn bereits im Zugangszeitpunkt eine Verpflichtung zur Durchführung von Rückbau- oder Re-Naturierungsmaßnahmen (o.ä.) besteht, der sich das Unternehmen nicht entziehen kann. In diesen Fällen ist eine Rückstellung gem. IAS 37 zu bilden, die auf der Aktivseite erfolgsneutral die Anschaffungskosten erhöht (für ein Beispiel siehe S. 112 f.).

Fremdkapitalkosten sind bei sogenannten „qualifizierten Vermögenswerten" i.S.d. IAS 23 zu aktivieren. Dies sind Vermögenswerte, für die ein beträchtlicher Zeitraum erforderlich ist, bis sie sich im beabsichtigten Zustand befinden (für ein Beispiel siehe S. 114 f.).

Hinsichtlich **Zuwendungen der öffentlichen Hand** für den Erwerb von Sachanlagen enthält IAS 20.24 das Wahlrecht, diese als passivischen Rechnungsabgrenzungsposten oder als Abzug von dem bezuschussten Vermögenswert zu bilanzieren (IAS 16.28).

Nachträgliche Anschaffungskosten sind zu aktivieren, sofern sie die Ansatzkriterien erfüllen. Zur Konkretisierung dieses Kriteriums empfiehlt sich ein Rückgriff auf die alte Fassung des IAS 16, in der festgelegt war, dass eine nachträgliche Aktivierung nur bei einer Verbesserung des Vermögenswertes (z.B. durch längere Nutzungsdauer, höheren Output etc.) vorzunehmen ist (IAS 16.23 (1998)). Kosten für reine Wartungsarbeiten dürfen indes nicht aktiviert werden (IAS 16.12).

Nach **HGB** dürfen Abbruch-/Wiederherstellungskosten sowie Fremdkapitalzinsen grds. nicht in die Anschaffungskosten einbezogen werden. Ausnahmen gelten z.B. bei Erwerb einer Immobilie mit Abbruchabsicht.

Definition der Herstellungskosten

Pflichtbestandteile	Beispiele/Hinweise
Materialeinzelkosten	Roh-/Hilfsstoffe
+ Fertigungseinzelkosten	Löhne
+ Sondereinzelkosten der Fertigung	Konstruktionspläne, Spezialwerkzeuge
+ Materialgemeinkosten	Kosten der Einkaufsabteilung
+ Fertigungsgemeinkosten	Gehälter von Vorarbeitern
+ planmäßige Abschreibungen	...der Produktionshalle oder technischer Anlagen
+ Herstellungsbezogene Verwaltungskosten	Kosten der Lohnbuchhaltung
+ Kosten des Sozialbereichs	Aufwendungen für betriebliche Altersvorsorge
+ Abbruch-/Wiederherstellungskosten, für die gem. IAS 37 im Zugangszeitpunkt eine Passivierungspflicht besteht	siehe Beispiel auf S. 112 f.
+ Fremdkapitalkosten (bei einem qualifizierten Vermögenswert)	siehe Beispiel auf S. 114 f.
./. Zuwendungen der öffentlichen Hand	Baukostenzuschüsse
= **Herstellungskosten im Zugangszeitpunkt**	
+ nachträgliche Herstellungskosten	Technische Erweiterung des Funktionsumfangs

sofern Herstellung direkt zurechenbar; Berücksichtigung der Normalbeschäftigung

Die Bestandteile der Herstellungskosten sind in IAS 16.16-22 i.V.m. IAS 2.11-18 geregelt.

Die Gemeinkosten, Abschreibungen und produktionsbezogenen Verwaltungskosten sowie Kosten des sozialen Bereichs sind dann einbeziehungspflichtig, wenn sie direkt der Herstellung zurechenbar sind. **Direkt zurechenbare Kosten** sind alle Kosten, die anfallen, um einen Vermögenswert am beabsichtigten Ort in den betriebsbereiten Zustand zu versetzen. Siehe dazu auch die Ausführungen zu den Anschaffungskosten (siehe oben).

Bezüglich der **Abbruch-/Wiederherstellungskosten, nachträglichen Herstellungskosten, Zuwendungen der öffentlichen Hand** sowie **Fremdkapitalkosten** gelten analog die Ausführungen im Zusammenhang mit den Anschaffungskosten (siehe S. 108 f.).

Gem. § 255 Abs. 2 und 3 **HGB** besteht für die herstellungsbezogenen Verwaltungskosten, Kosten des sozialen Bereichs sowie fertigungsbezogene Fremdkapitalzinsen grds. ein **Einbeziehungswahlrecht**. Für Abbruch-/Wiederherstellungskosten besteht ein **Einbeziehungsverbot**.

Beispiel zu Abbruch-/Wiederherstellungskosten

Sachverhalt

Die Praxis-AG hat ein Bürogebäude für die Dauer von 15 Jahren angemietet. In diesem Gebäude nimmt die Praxis-AG großflächige Mietereinbauten vor, um es an ihre Bedürfnisse anzupassen. Der Mietvertrag sieht einen Rückbau dieser Einbauten zum Ende der Laufzeit des Mietvertrages vor.

Die Praxis-AG veranschlagt die Kosten in 15 Jahren mit 400 TEUR. Die Schätzung beruht auf der Aussage eines Gutachters, der für diesen Betrag eine Eintrittswahrscheinlichkeit von 90% angibt. Nur mit einer Wahrscheinlichkeit von 10% werden die Kosten höher ausfallen. Ein laufzeitadäquater Zinssatz für diese Art von Verpflichtung beträgt 8%.

Lösung

Der Barwert der unentziehbaren Verpflichtung beträgt: $\dfrac{400.000}{(1 + 0,08)^{15}} = 126.096,68$

Folglich hat die Praxis-AG gem. IAS 37 eine Rückstellung i.H.v. 126.096,68 EUR zu passivieren. Dieser Betrag erhöht zugleich die Anschaffungs-/Herstellungskosten der Sachanlage (in diesem Fall, der aktivierten Mietereinbauten). Die Praxis-AG bucht im Zugangszeitpunkt:

Sachanlagevermögen 126.096,68   an   Rückstellung 126.096,68

In den Folgejahren erfasst die Praxis-AG die Aufzinsung der Rückstellung. Z.B. lautet die Buchung im ersten Folgejahr:

Zinsaufwand 10.087,73   an   Rückstellung 10.087,73

Abbruch-/Wiederherstellungskosten sind gem. IAS 16.18 als Teil der Anschaffungs-/Herstellungskosten zu aktivieren, wenn folgende Voraussetzungen kumulativ erfüllt sind:

- Die Kosten stehen unmittelbar im Zusammenhang mit dem Erwerb/der Herstellung.
- Die Verpflichtung für die künftigen Abbruch-/Wiederherstellungsmaßnahmen ist bereits im Zugangszeitpunkt gem. IAS 37 entstanden. D.h. sie entsteht nicht erst durch die Nutzung der Sachanlage.

Die Höhe der als Teil der Anschaffungs-/Herstellungskosten zu aktivierenden Abbruchkosten ergibt sich aus der gem. IAS 37 zu passivierenden Rückstellungen (siehe Kap. D.10.3).

Im nebenstehenden Beispiel wird die gegenwärtige Verpflichtung durch den Mietvertrag konstituiert. Zum Abschluss-stichtag besteht eine rechtliche Verpflichtung, der sich die Praxis-AG unabhängig von der Dauer der Nutzung nicht mehr entziehen kann.

Die Bewertung der Rückstellung soll nach der **bestmöglichen Schätzung** erfolgen. Im vorliegenden Fall handelt es sich nicht um eine Vielzahl von Verpflichtungen, sondern um eine einzelne Verpflichtung, für die eine Rückstellung gebildet wird. Daher ist die wahrscheinlichste Schätzung heranzuziehen, im Beispiel die genannten 400 TEUR.

Zudem ist der **Barwert** der Verpflichtung anzusetzen, sofern der Zinseffekt wesentlich ist. Die Abzinsung der Rückstellung ist regelmäßig erforderlich, wenn das künftige Ereignis weiter als ein Jahr in der Zukunft liegt. Heranzuziehen ist ein Zinssatz, der sowohl laufzeitkongruent ist als auch das spezifische Risiko der Verpflichtung berücksichtigt. In den Folgeperioden wird die Verpflichtung aufgezinst, so dass sie im letzten Jahr dem Nominalwert entspricht.

IFRIC 1 regelt, dass bei Änderungen der geschätzten Abbruchkosten oder des Abzinsungssatzes die Rückstellung sowie die fortgeführten Anschaffungs-/Herstellungskosten entsprechend anzupassen sind. Bei einer Erhöhung der Rückstellung sowie des Buchwertes der Sachanlage soll geprüft werden, ob dies einen Wertminderungsbedarf signalisiert (IFRIC 1.5).

Beispiel zu Fremdkapitalzinsen

Sachverhalt

Die Praxis-AG beginnt am 1.1.t1 mit der Erstellung eines qualifizierten Vermögenswertes. Finanziert wird die Herstellung u.a. durch einen Kredit i.H.v. 700 TEUR, der am 1.1. speziell für diesen Vermögenswert aufgenommen und voll ausgezahlt wurde (Zinssatz 7%). Davon werden 300 TEUR bis zum 1.7. vorübergehend angelegt (Zinssatz: 4%). Zum Ende der Herstellungsphase müssen für 3 Monate noch 300 TEUR über einen Kontokorrentkredit (durchschnittliche Inanspruchnahme in t1: 200 TEUR; Zinssatz: 12%) und ein allgemeines Betriebsmitteldarlehen (durchschnittliche Inanspruchnahme in t1: 400 TEUR; Zinssatz: 10%) finanziert werden.

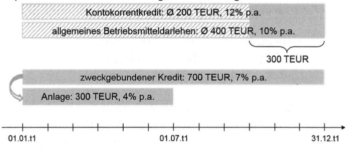

Lösung

Der Vermögenswert wird nur zum Teil über zweckgebundene Mittel finanziert. Nettozinsposition:
(700 TEUR x 7%) - (300 TEUR x 4% x $^6/_{12}$) = <u>43 TEUR</u>

Für die übrigen 300 TEUR ist der gewichtete Durchschnittszinssatz der nicht-zweckgebundenen Kredite zu ermitteln:
(200 TEUR x 12% + 400 TEUR x 10%) : 600 TEUR = 10,67%

Hiermit lässt sich der Rest der zu aktivierenden Fremdkapitalkosten ermitteln:
300 TEUR x 10,67% x $^3/_{12}$= <u>8 TEUR</u>

Insgesamt betragen die aktivierungspflichtigen Fremdkapitalkosten also <u>51 TEUR</u>.

Gem. IAS 23.8 sind Fremdkapitalzinsen, die dem Erwerb/der Herstellung von qualifizierten Vermögenswerten zurechenbar sind, in die Anschaffungs-/Herstellungskosten **einbeziehungspflichtig. Qualifizierte Vermögenswerte** sind solche, bei denen ein beträchtlicher Zeitraum notwendig ist, bis sich diese im beabsichtigten Zustand befinden (IAS 23.5). Der „beträchtliche Zeitraum" ist unternehmensindividuell unter Berücksichtigung der Wesentlichkeit zu bestimmen.

Gem. IAS 23.6 umfassen Fremdkapitalkosten u.a. Zinsaufwendungen, Finanzierungsaufwendungen aus Finanzierungs-Leasingverhältnissen sowie Wechselkursdifferenzen (sofern diese als Zinsänderungen aufgefasst werden können).

Zurechenbar sind einerseits **zweckgebundene Mittel**, wie der im Beispiel explizit für den Vermögenswert aufgenommene Kredit. Abzuziehen von diesen Fremdkapitalkosten sind Einkünfte aus einer möglichen Zwischenanlage der aufgenommenen Mittel (IAS 23.12).

Andererseits zählen auch **nicht-zweckgebundene Mittel** dazu, im Beispiel der Kontokorrentkredit und das allgemeine Betriebsmitteldarlehen. Für diese soll der Bilanzierende einen gewogenen Durchschnitt der Finanzierungskosten aller in der Periode ausstehenden, nicht an spezifische Vermögenswerte gebundenen Ausleihungen ableiten und auf die Ausgaben für die Sachanlage anwenden. Der Gesamtbetrag aller in einer Periode aktivierten Fremdkapitalkosten darf dabei nicht den Aufwendungen für Fremdkapitalkosten in der Periode übersteigen (IAS 23.14).

Der **Beginn der Aktivierung** ist der Zeitpunkt, zu dem der Bilanzierende (kumulativ) sowohl Ausgaben für die Sachanlage tätigt, ihm dafür Fremdkapitalkosten entstehen und Arbeiten beginnen, um die Sachanlage in den beabsichtigten Zustand zu versetzen (IAS 23.17). Das **Ende der Aktivierung** von Fremdkapitalkosten ist erreicht, wenn im Wesentlichen alle Aktivitäten, um die Sachanlage in den beabsichtigten Zustand zu versetzen, abgeschlossen wurden (IAS 23.22).

Anschaffungskostenmethode

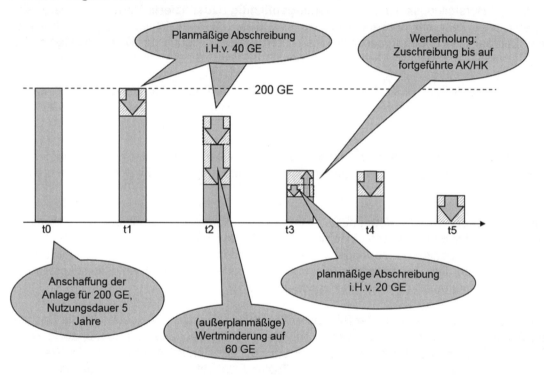

Bei der Bewertung zu fortgeführten Anschaffungs-/Herstellungskosten („**Anschaffungskostenmethode**") wird die Sachanlage, sofern abnutzbar, ausgehend von den historischen Anschaffungs-/Herstellungskosten planmäßig abgeschrieben.

Ggf. sind Sachanlagen **gem. IAS 36 wertzumindern** oder – nach vorheriger Wertminderung – wieder wertaufzuholen (siehe dazu ausführlich die S. 124 ff.). Eine Wertaufholung ist allerdings bei Anwendung der Anschaffungskostenmethode bis maximal zu den fortgeführten Anschaffungs-/Herstellungskosten möglich.

Methodisch entspricht die Anschaffungskostenmethode der Folgebewertungsvorschrift nach **HGB**. Unterschiede können sich indes bei der Definition der Anschaffungs-/Herstellungskosten (siehe S. 108 ff.), sowie ggf. bei der planmäßigen Abschreibung und/oder der außerplanmäßigen Wertminderung ergeben. Somit können die **IFRS-Wertansätze** bei Anwendung der Anschaffungskostenmethode von den HGB-Wertansätzen abweichen.

Neubewertungsmethode

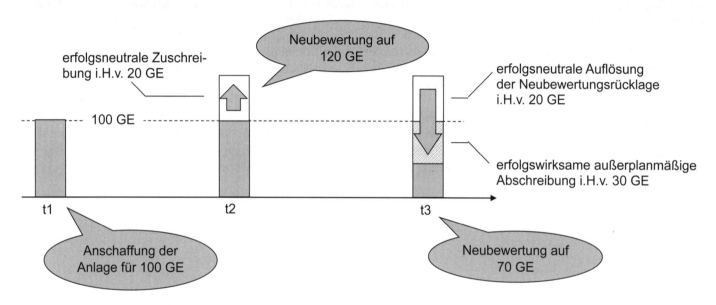

Beachte: Hier wurde eine nicht abnutzbare Sachanlage angenommen. Bei abnutzbaren Sachanlagen sind jeweils planmäßige Abschreibungen, basierend auf den Restbuchwerten der Sachanlagen, erfolgswirksam zu erfassen (siehe dazu das Beispiel auf S. 120 f.)

Sofern der beizulegende Zeitwert einer (Gruppe von) Sachanlage(n) **verlässlich ermittelt** werden kann, darf die Neubewertungsmethode angewendet werden (IAS 16.31). Bei Anwendung dieser Methode ist die Sachanlage mit dem Neubewertungsbetrag zu bewerten. Dieser Neubewertungsbetrag entspricht dem Betrag, den das Unternehmen in einer marktüblichen Transaktion zum Zeitpunkt der Neubewertung für die Sachanlage erhalten würde. Zur Ermittlung dieses beizulegenden Zeitwertes ist **IFRS 13** einschlägig (siehe S. 128 f.).

Zudem ist die **Frequenz der Neubewertung** festzulegen. Unterliegt der beizulegende Zeitwert der Vermögenswerte wesentlichen periodischen Schwankungen, ist unter Umständen eine jährliche Neubewertung vorzunehmen. In Fällen mit nur geringen Schwankungen des beizulegenden Zeitwertes kann zwischen zwei Neubewertungen durchaus ein Zeitraum von drei bis fünf Jahren liegen (IAS 16.34).

Hinsichtlich der bilanziellen Behandlung sind zwei Grundfälle denkbar:
a) Der beizulegende Zeitwert übersteigt den Buchwert: Grds. kommt es zu einer **erfolgsneutralen Aufwertung** (= Erfassung der Aufwertung im OCI und Kumulierung in einer „Neubewertungsrücklage" im Eigenkapital) (IAS 16.39).
b) Der beizulegende Zeitwert ist niedriger als der Buchwert: Grds. wird eine **Wertminderung erfolgswirksam** in Gewinn und Verlust (GuV) erfasst (IAS 16.40).

Zu beachten ist dabei jeweils, ob in vorhergehenden Perioden bereits Wertänderungen aufgrund einer Neubewertung stattgefunden haben. Dann kommt es zu Abwandlungen der oben genannten Grundfälle:
ad Fall a): Fand in Vorperioden eine erfolgswirksame Wertminderung statt, ist diese zunächst ebenso erfolgswirksam rückgängig zu machen – erst ein darüber hinausgehender Aufwertungsbedarf wird erfolgsneutral in der Neubewertungsrücklage erfasst (IAS 16.39).
ad Fall b): Wurde in Vorperioden eine Neubewertungsrücklage für den jeweiligen Vermögenswert gebildet, ist diese zunächst erfolgsneutral wieder aufzulösen und nur der darüber hinausgehende Abwertungsbedarf wird erfolgswirksam erfasst (IAS 16.40).

Die Neubewertungsmethode ist nach **HGB** nicht erlaubt.

Beispiel zur Neubewertungsmethode

Sachverhalt

Die Praxis-AG verfügt über eine Reihe von Sachanlagen, die sie nach der Neubewertungsmethode bilanziert. Per 31.12.t0 hat (exemplarisch) eine Sachanlage der Gruppe einen beizulegenden Zeitwert von 200 Mio. EUR und die Restnutzungsdauer beträgt 5 Jahre. Es wird die lineare Abschreibungsmethode angewendet.

Für diese Sachanlage ergibt sich zum Jahresende von t2 ein beizulegender Zeitwert lt. Gutachten von 150 Mio. EUR. Weitere Zeitwertänderungen finden nicht statt.

Lösung

Damit ergibt sich folgende Wertentwicklung in den Perioden t1 - t5:

in Mio. EUR	t1	t2	t3	t4	t5
Buchwert per 01.01.	200	160	150	100	50
Planmäßige Abschreibung	-40	-40	-50	-50	-50
Buchwert vor Neubewertung	160	120	100	50	0
Neubewertung	-	+30	-	-	-
Buchwert per 31.12.	160	150	100	50	0
GuV-Effekt	-40	-40	-50	-50	-50
OCI-Effekt	0	+30	0	0	0
Gesamtergebnis	-40	-10	-50	-50	-50
Neubewertungsrücklage	0	30	20	10	0
Gewinnrücklage	-40	-80	-120	-160	-200

Periode t1:
- Planmäßige, lineare Abschreibung der Sachanlage.

Periode t2:
- Zunächst erfolgt die planmäßige Abschreibung analog der Vorperiode. Zusätzlich ist der Wert der Sachanlage an den neuen beizulegenden Zeitwert anzupassen. Da der neue beizulegende Zeitwert (150 Mio. EUR) den Betrag aus fortgeführten Anschaffungskosten (120 Mio. EUR) übersteigt, ist eine erfolgsneutrale Erhöhung vorzunehmen, die über das OCI in eine Neubewertungsrücklage im Eigenkapital einfließt.

Perioden t3-t5:
- Die Anwendung der Neubewertungsmethode schließt die planmäßige Abschreibung des Vermögenswertes nicht aus. Vielmehr bildet der mittels der Neubewertungsmethode ermittelte Wertansatz den **Ausgangspunkt für die weitere planmäßige Abschreibung** des Vermögenswertes. Somit erfolgt eine planmäßige, lineare Abschreibung der Sachanlage vom neuen Wertansatz (150 Mio. EUR) über nun noch drei Perioden.
- Spätestens bei Ausbuchung der Sachanlage wird die Neubewertungsrücklage **in die Gewinnrücklage umgebucht** Bei abnutzbaren Sachanlagen ist dies alternativ bereits während der Nutzung als ratierliche Umbuchung zulässig. Im vorliegenden Beispiel wird von dieser Möglichkeit Gebrauch gemacht: Die Neubewertungsrücklage wird ratierlich aufgelöst, indem sie direkt in die Gewinnrücklage umgebucht wird. Ein GuV-Effekt dieser Auflösung ist in IAS 16.41 ausdrücklich untersagt.

Fragen zur planmäßigen Abschreibung

Im Zusammenhang mit der planmäßigen Abschreibung stellen sich folgende Fragen:

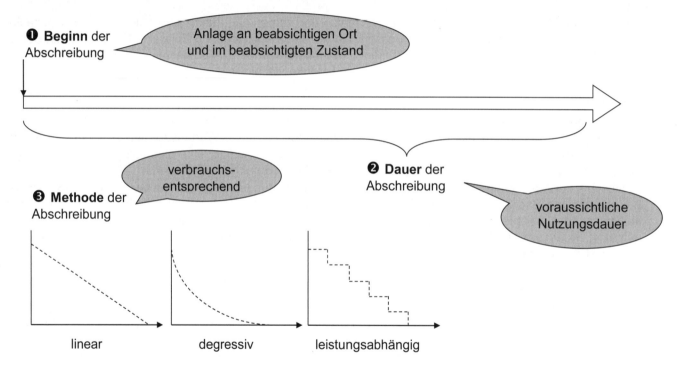

❶ Mit der planmäßigen Abschreibung einer Sachanlage ist zu beginnen, sobald die Anlage sich am beabsichtigten Ort und im beabsichtigten Zustand befindet (IAS 16.55). Für den Beginn der Abschreibung ist es jedoch unerheblich, ob die Nutzung tatsächlich begonnen hat oder nicht. Sobald die Anlage also **betrieblich nutzbar** ist, beginnt der Abschreibungszeitraum. Ggf. beträgt die Abschreibung zu Beginn also „0".

❷ Die Dauer der Abschreibung bemisst sich nicht nach der wirtschaftlichen Nutzungsdauer der Anlage, sondern nach der **unternehmensindividuellen voraussichtlichen Nutzungsdauer**. Diese kann durchaus kürzer ausfallen, als es die wirtschaftliche Nutzungsdauer wäre. Die voraussichtliche Nutzungsdauer ist vom Unternehmen zu bestimmen, wobei Erfahrungen mit ähnlichen Anlagen zugrunde zu legen sind.

❸ Die Wahl der Abschreibungsmethode ist abhängig von dem Verbrauch (des Nutzens) der Anlage. Es ist die Methode zu wählen, welche diesen **Verbrauch am besten widerspiegelt**. Die gewählte Methode ist stetig beizubehalten, es sei denn, dass eine (nachhaltige) Änderung im Muster des Nutzenverbrauchs eintritt. Ein solcher Methodenwechsel ist dann als Änderung von Schätzungen gem. IAS 8.32 ff. darzustellen (siehe dazu Kap. E.5).

In IAS 16.62 werden explizit die lineare, die degressive sowie die leistungsabhängige Abschreibung genannt. Grds. spiegelt die leistungsabhängige Abschreibung den Verbrauch am besten wider. Wird die Anlage leistungsabhängig abgeschrieben und in einer Periode nicht genutzt, endet damit nicht (vorübergehend) die Abschreibung. Vielmehr wird lediglich der Abschreibungsbetrag in dieser Periode mit Null dotiert (IAS 16.55). Diese Methode ist in der Praxis regelmäßig sehr aufwendig anzuwenden. Daher wird eher eine lineare und vereinzelt degressive Abschreibung gewählt. Wobei zu beachten ist, dass die degressive Methode dem tatsächlichen Verbrauch entsprechen muss und nicht rein steuerlich motiviert sein darf.

Impairmenttest – Schritte im Überblick

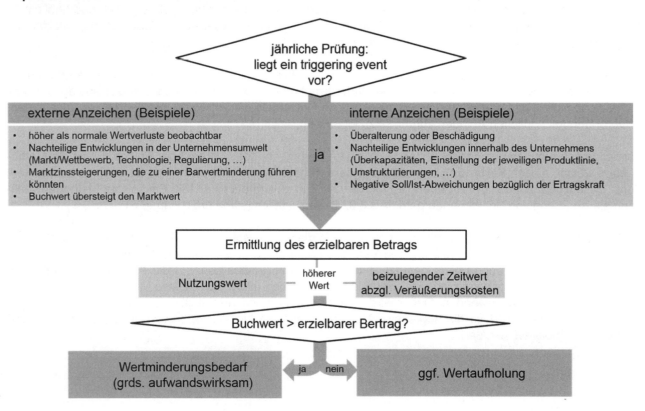

Zur Beurteilung der Notwendigkeit und Bestimmung der Höhe einer außerplanmäßigen Wertminderung verweist IAS 16.63 auf IAS 36.

Gem. IAS 36 ist für Sachanlagen jährlich zu prüfen, ob es Anhaltspunkte (sogenannte **triggering events**) für mögliche Wertminderungen gibt. Beispiele für derartige Anzeichen sind in IAS 36.12 aufgeführt.

Liegt ein triggering event vor, hat der Bilanzierende den Buchwert der Sachanlage mit ihrem **erzielbaren Betrag** (recoverable amount) zu vergleichen. Letzterer ist gem. IAS 36.18 definiert als der höhere Betrag aus Nutzungswert (value in use) und beizulegender Zeitwert abzüglich Veräußerungskosten (fair value less cost to sell).

Übersteigt der Buchwert den erzielbaren Betrag, ist die Differenz als **Wertminderungsaufwand** zu erfassen.

Entfällt in nachfolgenden Perioden der Grund für eine außerplanmäßige Wertminderung, ist die Sachanlage wieder **zu-zuschreiben**; maximal bis zu den fortgeführten Anschaffungskosten, die sich ohne Wertminderung ergeben hätten (IAS 36.114 i.V.m. IAS 36.117).

Für Gegenstände des nicht-finanziellen Anlagevermögens schreibt das **HGB** ebenfalls vor, dass bei voraussichtlich dauernder Wertminderung eine außerplanmäßige Abschreibung vorgenommen werden soll (§ 253 Abs. 3 HGB). Vergleichsmaßstab zum Buchwert ist der nicht weiter konkretisierte niedrigere beizulegende Wert.

Impairmenttest – Ermittlung des Nutzungswertes

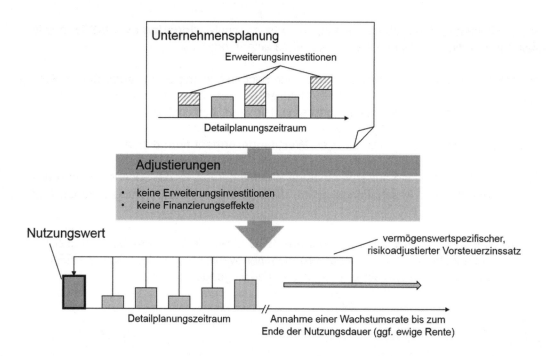

Die Berechnung des **Nutzungswertes** (value in use) wird in IAS 36.30 ff. spezifiziert.

Es sind die
- Vorsteuer-Zahlungsströme aus Nutzung und letztendlicher Veräußerung der Sachanlage,
- exklusive Finanzierungssachverhalten,

zu diskontieren mit einem
- vermögenswertspezifischen,
- risikoadjustierten
- Vorsteuerzinssatz.

Zu beachten ist, dass die spezifischen Risiken entweder als Risikoaufschlag im Zinssatz oder als Risikoabschlag in den Cashflows, keinesfalls aber doppelt, berücksichtigt werden (IAS 36.56).

Beim Nutzungswert handelt es sich ausdrücklich nicht um einen Fair Value (IAS 36.53A). Vielmehr ist der Nutzungswert ein **unternehmensspezifischer Wert**, der z.B. Synergien oder Portfolioeffekte berücksichtigt. Es dürfen indes nur Ersatz-, **keine Erweiterungsinvestitionen** berücksichtigt werden (IAS 36.44). Obwohl der Nutzungswert also auf internen Planzahlen basieren soll (IAS 36.33), sind diese für Zwecke des Impairmenttests transparent zu **adjustieren**.

Der **Planungshorizont** für die abzuzinsenden Cashflows orientiert sich an der **Nutzungsdauer** des Vermögenswertes. Die **Detailplanungsphase** soll i.d.R. nicht mehr als 5 Jahre betragen (IAS 36.33 b)). Danach ist eine stagnierende oder sinkende Wachstumsrate zu unterstellen (IAS 36.33 c)), ggf. wird eine **ewige Rente** angesetzt.

Impairmenttest – Ermittlung des beizulegenden Zeitwerts abzüglich Veräußerungskosten

Beizulegender Zeitwert				Veräußerungskosten
Inputfaktoren:	**Bewertungsverfahren:**			**Beispiele:**
Stufe 1 – Marktpreise identischer Vermögenswerte auf einem aktiven Markt	marktbasiert	kostenbasiert	einkommensbasiert	• Kosten für Rechtsberatung • Transaktionssteuern • Demontagekosten
Stufe 2 – Marktpreise für ähnliche Vermögenswerte				
Stufe 3 – nicht beobachtbare Inputfaktoren				

Der **beizulegende Zeitwert abzüglich Veräußerungskosten** (fair value less cost to sell) ist in IAS 36.28 f. beschrieben.

Für die Definition des Fair Value (beizulegender Zeitwert) ist **IFRS 13** einschlägig (IAS 36.6). Dort ist der **Fair Value** definiert als der Preis, der in einer ordentlichen (im Sinne einer regulären) Markttransaktion am Bewertungsstichtag für den Verkauf eines Vermögenswertes bzw. die Übertragung einer Verbindlichkeit erzielt würde (IFRS 13.9). Zu unterstellen ist dabei die bestmögliche Verwendung des Vermögenswertes, unabhängig von der tatsächlichen Verwendung durch das bilanzierende Unternehmen (IFRS 13.27).

IFRS 13 gibt eine **Hierarchie der zu verwendenden Inputfaktoren** für die Fair Value-Bestimmung vor: Demnach sind beobachtbare Inputfaktoren (Stufe 1 oder Stufe 2) nicht beobachtbaren Inputfaktoren (Stufe 3) vorzuziehen (IFRS 13.67). Hierzu ist der Hauptmarkt für den Vermögenswert heranzuziehen. Sollte dieser nicht vorhanden sein, ist der vorteilhafteste Markt zu wählen (IFRS 13.16). Die Wahl des **Bewertungsverfahrens** unterliegt demgegenüber keiner Hierarchie. IFRS 13.62 nennt drei mögliche Verfahrensarten (marktbasiert, kostenbasiert und einkommensbasiert), ohne eines zu präferieren.

Zu den davon abzuziehenden **Veräußerungskosten** zählen gem. IAS 36.28 u.a.
- Kosten für Rechtsberatung,
- Transaktionssteuern oder auch
- inkrementelle Kosten, die anfallen um den Vermögenswert in einen verkaufsbereiten Zustand zu versetzen (z.B. für die Demontage einer Sachanlage zu Transportzwecken).

- **Impairmenttest – Bestimmung von zahlungsmittelgenerierenden Einheiten**

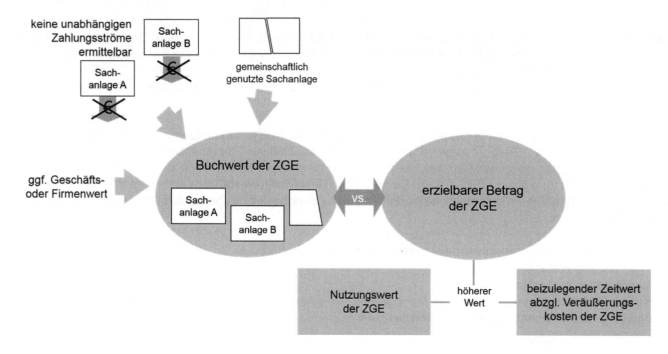

Sofern es nicht möglich ist, für einen Vermögenswert den erzielbaren Betrag separat zu ermitteln, ist der Impairmenttest gem. IAS 36.66 auf Basis einer zahlungsmittelgenerierenden Einheit (ZGE) bzw. Cash Generating Unit (CGU) vorzunehmen. Dies kann z.B. dann der Fall sein, wenn für die Herstellung eines Produktes mehrere Sachanlagen verwendet werden.

Merkmal einer ZGE ist, dass sie Cashflows generiert, die **unabhängig** von denen anderer Vermögenswerte oder Gruppen von Vermögenswerten sind (IAS 36.6 bzw. IAS 36.68). Die Bestimmung von ZGEs ist durchaus ermessensbehaftet, soll aber von Periode zu Periode stetig sein (IAS 36.72).

Für die Ermittlung des **Buchwertes** einer ZGE werden folgende Werte herangezogen:
* alle direkt zuzuordnenden Vermögenswerte, deren Cashflows auch in den erzielbaren Betrag einfließen (IAS 36.76)
* ggf. ein zuzuordnender Geschäfts- oder Firmenwert (siehe Kap. F.2)
* ggf. Teilbuchwerte von gemeinschaftlich genutzten Vermögenswerten (z.B. eine Produktionshalle, die von mehreren ZGEs genutzt wird) (IAS 36.102)

Der **erzielbare Betrag** einer ZGE ist wiederum der höhere Betrag aus Nutzungswert (siehe S. 126 f.) und beizulegender Zeitwert abzüglich Veräußerungskosten (siehe S. 128 f.).

Für die Verteilung eines Wertminderungsbetrags (wenn der erzielbare Betrag der ZGE < Buchwert der ZGE) auf die Vermögenswerte der ZGE siehe S. 426 f.

Überblick über Anhangangaben

Angaben	Textziffern	Beispiele
qualitative Angaben zu Bilanzierungs- und Bewertungsmethoden	IAS 16.73 a)-c)	angewandte Abschreibungsmethoden und Nutzungsdauern
Anlagespiegel	IAS 16.73 d),e)	Anfangs- und Endbestände sowie Bewegungen der Periode
sonstige Angaben allgemein zu Sachanlagen	IAS 16.74	vertragliche Verpflichtungen zum Kauf von Sachanlagen
Angaben bei Anwendung der Neubewertungsmethode	IAS 16.77 und IFRS 13.91 ff.	Wertansätze, der sich bei Anwendung der Anschaffungskostenmethode ergeben hätten
Angaben bei Wertminderungen/ Wertaufholung gem. IAS 36	IAS 16.73 e) (iv-vi) und IAS 36.126 ff.	Betrag der Wertminderung, Zeile des GuV-Ausweises
Angaben bei Zuwendungen der öffentlichen Hand	IAS 20.39	Art und Umfang der Zuwendungen

Beispiel für Angaben zu den Bilanzierungs- und Bewertungsmethoden

Das gesamte Sachanlagevermögen unterliegt der betrieblichen Nutzung und wird zu Anschaffungskosten – sofern abnutzbar - vermindert um planmäßige lineare Abschreibungen bewertet. Den planmäßigen Abschreibungen liegen konzerneinheitlich folgende Nutzungsdauern zugrunde:

in Jahren	Nutzungsdauer
Gebäude	15 bis 50
Technische Anlagen und Maschinen	5 bis 20
Andere Anlagen, Betriebs- und Geschäftsausstattung	3 bis 13

Aufwendungen für Instandhaltungen und Reparaturen werden ergebniswirksam erfasst, soweit sie nicht aktivierungspflichtig sind. Kosten für den Ersatz von Komponenten oder für Generalüberholungen von Sachanlagen werden aktiviert, sofern es wahrscheinlich ist, dass der künftige wirtschaftliche Nutzen dem Konzern zufließt und die Kosten verlässlich ermittelt werden können. Sofern abnutzbare Sachanlagen aus wesentlichen identifizierbaren Komponenten mit jeweils unterschiedlicher Nutzungsdauer bestehen, werden diese Komponenten gesondert ausgewiesen und über ihre jeweilige Nutzungsdauer abgeschrieben.

Die Werthaltigkeit der Sachanlagen wird regelmäßig ggf. auf Basis von zahlungsmittelgenerierenden Einheiten (Cash Generating Units) überprüft. Sofern erforderlich, werden entsprechende Wertberichtigungen gem. IAS 36 vorgenommen.

Beispiel für einen Anlagenspiegel

	Grundstücke und Gebäude	technische Anlagen und Maschinen	sonstige Anlagen und Betriebs- und Geschäfts-ausstattung	geleistete Anzahlungen	**Summe**
Buchwert am 1.1.t1					
Zugänge					
Erwerb durch Unternehmenszusammenschlüsse					
Wertminderungen					
Wertaufholungen					
Abschreibungen des Geschäftsjahres					
Effekte aus Wechselkursänderungen					
andere Änderungen					
Buchwert am 31.12.t1					

Anschaffungs- bzw. Herstellungskosten					
Kumulierte Abschreibungen und Wertminderungen					
Buchwert 1.1.t1					
Anschaffungs- bzw. Herstellungskosten					
kumulierte Abschreibungen und Wertminderungen					
Buchwert 31.12.t1					

Diese Angaben sind für das Berichtsjahr sowie für das Vorjahr zu machen.

Beispiel für sonstige allgemeine Anhangangaben

Die Abschreibungen sowie Wertminderungen werden in der GuV-Position Abschreibungen erfasst. Die Wertaufholungen werden in den sonstigen betrieblichen Erträgen erfasst.

Der Praxis-AG hat aufgrund des fortschreitenden technischen Fortschritts die Produktionsanlagen der Produktlinie D überprüft. Die Überprüfung führte zu einer erfolgswirksamen Erfassung einer Wertminderung i.H.v. X EUR (Vorjahr: X EUR). Der erzielbare Betrag der betroffenen Vermögenswerte basiert auf dem Nutzungswert. Der zur Bestimmung des Nutzungswertes verwendete Diskontierungszinssatz betrug X % p.a. (Vorjahr: X %).

Die vertraglichen Verpflichtungen für den Kauf von Sachanlagen betrugen zum 31.12.t2 insgesamt X EUR (Vorjahr: X EUR).

Sachanlagen dienen zur Besicherung von Finanzverbindlichkeiten i.H.v. X EUR (Vorjahr: X EUR). Die Praxis-AG ist nicht dazu berechtigt, diese Vermögenswerte als Sicherheit für andere Verbindlichkeiten zu verpfänden oder sie an ein anderes Unternehmen zu veräußern.

D.3 Als Finanzinvestitionen gehaltene Immobilien

D.3.1 Relevante Vorschriften
- Anwendungsbereich von IAS 40
- Zweifelsfälle bei der Anwendung von IAS 40
- Normenkontext

D.3.2 Ansatz
- Ansatzvoraussetzungen
- Übertragung bei Nutzungsänderung

D.3.3 Bewertung
- Zugangsbewertung
- Folgebewertung

D.3.4 Berichterstattung
- Überblick über Anhangangaben
- Beispiel für ausgewählte allgemeine Angaben
- Beispiel für Angaben bei Anwendung des Fair Value Modells
- Beispiel für Angaben bei Anwendung des Anschaffungskostenmodells

Anwendungsbereich von IAS 40

Positive Abgrenzung des Anwendungsbereichs

Es liegt eine Immobilie vor, die
(1) zur Erzielung von Mieteinnahmen und/oder
(2) zum Zweck der Wertsteigerung gehalten wird,

oder deren
(3) Nutzung noch unklar ist.

Negative Abgrenzung des Anwendungsbereichs

Die Immobilie wird nicht
(1) zur Herstellung von Gütern (IAS 16),
(2) zur Erbringung von Dienstleistungen (IAS 16),
(3) für Verwaltungszwecke (IAS 16),
(4) zum Verkauf im Rahmen der gewöhnlichen Geschäftstätigkeit
    (IAS 2 oder IAS 11) genutzt oder
(5) im Rahmen eines Finanzierungsleasingverhältnisses (IAS 17) an ein anderes
    Unternehmen vermietet.

IAS 40 ist anwendbar

Für die Bilanzierung von als Finanzinvestitionen gehaltenen Immobilien ist grds. **IAS 40** einschlägig (IAS 40.2).

Entscheidendes Merkmal einer als Finanzinvestition gehaltenen Immobilie ist der Vermietungs- und/oder Kapitalanlagezweck. I.S.d. IAS 40 schließt „als Finanzinvestition gehalten" aus, dass es sich bei der Immobilie um Produktionsanlagen oder Büroflächen handelt, die vom bilanzierenden Unternehmen gegenwärtig selber genutzt werden (Bilanzierung nach **IAS 16**). Auch fallen Immobilien, die im Rahmen der gewöhnlichen Geschäftstätigkeit verkauft werden, nicht unter die Regelungen des IAS 40. Vielmehr handelt es sich i.S.d. IAS 40 um Immobilien, die gehalten werden, um **Erträge durch Vermietung/Verpachtung oder Wertsteigerung** zu generieren oder um Immobilien, deren beabsichtigte **Nutzung gegenwärtig unklar** ist (IAS 40.8 (b)).

Bei **Leasingverhältnissen** gem. IAS 17 ist zu differenzieren: Unter die Regelungen des IAS 40 fallen für Zwecke der Bewertung nur
* bei einem Finanzierungsleasing: als Finanzinvestitionen gehaltene, gemietete Immobilien im Abschluss des Leasingnehmers.
* bei einem Operating Leasing: als Finanzinvestitionen gehaltene, vermietete Immobilien im Abschluss des Leasinggebers.

Im **HGB** finden sich keine speziellen Regelungen zu als Finanzinvestitionen gehaltenen Immobilien. Sie fallen insofern unter die allgemeinen Ansatz- und Bewertungsvorschriften für Sachanlagen (siehe Kap. D.2). Auch ein separater Ausweis ist nicht vorgesehen.

Zweifelsfälle bei der Anwendung von IAS 40

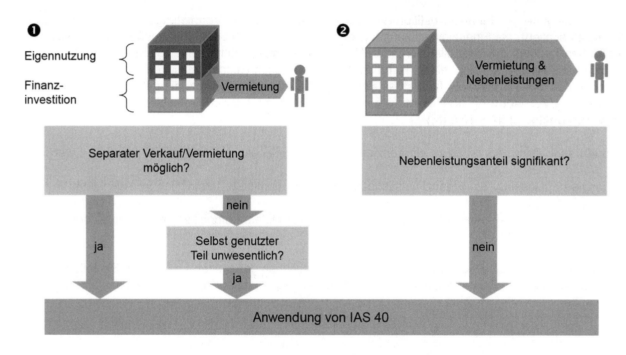

Bei der Beurteilung, ob auf die Bilanzierung einer Immobilie IAS 40 angewendet wird, können u.a. folgende Zweifels-fälle auftreten:

❶ Die Immobilie wird nur **teilweise als Finanzinvestition gehalten**. Der übrige Teil der Immobilie wird betrieblich ge-nutzt (z.B. zu Verwaltungszwecken):

In einem solchen Fall ist festzustellen, ob die verschiedenen Teile der Immobilie getrennt voneinander verkauft und/oder vermietet/verpachtet werden könnten. Ist dies möglich, wird IAS 40 auf den Teil der Immobilie, der als Fi-nanzinvestition gehalten wird, angewendet. Andernfalls kommt IAS 40 für die gesamte Immobilie nur dann zur An-wendung, wenn der betrieblich genutzte Teil unwesentlich im Verhältnis zur gesamten Immobilie ist (IAS 40.10).

❷ Das Unternehmen bietet dem Mieter **weitere Nebenleistungen** an:

Sofern diese Nebenleistungen (z.B. Wartungsdienstleistungen) im Rahmen der Gesamtvereinbarung mit den Nut-zern nicht wesentlich sind, ist IAS 40 anzuwenden. Sollten die Nebenleistungen indes ein wesentlicher Bestandteil der Gesamtvereinbarung sein, handelt es sich nicht um eine als Finanzinvestition gehaltene Immobilie. Vielmehr wird die Immobilie in einem solchen Fall vom Eigentümer genutzt und ist entsprechend zu bilanzieren (i.d.R. nach IAS 16). So ist z.B. ein Hotel, das vom Eigentümer selber betrieben wird, regelmäßig keine als Finanzinvestition ge-haltene Immobilie. Die Dienstleistungen an die Hotelbesucher stellen einen wesentlichen Bestandteil neben der rei-nen Vermietung der Zimmer dar. In diesem Zusammenhang sind insb. Outsourcing-Vereinbarungen für derartige Dienstleistungen auf ihren wirtschaftlichen Gehalt zu prüfen (IAS 40.11-13).

Normenkontext

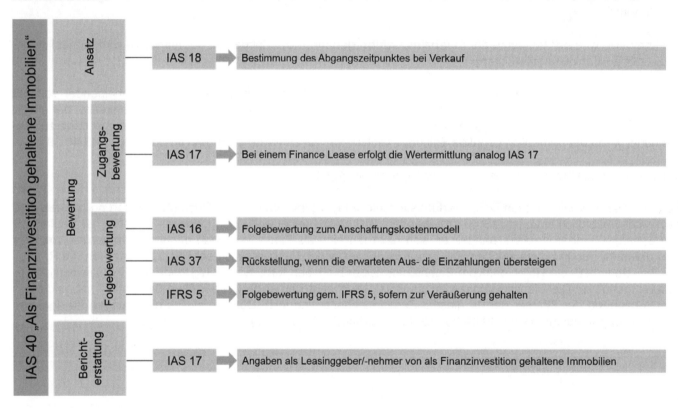

In IAS 40 wird zum Teil auf andere Standards verwiesen, in denen spezifische Regelungen bestimmt sind. So sind für die Bilanzierung von als Finanzinvestitionen gehaltenen Immobilien neben IAS 40 und den grds. zu beachtenden Standards IFRS 13 (siehe Kap. D.2.3 für die Fair Value-Ermittlung), IAS 12 (siehe Kap. D.13 für latente Steuern) und IAS 1 (siehe Kap. C für Ausweisfragen) folgende Standards ggf. relevant:

- **IAS 16** „Sachanlagen": Wählt das Unternehmen für die Folgebewertung einer als Finanzinvestition gehaltenen Immobilie das Anschaffungskostenmodell, erfolgt die Bewertung nach IAS 16 (IAS 40.56).

- **IAS 17** „Leasingverhältnisse": Der Leasingnehmer eines Finanzierungsleasings bewertet die als Finanzinvestition gehaltenen Immobilie im Zugangszeitpunkt analog IAS 17 (IAS 40.25). D.h. die Bewertung erfolgt mit dem niedrigeren Wert aus dem Barwert der Mindestleasingzahlungen und dem Fair Value der Immobilie (siehe Kap. D.4.3 und IAS 40.74). Zudem sind ggf. Angaben gem. IAS 17 zu machen.

- **IAS 18** „Umsatzerlöse": Bei Verkauf von als Finanzinvestition gehaltenen Immobilien ist IAS 18 zur Bestimmung der Abgangszeitpunkte sowie zur Erfassung von Erträgen zu beachten.

- **IAS 37** „Rückstellungen, Eventualverbindlichkeiten und Eventualforderungen": Sofern der Barwert der Auszahlungen den Barwert der Einzahlungen aus der als Finanzinvestition gehaltenen Immobilie übersteigt, ist IAS 37 für die Bildung einer Rückstellung dem Grunde und der Höhe nach einschlägig (IAS 40.52).

- **IFRS 5** „Zur Veräußerung gehaltene langfristige Vermögenswerte und aufgegebene Geschäftsbereiche": Erfüllt eine als Finanzinvestition gehaltene Immobilie die Kriterien des IFRS 5, ist sie nach diesem Standard zu bewerten (IAS 40.56).

Ansatzvoraussetzungen

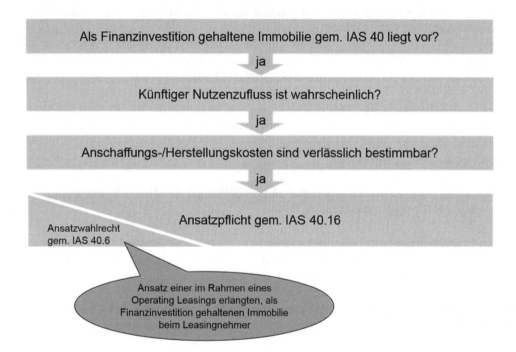

Gem. IAS 40.16 besteht für als Finanzinvestitionen gehaltene Immobilien eine Ansatzpflicht, wenn

- der künftige **Nutzenzufluss** aus der Immobilie **wahrscheinlich** ist <u>und</u>
- eine **verlässliche Bewertung** der Anschaffungs-/Herstellungskosten gegeben ist.

Diese Ansatzkriterien sind identisch mit denen des IAS 16 (siehe Kap. D.2) und entsprechen den **allgemeinen Ansatzvoraussetzungen** des Rahmenkonzeptes. Es ist davon auszugehen, dass sie regelmäßig erfüllt sind.

Wie bei den übrigen Sachanlagen ist auch bei als Finanzinvestitionen gehaltenen Immobilien der separate Ansatz einzelner **Komponenten** zu prüfen (siehe Kap. D.2).

IAS 40.6 enthält eine **Sonderregelung** für als Finanzinvestitionen gehaltene Immobilien, die im Rahmen eines **Operating Leasings** erlangt werden. Abweichend von den Regelungen des IAS 17 (siehe Kap. D.4) darf diese Immobilie wahlweise vom Leasingnehmer angesetzt werden, sofern sie a) die Definition einer als Finanzinvestition gehaltenen Immobilie erfüllt und b) nach dem Fair Value Modell bilanziert wird. Dieses Wahlrecht darf für jeden Einzelfall individuell ausgeübt werden.

Übertragung bei Nutzungsänderung

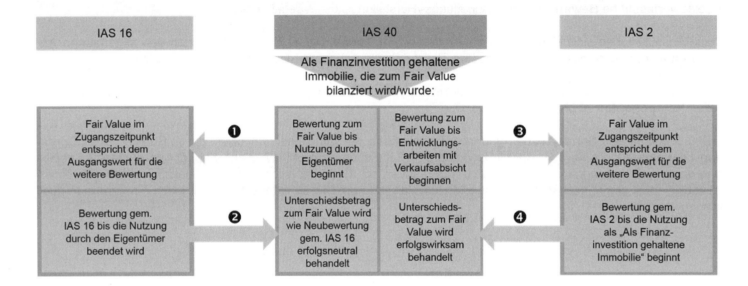

Bei einer **Änderung der Nutzung** kann ein Wechsel der Klassifizierung angezeigt sein. D.h., dass eine bislang nach einem anderen Standard bilanzierte Immobilie künftig als Finanzinvestition gehalten wird, oder umgekehrt, dass eine bislang als Finanzinvestition gehaltene Immobilie künftig nicht mehr nach IAS 40 zu bilanzieren ist (IAS 40.57).

Für die einzelnen Fälle ist Folgendes zu beachten:

❶ Bei dem Wechsel von einer als Finanzinvestition gehaltenen und mit dem Fair Value bewerteten Immobilie zu einer durch den Eigentümer genutzten Immobilie ist als Wertansatz (deemed cost) und als Ausgangspunkt für die weitere Bewertung der Fair Value im Übergangszeitpunkt heranzuziehen (IAS 40.60).

❷ Wenn aus einer bislang nach IAS 16 bilanzierten, eigentümergenutzten Immobilie eine Finanzinvestition, die zum Fair Value bewertet werden soll, wird, ist gem. IAS 40.61 ein Unterschiedsbetrag zwischen der bisherigen Bewertung nach IAS 16 und der Bewertung nach IAS 40 erfolgsneutral zu behandeln wie bei einer Neubewertung nach IAS 16 (siehe zur Neubewertung von Sachanlagen Kap. D.2.3).

❸ Wird eine bisher gem. IAS 40 mit dem Fair Value bewertete als Finanzinvestition gehaltene Immobilie vor dem Hintergrund der geplanten Veräußerung weiterentwickelt, ist künftig IAS 2 anwendbar. In diesem Fall gilt der Fair Value im Übergangszeitpunkt als Ausgangspunkt für die weitere Bewertung gem. IAS 2 (IAS 40.60). Soll die als Finanzinvestition gehaltene Immobilie indes ohne weitere Entwicklung direkt verkauft werden, wird sie bis zum Verkauf weiterhin nach IAS 40 bilanziert (IAS 40.58).

❹ Wurde die Immobilie bislang nach IAS 2 bilanziert und findet eine Nutzungsänderung statt, durch die sie in den Anwendungsbereich von IAS 40 fällt, ist ein Unterschiedsbetrag zwischen der bisherigen Bewertung und der Bewertung nach IAS 40 erfolgswirksam zu erfassen (IAS 40.63).

Zugangsbewertung

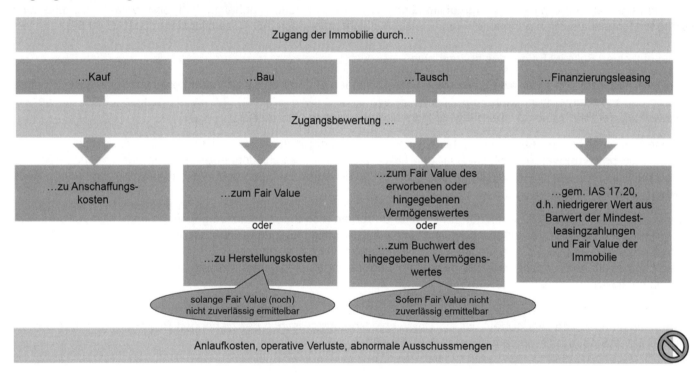

Die Erstbewertung einer als Finanzinvestition gehaltenen Immobilie erfolgt zu **Anschaffungs-/Herstellungskosten** inkl. Transaktionskosten (IAS 40.20). Beispiele für Transaktionskosten sind Kosten der Rechtsberatung oder Transaktionssteuern.

In der **Bauphase** soll eine als Finanzinvestition gehaltene Immobilie, wenn die Folgebewertung zum Fair Value erfolgen soll, grds. ebenfalls mit ihrem Fair Value bewertet werden. Ist dieser nicht zuverlässig ermittelbar, erfolgt die Bewertung stattdessen zu Herstellungskosten (IAS 40.53). Ein Unterschiedsbetrag zwischen dem Buchwert am Ende der Bauphase einer selbst erstellten Immobilie und ihrem Wertansatz als Finanzinvestition ist erfolgswirksam zu erfassen (IAS 40.65).

Wird eine als Finanzinvestition gehaltene Immobilie durch **Tausch** erlangt, erfolgt der Erstansatz grds. mit dem Fair Value des erworbenen oder hingegebenen Vermögenswertes, je nachdem welcher eindeutiger zu ermitteln ist. Sollte ein Fair Value indes nicht verlässlich bestimmbar sein oder es der Transaktion an wirtschaftlicher Substanz mangeln, wird der Buchwert des hingegebenen Vermögenswertes angesetzt (IAS 40.27-29).

Erlangt der Bilanzierende die als Finanzinvestition gehaltene Immobilie im Rahmen eines **Finanzierungsleasings** erfolgt die Erstbewertung gem. IAS 40.25 mit dem niedrigeren Wert aus dem Barwert der Mindestleasingzahlungen und dem Fair Value der Immobilie (siehe Kap. D.4.3).

Gem. IAS 40.23 dürfen z.B. **Anlaufkosten** nicht in die Anschaffungs-/Herstellungskosten einbezogen werden.

Folgebewertung

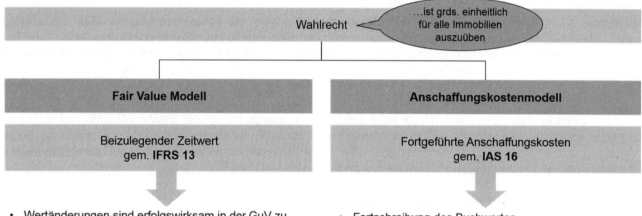

- Wertänderungen sind erfolgswirksam in der GuV zu erfassen.
- Insb. Berücksichtigung von Mieterträgen und anderen Annahmen, die Marktteilnehmer gegenwärtig für die Preisbildung heranziehen würden.

- Fortschreibung des Buchwertes.
- Planmäßige Abschreibungen und ggf. außerplanmäßige Wertminderungen/-aufholungen.
- Maximaler Wertansatz: fortgeführte Anschaffungs-/Herstellungskosten.

Für Zwecke der Folgebewertung ist zwischen dem Fair Value Modell und dem Anschaffungskostenmodell zu wählen. Dieses Wahlrecht ist grds. **einheitlich** auf den gesamten Bestand als Finanzinvestitionen gehaltener Immobilien anzuwenden (IAS 40.30). Abweichend gelten Besonderheiten für

- Immobilien, die als Sicherheit für Verbindlichkeiten dienen, deren Zahlungen an den Fair Value oder die Erträge aus Vermögenswerten, zu denen auch die Immobilie gehört, gebunden sind. Für diese Gruppe von Immobilien darf das oben genannte Wahlrecht abweichend ausgeübt werden. Innerhalb dieser Gruppe ist es indes einheitlich auszuüben (IAS 40.32A).
- im Rahmen eines **Operate Leasings** als Finanzinvestitionen gehaltene Immobilien, die aufgrund der Sonderregelung des IAS 40.6 wahlweise beim Leasingnehmer bilanziert werden. Für diese Immobilien ist zwingend das Fair Value Modell vorgeschrieben (IAS 40.34).

Bei Anwendung des **Fair Value Modells** ist die Immobilie zum Fair Value gem. IFRS 13 zu bewerten (siehe Kap. D.2.3). Wertänderungen sind erfolgswirksam in der GuV zu erfassen (IAS 40.33 ff.). Wird für eine Immobilie das Fair Value Modell angewendet, soll dies auch dann beibehalten werden, wenn Marktpreise seltener verfügbar werden (IAS 40.55).

Wird stattdessen das **Anschaffungskostenmodell** gewählt, verweist IAS 40.56 auf die einschlägigen Regelungen des IAS 16 (siehe Kap. D.2.3). Der Fair Value ist indes auch in diesem Fall zu ermitteln und im Anhang anzugeben (IAS 40.79(e)).

Grds. geht der IASB davon aus, dass beim Zugang einer als Finanzinvestition gehaltenen Immobilie der Fair Value fortlaufend („on a continuing basis") zuverlässig ermittelbar ist. Wenn der betreffende Markt jedoch inaktiv ist und der Fair Value auch nicht alternativ z.B. über Bewertungsverfahren ermittelbar ist, soll das Anschaffungskostenmodell des IAS 16 zur Anwendung kommen, wobei von einem Restwert von „0" auszugehen ist (IAS 40.53).

Überblick über Anhangangaben

Angaben	Textziffern	Beispiele
Angaben als Leasingnehmer/ Leasinggeber gem. IAS 17	IAS 40.74	Beschreibung der wesentlichen Leasingvereinbarungen
Angaben zum Bewertungsmodell	IAS 40.75 a)-e)	Wahl des verwendeten Modells
in der GuV erfasste Beträge	IAS 40.75 f)	betriebliche Aufwendungen für Immobilien, die (keine) Mieterträge generiert haben
Vertragliche Verpflichtungen/ Restriktionen	IAS 40.75 g)-h)	Verpflichtungen zu Wartungsarbeiten
Angabepflichten bei Anwendung des Fair Value Modells	IAS 40.76-78	Überleitung der Buchwerte vom Beginn zum Ende der Periode
Angabepflichten bei Anwendung des Anschaffungskostenmodells	IAS 40.79	Fair Value der Immobilien, sofern verlässlich ermittelbar (vgl. IAS 40.53)

Beispiel für ausgewählte allgemeine Angaben

Die Praxis-AG wendet zur Bewertung von als Finanzinvestitionen gehaltenen Immobilien das Fair Value Modell an. Es existieren in diesem Zusammenhang keine Immobilien, die im Rahmen eines Operate Leasings gehalten werden.

Die Bewertung der Immobilien wird per 31.12. eines Geschäftsjahres durch Sachverständige eines Gutachterbüros durchgeführt, die über anerkannte und relevante Qualifikation verfügen. Bei der Ermittlung des Fair Value werden die jüngsten Transaktionspreise auf den jeweiligen lokalen Immobilienmärkten herangezogen.

Die Praxis-AG ist für ihre als Finanzinvestition gehaltenen Immobilien vertragliche Verpflichtungen zur regelmäßigen Instandhaltung eingegangen. Hieraus entsteht der Praxis-AG ein jährlicher Aufwand i.H.v. X EUR. Darüber hinaus liegen keine weitergehenden vertraglichen Verpflichtungen in diesem Zusammenhang vor. Ebenso existieren keine Beschränkungen hinsichtlich der Veräußerbarkeit der als Finanzinvestitionen gehaltenen Immobilien.

In der Gewinn- und Verlustrechnung wurden folgende Beträge im Zusammenhang mit als Finanzinvestition gehaltenen Immobilien erfasst:

Mieteinnahmen	X EUR
betriebliche Aufwendungen für Immobilien, die Mieterträge generiert haben	X EUR
betriebliche Aufwendungen für Immobilien, die keine Mieterträge generiert haben	X EUR

Beispiel für Angaben bei Anwendung des Fair Value Modells

Die nachfolgende Überleitungsrechnung zeigt die Entwicklung des Buchwertes der als Finanzinvestitionen gehaltenen Immobilien der Praxis-AG im abgelaufenen Geschäftsjahr:

Buchwert 01.01.t1

+ Zugänge
Erwerb
nachträgliche Anschaffungskosten
Unternehmenszusammenschlüsse
Übertragung aus Bestand selbstgenutzter Immobilien
Übertragung aus Vorratsbestand
sonstige Zugänge
- Abgänge
Einstufung als „zur Veräußerung gehalten gem. IFRS 5"
Übertragung in den Bestand selbstgenutzter Immobilien
Übertragung in den Vorratsbestand
sonstige Abgänge
+/- Nettogewinne/-verluste aus der Bewertung zum Fair Value
+/- Währungsumrechnungsdifferenzen

Buchwert 31.12.t1

Beispiel für Angaben bei Anwendung des Anschaffungskostenmodells

Im Rahmen der Bewertung von als Finanzinvestitionen gehaltenen Immobilien nach dem Anschaffungskostenmodell wendet die Praxis-AG die lineare Abschreibung an. Es wird dabei eine einheitliche Nutzungsdauer von 30 Jahren zugrunde gelegt. Der Fair Value der als Finanzinvestitionen gehaltenen Immobilien beträgt X EUR.

Buchwert 01.01.t1

   + Zugänge

      Erwerb

      nachträgliche Anschaffungskosten

      Unternehmenszusammenschlüsse

      Übertragung aus Bestand selbstgenutzter Immobilien

      Übertragung aus Vorratsbestand

      sonstige Zugänge

   - Abgänge

      Einstufung als „zur Veräußerung gehalten gem. IFRS 5"

      Übertragung in den Bestand selbstgenutzter Immobilien

      Übertragung in den Vorratsbestand

      sonstige Abgänge

      Abschreibungen

   +/- Währungsumrechnungsdifferenzen

Buchwert 31.12.t1

Anschaffungs- bzw. Herstellungskosten

Kumulierte Abschreibungen und Wertminderungen

Buchwert 01.01.t1

Anschaffungs- bzw. Herstellungskosten

kumulierte Abschreibungen und Wertminderungen

Buchwert 31.12.t1

D.4 Leasing

D.4.1 Relevante Vorschriften

o Anwendungsbereich von IAS 17
o Normenkontext
o Identifizierung von Leasingverhältnissen

D.4.2 Klassifizierung

o Klassifizierung von Leasingverhältnissen
o Beispiel zur Klassifizierung eines Immobilienleasings

D.4.3 Bilanzierung

o Bestandteile der Mindestleasingzahlungen
o Bilanzierung beim Leasingnehmer
o Beispiel zur Bilanzierung beim Leasingnehmer
o Bilanzierung beim Leasinggeber
o Sale-and-Leaseback: Behandlung der Buchgewinne/-verluste

D.4.4 Berichterstattung

o Überblick über Anhangangaben
o Beispiel für ausgewählte Angaben beim Leasingnehmer

Anwendungsbereich von IAS 17

Positive Abgrenzung des Anwendungsbereichs

Es liegt ein Leasingverhältnis (= die Übertragung eines Nutzungsrechtes für einen vereinbarten Zeitraum gegen eine oder mehrere Zahlungen) vor.

Negative Abgrenzung des Anwendungsbereichs

Es liegt kein(e)
(1) Leasingverhältnis zur Exploration/Nutzung nicht-regenerativer Ressourcen oder
(2) Lizenzvereinbarung über Filme, Theaterstücke, Patente o.ä. vor.

Zudem ist IAS 17 nicht einschlägig für die Bewertung von ge- bzw. vermieteten
(1) Immobilien, die als Finanzinvestitionen gem. IAS 40 definiert werden und
(2) biologischen Vermögenswerten (gem. IAS 41).

Eine grundlegende Änderung der Leasingbilanzierung ist geplant.

IAS 17 ist anwendbar

Für die Bilanzierung von Leasingverhältnissen ist grds. **IAS 17** einschlägig (IAS 17.2).

Ein Leasingverhältnis ist gem. IAS 17.4 als (zeitlich begrenzte) **Übertragung eines Nutzungsrechtes** vom Leasinggeber auf den Leasingnehmer gegen eine oder mehrere Zahlung(en) definiert. IAS 17 ist auch auf sogenannte **Mietkaufverträge** anzuwenden, bei denen dem Leasingnehmer eine Option eingeräumt wird, den Gegenstand unter bestimmten Umständen zu erwerben (IAS 17.6).

Vom Anwendungsbereich werden jedoch folgende Fälle ausgeschlossen (IAS 17.2), die zum Anwendungsbereich anderer IFRS zählen:
- Leasingverhältnisse zur **Exploration oder Nutzung nicht-regenerativer Ressourcen** (IFRS 6) sowie
- **Lizensierungsvereinbarungen** über bestimmte immaterielle Vermögenswerte (Filme, Theaterstücke, Manuskripte, Patente, Urheberrechte oder ähnliches) (IAS 38).

Speziell für Zwecke der **Bewertung** sind für folgende Sachverhalte andere Standards anzuwenden:
- **als Finanzanlagen gehaltene Immobilien** im Abschluss des Leasingnehmers bzw. (im Fall eines Operating Lease) im Abschluss des Leasinggebers und
- **biologische Vermögenswerte** im Abschluss des Leasingnehmers (Finance Lease) bzw. im Abschluss des Leasinggebers (Operating Lease).

Für die Bewertung von als Finanzanlagen gehaltenen Immobilien kommt **IAS 40** zur Anwendung (siehe Kap. D.3), die Bewertung von biologischen Vermögenswerten erfolgt nach **IAS 41**.

Bereits seit 2006 arbeitet der IASB gemeinsam mit dem FASB an einer grundlegenden Reform der Leasingbilanzierung. Demnach soll der bisher mit IAS 17 geltende risk and reward approach durch einen right of use approach ersetzt werden. Aufgrund der Kritik an den bisherigen Entwürfen des IASB wurde die Fertigstellung des neuen Standards indes mehrfach verschoben.

Normenkontext

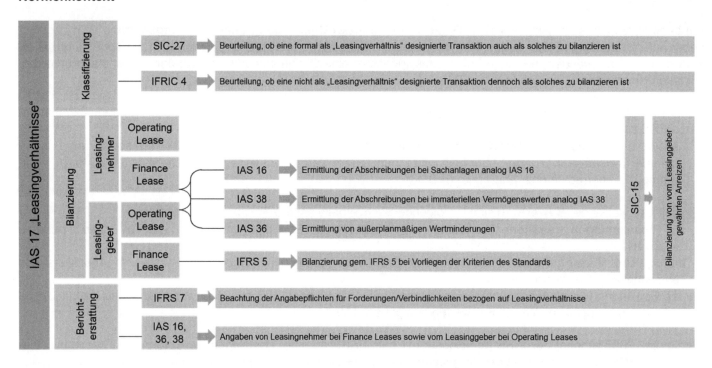

Neben IAS 17 und den grds. zu beachtenden Standards IFRS 13 (siehe Kap. D.2.3 für die Fair Value-Ermittlung), IAS 12 (siehe Kap. D.13 für latente Steuern) und IAS 1 (siehe Kap. C für Ausweisfragen) sind folgende Standards/Interpretationen ggf. relevant:

- **IAS 16** „Sachanlagen": Die Folgebewertung von bilanzierten Leasinggegenständen des Sachanlagevermögens erfolgt grds. gem. IAS 16 (siehe Kap. D.2.3), zudem sind Angabepflichten zu beachten.

- **IAS 36** „Wertminderung von Vermögenswerten": Beurteilung einer außerplanmäßigen Wertminderung von Leasinggegenständen dem Grund/der Höhe nach (siehe Kap. D.2.3), zudem sind Angabepflichten zu beachten.

- **IAS 38** „Immaterielle Vermögenswerte": Die Folgebewertung von bilanzierten immateriellen Leasinggegenständen erfolgt gem. IAS 38 (siehe Kap. D.1.3), zudem sind Angabepflichten zu beachten.

- **IFRS 5** „Zur Veräußerung gehaltene langfristige Vermögenswerte und aufgegebene Geschäftsbereiche": Bilanzierung gem. IFRS 5, wenn ein Leasinggegenstand aus einem Finance Lease die Voraussetzungen dieses Standards erfüllt (IAS 17.41A) (siehe Kap. D.7).

- **IFRS 7** „Finanzinstrumente: Angaben": Für die aus Leasingverhältnissen resultierenden Forderungen/Verbindlichkeiten sind die Angabepflichten in IFRS 7 zu beachten.

- **SIC-15** „Operating-Leasingverhältnisse - Anreize": Vom Leasinggeber gewährte Anreize sollen über die Laufzeit des Leasingverhältnisses verteilt werden, indem sie von den Erträgen/Aufwendungen aus dem Leasingverhältnis abgezogen werden.

- **SIC-27** „Beurteilung des wirtschaftlichen Gehalts von Transaktionen in der rechtlichen Form von Leasingverhältnissen": Bei der Beurteilung, ob eine als „Leasingverhältnis" deklarierte Transaktion auch als solches zu bilanzieren ist, soll der wirtschaftliche Gehalt der Transaktion(en) insgesamt gewürdigt werden (siehe nachfolgende Seiten).

- **IFRIC 4** „Feststellung, ob eine Vereinbarung ein Leasingverhältnis enthält": Sofern das Nutzungsrecht an einem spezifischen Vermögenswert übertragen wird, liegt ein Leasingverhältnis gem. IAS 17 vor.

Für weitere Interpretationen (IFRIC bzw. SIC), die auf IAS 17 verweisen, siehe S. XX. Zu beachten ist zudem, dass IFRS 13 (siehe Kap. D.2.3) für die Fair Value-Ermittlung im Zusammenhang mit Leasing gem. IAS 17.6A bzw. IFRS 13.6 (b) nicht einschlägig ist.

Identifizierung von Leasingverhältnissen

SIC-27:
wirtschaftliche Betrachtung von formal als „Leasingverhältnis" deklarierten Transaktionen

IFRIC 4:
Identifizierung von „verdeckten" Leasingverhältnissen

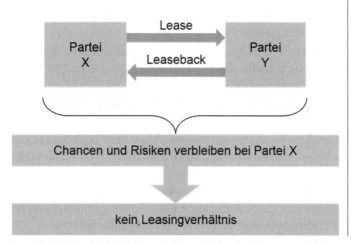

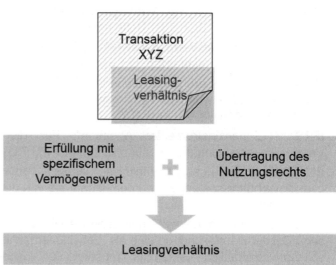

In **SIC-27** werden Sachverhalte betrachtet, in denen eine Transaktion zwar formal als Leasingvertrag deklariert wird, diese bei wirtschaftlicher Betrachtung aller zugehörigen Transaktionen indes kein Leasingverhältnis i.S.d. IAS 17 darstellt, da faktisch keine Übertragung der Chancen und Risiken stattfindet. Mehrere Transaktionen sind demnach zusammen zu betrachten, wenn sie z.B. als eine Transaktion ausgehandelt wurden, eng miteinander zusammenhängen und zeitgleich stattfinden bzw. zeitnah aufeinander folgen (SIC-27.3).

Folgende Aspekte können darauf hindeuten, dass derartige Transaktionen bei wirtschaftlicher Betrachtung kein Leasingverhältnis darstellen (SIC-27.5):

- Es bestehen für das Unternehmen im Wesentlichen dieselben Nutzungsrechte an dem „Leasing"-Gegenstand wie vor der Vereinbarung, da in der Gesamtbetrachtung alle Chancen und Risiken bei dem Unternehmen verbleiben.
- Der Hauptgrund für die Transaktion(en) ist das Erzielen von Steuereffekten, nicht die Übertragung von Nutzungsrechten.
- Es besteht eine Option, die aufgrund ihrer vorteilhaften Konditionen höchstwahrscheinlich ausgeübt werden wird.

Demgegenüber soll **IFRIC 4** Anwendungshilfe leisten, wenn ein Leasingverhältnis i.S.d. IAS 17 faktisch vorliegt, aber nicht als solches gekennzeichnet ist. Dies kann z.B. bei Outsourcing-Vereinbarungen oder auch sogenannten take-or-pay Verträgen (= Verträge, bei denen der Käufer Zahlungen unabhängig von der tatsächlichen Abnahmemenge leisten muss) der Fall sein. IFRIC 4.6 führt dazu aus, dass eine Transaktion ein Leasingverhältnis darstellt, sofern

- die Erfüllung der Transaktion an einen spezifischen Vermögenswert gebunden ist und
- das Nutzungsrecht an diesem Vermögenswert übertragen wird.

Ein spezifischer Vermögenswert liegt z.B. vor, wenn der Outsourcing-Partner seine Verpflichtung aus dem Vertrag nur mit einem bestimmten Vermögenswert erfüllen kann, weil die Nutzung eines alternativen Vermögenswertes rechtlich nicht zulässig, wirtschaftlich nicht möglich oder nicht praktikabel ist (IFRIC 4.8). Das Nutzungsrecht gilt als übertragen, sofern das übernehmende Unternehmen die Nutzung des Vermögenswertes kontrollieren und Dritte im Zugriff darauf beschränken kann (IFRIC 4.9).

Klassifizierung von Leasingverhältnissen

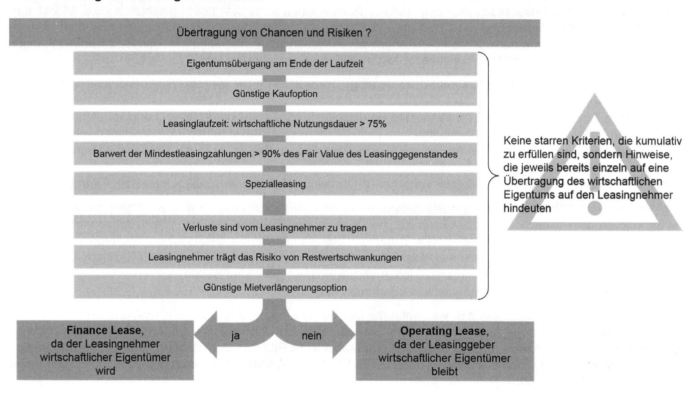

IAS 17 stellt für die Klassifizierung eines Leasingverhältnisses auf die **Übertragung von Chancen und Risiken** ab. Gehen diese im Rahmen des Leasingverhältnisses vom Leasinggeber auf den Leasingnehmer über, wird das Leasingverhältnis als **Finance Lease** eingestuft. Alle Leasingverhältnisse, die nicht als Finance Lease zu klassifizieren sind, stellen im Umkehrschluss einen **Operating Lease** dar (IAS 17.8). Zu Besonderheiten bei Leasingverhältnissen über **Land und darauf befindliche Gebäude** siehe Beispiel auf den nächsten Seiten.

In IAS 17.10-11 werden (auslegungsbedürftige) Indikatoren für Sachverhalte aufgezählt, die einzeln oder in Kombination eine solche Übertragung von Chancen und Risiken anzeigen können:

- Am Ende der Laufzeit des Leasingverhältnisses findet ein **Eigentumsübergang** auf den Leasingnehmer statt.
- Für den Leasingnehmer besteht eine **Kaufoption**, die derart günstig ist, dass ihre Ausübung hinreichend sicher ist.
- Die **Laufzeit** des Leasingverhältnisses entspricht dem Großteil der Nutzungsdauer (nach US-GAAP erfüllt bei > 75%). Ausschlaggebend ist die wirtschaftliche, nicht die technische Nutzungsdauer.
- Zum Beginn des Leasingverhältnisses entspricht der **Barwert der Mindestleasingzahlungen** im Wesentlichen dem Fair Value des Leasinggegenstandes (nach US-GAAP erfüllt bei > 90%).
- Es liegt ein sogenanntes **Spezialleasing** vor, d.h. der Leasinggegenstand kann aufgrund seiner Beschaffenheit nur vom Leasingnehmer genutzt werden.
- Der Leasingnehmer hat, falls er das Verhältnis auflöst, die **Verluste des Leasinggebers** zu tragen.
- Schwankungen des Fair Values eines **Restwertes** des Leasinggegenstandes werden vom Leasingnehmer getragen bzw. fallen ihm zu. Dies kann z.B. in Form von Mietrückerstattungen geschehen.
- Für den Leasingnehmer besteht eine **Mietverlängerungsoption** für das Leasingverhältnis zu einer Miete, die günstiger als die marktübliche Miete ist.

Auch nach **HGB** hat der wirtschaftliche Eigentümer die Leasinggegenstände zu bilanzieren. Eine Konkretisierung des wirtschaftlichen Eigentums erfolgt in diversen steuerlichen Leasingerlassen, die im Einzelfall zu einer anderen Klassifizierung als nach IFRS führen kann.

Beispiel zur Klassifizierung eines Immobilienleasings

Sachverhalt

Die Praxis-AG least ein Grundstück inkl. eines darauf befindlichen Gebäudes. Die Kriterien einer als Finanzinvestition gehaltenen Immobilie gem. IAS 40 sind nicht erfüllt. Der Mietvertrag hat eine Laufzeit von 40 Jahren. Die technische Lebensdauer des Gebäudes wird auf 80 Jahre geschätzt, wirtschaftlich nutzbar wird das Gebäude indes schätzungsweise nur 50 Jahre lang sein. Es fallen jährlich nachschüssig zu zahlende Leasingraten i.H.v. 2,6 Mio. EUR an. Der interne Zins des Leasinggebers ist nicht bekannt (der Grenzfremdkapitalzins der Praxis-AG beträgt 6,5%, der lokale Erbbauzins liegt bei 4,5%). Der Verkehrswert des Grundstücks beträgt lt. eines Gutachtens 5 Mio. EUR, der Verkehrswert des Gebäudes beträgt 35 Mio. EUR.

Lösung

Zur Klassifizierung sind folgende Schritte notwendig: Zunächst ist das Leasingverhältnis in die Gebäude- und die Grundstückskomponente aufzuteilen. Diese Aufteilung hat entsprechend der (relativen) Fair Values der Leistungen für die Mietrechte zu erfolgen. Die Leasingrate für das Grundstück beträgt 225.000 EUR (= 5 Mio. x 4,5%). Die Leasingrate für das Gebäude wird als Residuum aus der gesamten Leasingrate und dem darin enthaltenen Anteil des Grundstücks errechnet: 2.600.000,00 - 225.000,00 = 2.375.000,00 EUR.

Anschließend ist für beide Komponenten getrennt die Klassifizierung anhand von IAS 17.10 ff. zu prüfen: Für das Gebäude ergibt der Laufzeittest (40 Jahre : 50 Jahre = 80%) sowie ein Barwerttest (33,6 Mio. EUR : 35 Mio. EUR = 96%), dass ein Finance Lease vorliegt. Die Grundstückskomponente stellt hingegen ein Operating Lease dar, da weder der Laufzeittest (die Nutzungsdauer eines Grundstücks ist regelmäßig unbestimmbar), der Barwerttest (4,14 Mio. EUR : 5 Mio. EUR = 83%), noch die anderen Kriterien gem. IAS 17.10 auf einen Finance Lease hindeuten.

Gem. IAS 17.15A sind Leasingverhältnisse, die sowohl Grundstücke als auch Gebäude umfassen, für Zwecke der Klassifizierung grds. (Ausnahmen gem. IAS 17.16-17) in diese beiden **Komponenten aufzuteilen**. Die Aufteilung hat gem. IAS 17.16 indes nicht auf Grundlage der (relativen) Fair Values der beiden Komponenten zu erfolgen, sondern basierend auf den (relativen) Fair Values der Leistungen für die Mietrechte. Hintergrund für diese Regelung ist, dass der Leasinggeber für die Gebäudekomponente neben seiner Rendite auch den Werteverzehr einkalkuliert – wohingegen für die Grundstückskomponente mangels Abschreibungsbedarf nur die Rendite einzupreisen ist. Da der Leasingnehmer i.d.R. die Kalkulationssätze des Leasinggebers nicht kennt, kann stattdessen z.B. der lokale Erbbauzins als Stellvertretergröße für die Renditeforderung für das Grundstück herangezogen werden.

Der **Barwert der Mindestleasingzahlungen** für das Gebäude beträgt 33.595.626,31 EUR (siehe S. 173). Der Barwert der Mindestleasingzahlungen für das Grundstück wird berechnet, in dem der Grundstücksanteil in der Leasingrate in diesem Fall mit dem Erbbauzins diskontiert wird und ergibt 4.140.356,49 EUR.

Die in IAS 17.10 f. angeführten Indikatoren sind anschließend für die **Klassifizierung des Gebäudes** zu prüfen:
* Zwar beträgt die technische Lebensdauer des Gebäudes 80 Jahre, ausschlaggebend ist jedoch die **wirtschaftliche Nutzungsdauer** von 50 Jahren. Der Leasingvertrag läuft über 40 Jahre und entspricht somit 80% der Nutzungsdauer. Dieser Wert kann als „überwiegender Teil der Nutzungsdauer" gem. IAS 17.10 c) ausgelegt werden.
* Der **Barwert der Mindestleasingzahlungen** für das Gebäude beträgt 33.595.626,31 EUR (= Gebäudeanteil in der Leasingrate diskontiert mit dem Grenzfremdkapitalzins über die Laufzeit des Leasingverhältnisses). Damit macht der Barwert der Mindestleasingzahlungen rund 96% des Fair Values des Gebäudes i.H.v. 35 Mio. EUR aus.

In der Gesamtbetrachtung deuten die Faktoren für die Gebäudekomponente auf einen Finance Lease hin.

Für die **Klassifizierung des Grundstücks** ist zu beachten, dass das Grundstück eine unbestimmbare wirtschaftliche Nutzungsdauer hat (IAS 17.15A). Dies und der Barwerttest (IAS 17.10 (d)) deuten auf einen Operating Lease hin, zumal es keine Hinweise im Sachverhalt auf die Erfüllung der anderen in IAS 17.10 f. angeführten Indikatoren gibt.

Bestandteile der Mindestleasingzahlungen

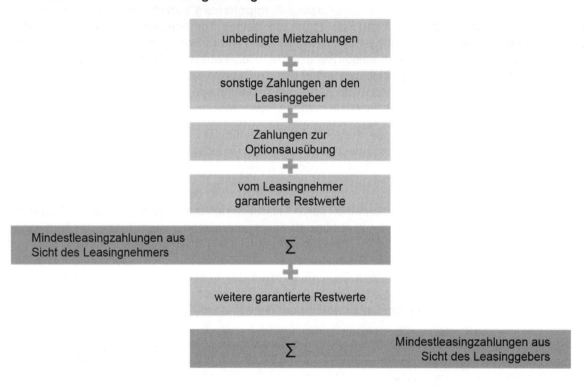

Die Mindestleasingzahlungen haben gem. IAS 17.4 für Leasingnehmer und Leasinggeber einen unterschiedlichen Umfang.

Zu den Mindestleasingzahlungen aus Sicht des **Leasingnehmers** gehören alle unbedingten Mietzahlungen, d.h. diejenigen Leasingraten, deren Höhe nicht von anderen Faktoren als dem Zeitablauf abhängt. Beispiele für bedingte Leasingraten sind solche, deren Höhe sich an der Umsatzhöhe, der Nutzungsintensität oder einem Preisindex bemisst.

Weiterhin sind alle sonstigen Zahlungen, die der Leasinggeber an den Leasingnehmer leistet, Bestandteil der Mindestleasingraten. Ausgenommen sind Steuern und Dienstleistungsaufwendungen, wie z.B. Wartungsverträge.

Zugerechnet werden darüber hinaus auch die Zahlungen zur Ausübung von Kaufoptionen, sofern deren Ausübung hinreichend sicher ist (da die Option „im Geld" ist). In diesem Fall werden nur diejenigen unbedingten Leasingraten in die Berechnung miteinbezogen, die bis zum wahrscheinlichen Ausübungszeitpunkt der Kaufoption anfallen werden.

Letzter Bestandteil der Mindestleasingzahlungen aus Sicht des Leasingnehmers sind etwaige garantierte Restwerte des Leasinggegenstandes, sofern diese von ihm oder einer mit ihm verbundenen Partei garantiert werden.

Aus Sicht des **Leasinggebers** treten zu diesen Posten noch weitere Restwerte hinzu, die von einer dritten, nicht mit dem Leasingnehmer assoziierten, Partei garantiert wurden.

Bilanzierung beim Leasingnehmer

	Finance Lease	Operating Lease
Ansatz	Aktivierung des Leasinggegenstandes und Passivierung einer Verbindlichkeit	Grds. off-balance, d.h. kein Ansatz des Leasinggegenstands/einer Leasing-verbindlichkeit; ggf. periodengerechte Abgrenzung der Leasingzahlungen
Zugangs-bewertung	niedrigerer Wert aus beizulegendem Zeitwert des Leasinggegenstandes oder Barwert der Mindestleasingzahlungen Zugangswert auf Aktiv- und Passivseite grds. gleich hoch	(nicht relevant)
Folgebewertung /-behandlung	Bewertung der Verbindlichkeit mittels Effektivzinsmethode Abschreibung des Leasinggegenstandes	Erfassung der Leasingrate als Aufwand

Der bilanzielle **Ansatz** richtet sich nach der Klassifizierung des Leasingverhältnisses (siehe S. 164). So bucht der Leasingnehmer, der bei einem Finance Lease wirtschaftlicher Eigentümer des Leasinggegenstandes wird, denselben ein und erfasst zugleich eine Verbindlichkeit für die Zahlung der Leasingraten. Da der Leasingnehmer bei einem Operating Lease keine Chancen oder Risiken übernimmt, erfolgt bei ihm kein Bilanzansatz des Leasingverhältnisses. Die nicht periodengerecht geleisteten Zahlungen sind ggf. abzugrenzen.

Für die **Zugangsbewertung** bewertet der Leasingnehmer im Rahmen eines Finance Leases die Verbindlichkeit und den Leasinggegenstand mit dem niedrigen aus zwei Werten: dem Fair Value des Leasinggegenstandes oder dem Barwert der Mindestleasingzahlungen (IAS 17.20). Damit entsprechen sich grds. die Wertansätze von Verbindlichkeit und Leasinggegenstand im Zeitpunkt der Erstbewertung. Zu einem abweichenden Wertansatz kommt es, wenn anfängliche direkte Kosten angefallen, welche den Wertansatz des Leasinggegenstands erhöhen. Zur Barwertberechnung wird der dem Leasingverhältnis zugrunde liegende Zinssatz (= der interne Zinsfuß der Investition des Leasinggebers in das Leasingverhältnis) genutzt. Ist dieser dem Leasingnehmer nicht bekannt, kann alternativ der Grenzfremdkapitalzinssatz des Leasingnehmers hierfür herangezogen werden (IAS 17.20).

Im Rahmen der **Folgebewertung/-behandlung** hat der Leasingnehmer hat bei einem Finance Lease einerseits den Leasinggegenstand gem. IAS 16 (siehe Kap. D.2.3) bzw. IAS 38 (siehe Kap. D.1.3) abzuschreiben sowie ggf. gem. IAS 36 (siehe Kap. D.2.3) wertzumindern (IAS 17.27). Andererseits ist die Leasingverbindlichkeit mittels der Effektivzinsmethode zu bewerten (IAS 17.25). Dazu werden die gezahlten Leasingraten in eine Tilgungskomponente und eine Finanzierungskomponente aufgeteilt. Die Finanzierungskomponente errechnet sich mittels des dem Leasingverhältnis zugrunde liegenden Zinssatzes bzw. des Grenzfremdkapitalzinssatzes des Leasingnehmers (siehe oben). Bei einem Operating Lease erfasst der Leasingnehmer lediglich einen Leasingaufwand. Dieser soll ebenfalls im Regelfall linear über die Laufzeit des Leasingverhältnisses erfasst werden, sofern nicht eine andere Methodik dem Nutzenverlauf besser entspricht (IAS 17.33).

Beispiel zur Bilanzierung beim Leasingnehmer

Sachverhalt

Die Praxis-AG klassifiziert das Gebäude aus dem oben genannten Sachverhalt (siehe Beispiel S. 166) als Finance Lease. Die über 40 Jahre jährlich nachschüssig zu zahlende anteilige Leasingrate für das Gebäude beträgt 2,375 Mio. EUR. Der dem Leasingverhältnis zugrunde liegende Zinssatz ist der Praxis-AG nicht bekannt, ihr eigener Grenzfremdkapitalzinssatz beträgt 6,5%. Der Fair Value des Gebäudes beträgt lt. Gutachten 35 Mio. EUR. Anfängliche direkte Kosten sind der Praxis-AG nicht entstanden.

Lösung

Die Praxis-AG hat das Gebäude und die Verbindlichkeit i.H.v. 33.595.626,31 EUR (= niedriger Wert aus Fair Value des Gebäudes [35.000.000,00 EUR] und Barwert der Mindestleasingzahlungen für das Gebäude [33.595.626,31 EUR]) anzusetzen. In der Folge wird der Leasinggegenstand linear über die Laufzeit des Mietvertrages von 40 Jahren abgeschrieben, während die Verbindlichkeit mithilfe der Effektivzinsmethode folgebewertet wird.

Zur Ermittlung des Barwerts der Mindestleasingzahlungen für das Gebäude werden die Leasingraten über den Zeitraum von 40 Jahren mit dem Grenzfremdkapitalzins (da der dem Leasingverhältnis zugrunde liegende Zinssatz nicht bekannt ist) i.H.v. 6,5% diskontiert.

$$\sum_{n=1}^{40} \frac{2.375.000,00}{(1 + 0,065)^n} = 33.595.626,31$$

Der Leasinggegenstand wird linear über die Leasinglaufzeit (40 Jahre) mit 839.890,66 EUR pro Jahr abgeschrieben.

Die Verbindlichkeit zu Beginn eines Jahres wird mit dem Effektivzinssatz (6,5%) multipliziert, um die Zinskomponente der Leasingrate zu ermitteln. Diese wird als Zinsaufwand gebucht. Subtrahiert man sie von der Leasingrate, erhält man den Tilgungsanteil der Leasingrate, der die Höhe der Verbindlichkeit mindert.

Jahr	Gebäude	Verbindlichkeit	Zins	Tilgung	Leasingrate
	33.595.626,31	33.595.626,31			
1	32.755.735,65	33.404.342,02	2.183.715,71	191.284,29	2.375.000,00
2	31.915.844,99	33.200.624,25	2.171.282,23	203.717,77	2.375.000,00
3	31.075.954,34	32.983.664,83	2.158.040,58	216.959,42	2.375.000,00
4	30.236.063,68	32.752.603,04	2.143.938,21	231.061,79	2.375.000,00
5	29.396.173,02	32.506.522,24	2.128.919,20	246.080,80	2.375.000,00
...					
37	2.519.671,97	6.290.129,34	528.857,66	1.846.142,34	2.375.000,00
38	1.679.781,32	4.323.987,74	408.858,41	1.966.141,59	2.375.000,00
39	839.890,66	2.230.046,95	281.059,20	2.093.940,80	2.375.000,00
40	0,00	0,00	144.953,05	2.230.046,95	2.375.000,00

Dieses Vorgehen (die sogenannte „Effektivzinsmethode") stellt eine gleichmäßige Verteilung der Zinskomponente über die Laufzeit sicher.

Bilanzierung beim Leasinggeber

	Finance Lease	Operating Lease
Ansatz	Forderung und Umsatz	weiterhin Ansatz des Leasinggegenstandes
Zugangs-bewertung	Nettoinvestition in das Leasingverhältnis	Anschaffungs-/Herstellungskosten ggf. zuzüglich anfänglicher direkter Kosten (= bisheriger Buchwert)
Folgebewertung /-behandlung	Bewertung der Forderung mittels Effektivzinsmethode	Abschreibung des Leasinggegenstandes Erfassung der Leasingrate als Ertrag
Besonderheiten bei Hersteller-/Händler-Leasing	marktübliche Zinssätze Kosten im Zusammenhang mit Verhandlung/Abschluss sind direkt aufwandswirksam	Keine Erfassung eines Verkaufsgewinns

Beim **Ansatz** eines Finance Leases bucht der Leasinggeber den Leasinggegenstand aufwandswirksam aus und anstelle dessen eine Forderung sowie einen Umsatz ein, so dass der Gewinn/Verlust aus dem „Verkaufsgeschäft" in der GuV realisiert wird. Da der Leasinggeber bei einem Operating Lease wirtschaftlicher Eigentümer des Leasinggegenstandes bleibt, verbleibt auch der Leasinggegenstand in seiner Bilanz.

Die **Zugangsbewertung** der Forderung/des Umsatzes erfolgt bei einem Finance Lease in Höhe der Nettoinvestition in das Leasingverhältnis (IAS 17.36). Die Nettoinvestition in das Leasingverhältnis entspricht der Bruttoinvestition in das Leasingverhältnis (= die Summe der Mindestleasingzahlungen zuzüglich eines nicht-garantierten Restwertes) diskontiert mit dem dem Leasingverhältnis zugrunde liegenden Zinssatz (IAS 17.4). Fallen sogenannte anfängliche direkte Kosten an (= Kosten, die direkt mit den Verhandlungen des Leasingverhältnisses in Verbindung stehen), sind diese mit der Forderung zu aktivieren. Liegt ein Operating Lease vor, hat der Leasinggeber den Vermögenswert weiterhin nach IAS 16 oder IAS 38 sowie IAS 36 zu bewerten. Sind ihm anfängliche direkte Kosten entstanden, erhöhen diese den Wertansatz des Leasinggegenstands (IAS 17.52).

Im Zuge der **Folgebewertung/-behandlung** eines Finance Leases hat der Leasinggeber die ihm zufließenden Erträge in eine Tilgungskomponente und eine Zinskomponente aufzuteilen. Die Zinserträge sollen derart über die Laufzeit des Leasingverhältnisses verteilt werden, dass sich eine konstante periodische Verzinsung ergibt (IAS 17.39). Die Tilgung (errechnet als Differenz von Leasingrate und Zinsertrag) mindert den Buchwert der Forderung. Bei einem Operating Lease soll der Leasinggeber den Leasinggegenstand gem. IAS 16 (siehe Kap. D.2.3) bzw. IAS 38 (siehe Kap. D.1.3) abschreiben (IAS 17.53) und ggf. gem. IAS 36 (siehe Kap. D.2.3) wertmindern. Die Erträge aus den Leasingzahlungen sind regelmäßig linear über die Laufzeit des Leasingverhältnisses zu verteilen, es sei denn, eine andere Methodik spiegelt den Nutzenverlauf besser wieder (IAS 17.50).

Tritt ein **Hersteller oder Händler** des Leasinggegenstandes zugleich auch als Leasinggeber auf, gelten einige Besonderheiten. Bei einem Finance Lease ist für die Barwertermittlung zwingend ein Marktzinssatz heranzuziehen. Zudem sind Kosten, die in direktem Zusammenhang mit der Verhandlung bzw. dem Abschluss des Leasingverhältnisses stehen, direkt als Aufwand zu erfassen – bei Herstellern/Händlern stellen sie explizit keine „anfänglichen direkten Kosten" i.S.d. IAS 17 dar (IAS 17.45-46). Für den Fall eines Operating Lease wird klargestellt, dass der Hersteller/Händler keinen Veräußerungsgewinn erfassen darf, da die Transaktion keinen Verkaufsvorgang darstellt (IAS 17.55).

Sale-and-Leaseback: Behandlung der Buchgewinne/-verluste

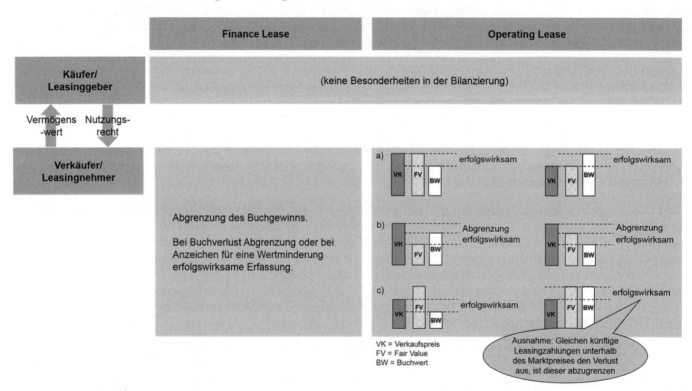

	Finance Lease	Operating Lease
Käufer/ Leasinggeber	(keine Besonderheiten in der Bilanzierung)	

Vermögens -wert Nutzungs- recht

Verkäufer/ Leasingnehmer

Abgrenzung des Buchgewinns.

Bei Buchverlust Abgrenzung oder bei Anzeichen für eine Wertminderung erfolgswirksame Erfassung.

a) VK FV BW — erfolgswirksam   VK FV BW — erfolgswirksam

b) VK FV BW — Abgrenzung erfolgswirksam   VK FV BW — Abgrenzung erfolgswirksam

c) VK FV BW — erfolgswirksam   VK FV BW — erfolgswirksam

VK = Verkaufspreis
FV = Fair Value
BW = Buchwert

Ausnahme: Gleichen künftige Leasingzahlungen unterhalb des Marktpreises den Verlust aus, ist dieser abzugrenzen

Bei einer sogenannten Sale-and-Leaseback-Transaktion wird ein Vermögenswert zunächst vom Verkäufer/Leasingnehmer an den Käufer/Leasinggeber veräußert, um denselben anschließend wieder zurück zu leasen.

Für den **Käufer/Leasinggeber** ergeben sich **keine Unterschiede** zu den oben dargestellten Vorschriften.

Der **Verkäufer/Leasingnehmer** hat indes, je nach Klassifizierung des Leaseback-Verhältnisses (siehe S. 164), eventuelle Buchgewinne/-verluste des verkauften und dann zurückgeleasten Vermögenswertes zu berücksichtigen:

- Bei einem **Finance Lease** ist der Vermögenswert zunächst auszubuchen. Es darf jedoch kein Gewinn in der GuV erfasst werden – stattdessen ist ein etwaiger Überschuss des Verkaufserlöses über den Buchwert zunächst erfolgsneutral abzugrenzen und über die Laufzeit des Leasingverhältnisses zu verteilen (IAS 17.59 f.). Bei einem Buchverlust erfolgt ebenfalls eine Abgrenzung, es sei denn, es liegt eine Wertminderung vor. Diese ist sofort erfolgswirksam zu erfassen (IAS 17.64).

- Erfolgt eine Klassifizierung als **Operating Lease**, ist für die Frage der Behandlung des Buchgewinns/-verlusts zu differenzieren, wie sich Buchwert, Fair Value und Verkaufspreis zueinander verhalten (IAS 17.61 ff.):

  o Fall a): Bei einem Verkauf zum Fair Value ist die Differenz zum Buchwert sofort erfolgswirksam zu erfassen.

  o Fall b): Bei einem Verkauf über dem Fair Value ist die Differenz von Verkaufspreis und Fair Value erfolgsneutral abzugrenzen, die Differenz von Buchwert zum Fair Value hingegen unmittelbar erfolgswirksam zu erfassen.

  o Fall c): Erfolgt der Verkauf unterhalb des Fair Value, ist der Buchgewinn/-verlust ebenfalls sofort erfolgswirksam zu buchen. Eine Ausnahme gilt, wenn die künftigen Leasingzahlungen unter dem Marktpreis liegen und damit den Verlust ausgleichen. In diesem Fall ist der Verlust abzugrenzen und über die Laufzeit des Leasingverhältnisses zu verteilen.

Überblick über Anhangangaben

Angaben	Textziffern	Beispiele
Angabepflichten eines Leasingnehmers zu Finance Leases	IAS 17.31-32	Nettobuchwert jeder Gruppe von Vermögenswerten aus Leasingverhältnissen
Angabepflichten eines Leasinggebers zu Finance Leases	IAS 17.47-48	Dem Leasinggeber zustehende, nicht garantierte Restwerte
Angabepflichten eines Leasingnehmers zu Operating Leases	IAS 17.35	als Aufwand erfasste Leasing- und Subleasing-Zahlungen
Angabepflichten eines Leasinggebers zu Operating Leases	IAS 17.56-57	als Ertrag erfasste bedingte Mietzahlungen
Angaben zu Sale-and-Leaseback-Transaktionen	IAS 17.65-66	ggf. ungewöhnliche Vertragsbestimmungen im Zusammenhang mit Sale-and-Leaseback-Transaktionen

Zusätzlich sind ggf. die Vorschriften des IFRS 7 zu beachten, sowie weitere Angaben gem. IAS 16 (siehe Kap. D.2.4), IAS 36, IAS 38 (siehe Kap. D.1.4), IAS 40 (siehe Kap. D.3.4) und IAS 41.

Beispiel für ausgewählte Angaben beim Leasingnehmer

Operating Leases

Es bestehen Leasingverhältnisse, die als Operating Leases klassifiziert wurden. Insb. umfassen diese Miet- und Leasingverpflichtungen für PKWs und Kopierer. Die Verträge haben Laufzeiten von X bis zu X Jahren und beinhalten zum Teil Verlängerungsoptionen sowie Preisanpassungsklauseln. Untermietverhältnisse wurden nicht vereinbart. Im Rahmen dieser Miet- und Leasingverträge wurden in t2 Zahlungen i.H.v. X EUR (Vorjahr: X EUR) aufwandswirksam unter den sonstigen betrieblichen Aufwendungen erfasst. Bedingte Mietzahlungen wurden nicht geleistet.

Die nominale Summe der künftigen Mindestleasingzahlungen aus Operating-Leasingverhältnissen setzt sich nach Fälligkeiten wie folgt zusammen:

in EUR	31.12.t2	31.12.t1
Fällig innerhalb eines Jahres		
Fällig zwischen einem und fünf Jahren		
Fällig nach mehr als fünf Jahren		
Summe		

Finance Leases

Weiterhin bestehen Leasingverhältnisse über Maschinen, die als Finance Leases klassifiziert wurden. Der Nettobuchwert dieser Maschinen beträgt X EUR. Die Verträge haben Laufzeiten von X bis zu X Jahren und beinhalten zum Teil Verlängerungsoptionen sowie Preisanpassungsklauseln. Untermietverhältnisse wurden nicht vereinbart. Bedingte Mietzahlungen wurden nicht geleistet. Die nominale Summe der künftigen Mindestleasingzahlungen beträgt zum 31.12.t2 X EUR. Abzgl. des Zinsanteils i.H.v. X EUR ergibt sich ein Barwert i.H.v. X EUR.

in EUR	31.12.t2	31.12.t1
Fällig innerhalb eines Jahres		
Fällig zwischen einem und fünf Jahren		
Fällig nach mehr als fünf Jahren		
Summe		
./. Zinseffekte		
Barwert der Mindestleasingzahlungen		

D.5 Finanzielle Vermögenswerte (inkl. Hedge Accounting)

D.5.1 Relevante Vorschriften
- Anwendungsbereich von IAS 39
- Normenkontext

D.5.2 Ansatz
- Kategorien von finanziellen Vermögenswerten
- Ausbuchung finanzieller Vermögenswerte

D.5.3 Bewertung
- Zugangs- und Folgebewertung von finanziellen Vermögenswerten
- Beispiel zur Zugangs- und Folgebewertung finanzieller Vermögenswerte
- Bilanzierung von Derivaten

D.5.4 Hedge Accounting
- Anwendungsvoraussetzungen für das Hedge Accounting
- Hedge Accounting abhängig von Art der Sicherungsbeziehung
- Beispiel zum Fair Value Hedge
- Beispiel zum Cashflow Hedge

D.5.5 Berichterstattung
- Überblick über Anhangangaben
- Beispiel für ausgewählte allgemeine Angaben
- Beispiel für ausgewählte Angaben zu Buchwerten, Zeitwerten und Gewinnen/Verlusten
- Beispiel für ausgewählte Angaben zum Kreditrisiko

D.5.6 Ausblick auf IFRS 9

Anwendungsbereich von IAS 39

Positive Abgrenzung des Anwendungsbereichs

Es liegt ein finanzieller Vermögenswert gem. IAS 32 vor, also entweder
(1) liquide Mittel,
(2) Eigenkapitalinstrumente eines anderen Unternehmens,
(3) ein vertragliches Recht auf den Erhalt liquider Mittel oder den vorteilhaften Tausch finanzieller Vermögenswerte/Verbindlichkeiten oder
(4) ein Vertrag, der mit eigenen Eigenkapitalinstrumenten erfüllt werden kann.

Negative Abgrenzung des Anwendungsbereichs

Es liegt/liegen kein(e)
(1) Anteil an einem Tochterunternehmen, assoziierten Unternehmen oder Gemeinschaftsunternehmen,
(2) Rechte von Arbeitgebern aus Pensionsplänen,
(3) Versicherungsvertrag,
(4) anteilsbasierte Vergütung,
(5) Eigenkapitalinstrument,
(6) Rechte aus Leasingverhältnissen,
(7) Termingeschäft zum Unternehmenskauf oder
(8) Erstattungsansprüche vor.

IAS 39 ist anwendbar

siehe Kap. D.11 für die Anwendung des IAS 39 für finanzielle Schulden

Ansatz und Bewertung von finanziellen Vermögenswerten werden grds. **in IAS 39** geregelt (IAS 39.2-7). Eine **Definition** finanzieller Vermögenswerte wird in IAS 32.11 vorgenommen. Demnach sind dies:

- liquide Mittel (z.B. Barbestände und Sichtguthaben),

- Eigenkapitalinstrumente (gem. IAS 32.16 ff., siehe Kap. D.8) eines anderen Unternehmens,

- vertragliche Rechte auf den Erhalt liquider Mittel oder den vorteilhaften Tausch finanzieller Vermögenswerte/Verbindlichkeiten (z.B. Forderungen aus Lieferung und Leistung),

- Verträge, die mit eigenen Eigenkapitalinstrumenten erfüllt werden können. Allerdings gilt dies nur für

  a) originäre Finanzinstrumente, die durch Erhalt einer variablen Anzahl eigener Eigenkapitalinstrumente erfüllt werden (z.B. ein Vertrag zur Lieferung von Gütern, für die das Unternehmen im Gegenzug eine variable Anzahl eigener Aktien erhält) oder

  b) derivative Finanzinstrumente, die nicht durch Tausch eines fixen Betrags liquider Mittel oder anderer finanzieller Vermögenswerte gegen eine fixe Anzahl von Eigenkapitalinstrumenten erfüllt werden (z.B. eine erworbene Call-Option, die dem Unternehmen das Recht einräumt, zum festgelegten Ausübungspreis eine Anzahl eigener Aktien zurück zu erwerben. Die Anzahl der Aktien hängt indes von einer weiteren Variablen ab).

Bestimmte Verträge bzw. Rechte sind indes explizit vom Anwendungsbereich des IAS 39 ausgenommen. Für diese Posten sind andere Standards einschlägig. Dies gilt z.B. für:

- Anteile an Tochterunternehmen, assoziierten Unternehmen oder Gemeinschaftsunternehmen, für deren Bilanzierung **IFRS 10**, **IFRS 11** bzw. **IAS 28** anzuwenden ist (siehe Teil F),
- Rechte aus Pensionsplänen, die nach **IAS 19** bilanziert werden (siehe Kap. D.9),
- anteilsbasierte Vergütungen gem. **IFRS 2** (siehe Kap. D.12),
- Eigenkapital (siehe Kap. D.8),
- Rechte aus Leasingverhältnissen gem. **IAS 17** (siehe Kap. D.4).

Normenkontext

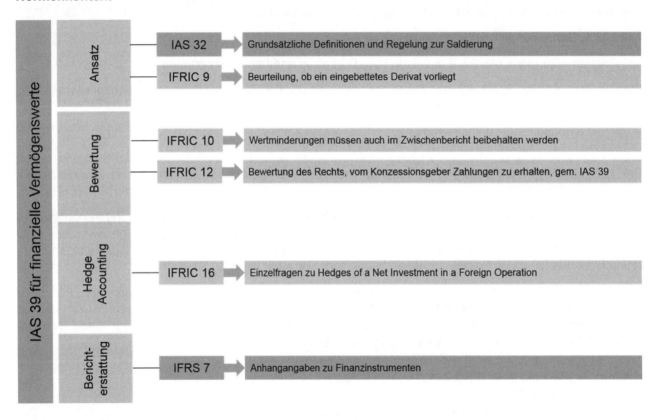

IAS 39 „Finanzinstrumente: Ansatz und Bewertung" stellt die zentrale Vorschrift zu Klassifizierung, Zugangs- und Folgebewertung und Ausbuchung finanzieller Vermögenswerte sowie zum Hedge-Accounting dar.

Für die Bilanzierung von finanziellen Vermögenswerten sind zudem, neben den grds. zu beachtenden Standards IFRS 13 (siehe Kap. D.2.3 für die Fair Value-Ermittlung), IAS 12 (siehe Kap. D.13 für latente Steuern) und IAS 1 (siehe Kap. C für Ausweisfragen), folgende Standards/Interpretationen ggf. relevant:

- **IAS 32** „Finanzinstrumente: Darstellung": Definition von finanziellen Vermögenswerten, grundlegende Vorgaben zur Verbuchung von Zinsen, Dividenden, Gewinnen und Verlusten daraus sowie Saldierungsvorschriften.

- **IFRS 7** „Finanzinstrumente: Angaben": Regelung aller Anhangangaben zu finanziellen Vermögenswerten.

- **IFRIC 9** „Neubeurteilung eingebetteter Derivate": Die Beurteilung, ob ein eingebettetes Derivat separat zu bilanzieren ist, erfolgt grds. nur zu dem Zeitpunkt, zu dem das Unternehmen Vertragspartei wird. Ausnahmen gelten, wenn sich aufgrund einer Änderung der Vertragsbedingungen die Zahlungsströme erheblich ändern oder der finanzielle Vermögenswert aus der Kategorie at Fair Value through profit or loss umgegliedert wird.

- **IFRIC 10** „Zwischenberichterstattung und Wertminderung": Ein zuvor erfasster Wertminderungsaufwand eines finanziellen Vermögenswertes, der zu Anschaffungskosten bewertet wird, darf im Zwischenabschluss nicht rückgängig gemacht werden.

- **IFRIC 12** „Dienstleistungskonzessionsvereinbarungen": Erwirbt ein Unternehmen für seine Bauleistung im Rahmen einer öffentlich-privaten Dienstleistungskonzessionsvereinbarung einen unbedingten Anspruch, vom Konzessionsgeber einen Geldbetrag oder einen sonstigen finanziellen Vermögenswert zu erhalten, ist dieser Anspruch als finanzieller Vermögenswert gem. IAS 39 zu bilanzieren.

- **IFRIC 16** „Absicherungen einer Nettoinvestition in einen ausländischen Geschäftsbetrieb": Regelungen zu den Fragen, welche Art von Risiko abgesichert werden kann, welches Konzernunternehmen das Sicherungsinstrument halten kann und wie sich eine Veräußerung des ausländischen Geschäftsbetriebs auf die GuV auswirkt.

Kategorien von finanziellen Vermögenswerten

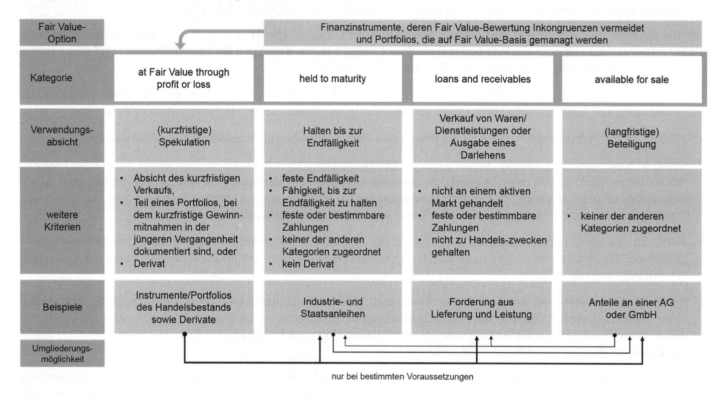

Fair Value-Option		Finanzinstrumente, deren Fair Value-Bewertung Inkongruenzen vermeidet und Portfolios, die auf Fair Value-Basis gemanagt werden		
Kategorie	at Fair Value through profit or loss	held to maturity	loans and receivables	available for sale
Verwendungs-absicht	(kurzfristige) Spekulation	Halten bis zur Endfälligkeit	Verkauf von Waren/ Dienstleistungen oder Ausgabe eines Darlehens	(langfristige) Beteiligung
weitere Kriterien	• Absicht des kurzfristigen Verkaufs, • Teil eines Portfolios, bei dem kurzfristige Gewinn-mitnahmen in der jüngeren Vergangenheit dokumentiert sind, oder • Derivat	• feste Endfälligkeit • Fähigkeit, bis zur Endfälligkeit zu halten • feste oder bestimmbare Zahlungen • keiner der anderen Kategorien zugeordnet • kein Derivat	• nicht an einem aktiven Markt gehandelt • feste oder bestimmbare Zahlungen • nicht zu Handels-zwecken gehalten	• keiner der anderen Kategorien zugeordnet
Beispiele	Instrumente/Portfolios des Handelsbestands sowie Derivate	Industrie- und Staatsanleihen	Forderung aus Lieferung und Leistung	Anteile an einer AG oder GmbH
Umgliederungs-möglichkeit				

nur bei bestimmten Voraussetzungen

Ausschlaggebend für die Zugangs- und Folgebewertung eines finanziellen Vermögenswertes ist die vorhergehende Kategorisierung in eine der vier in IAS 39.9 definierten Kategorien. Die Zuordnung im Zugangszeitpunkt erfolgt abhängig von der **Verwendungsabsicht**.

Finanzielle Vermögenswerte, die mit dem Ziel kurzfristiger Wertsteigerung (d.h. ein zeitnaher Verkauf ist beabsichtigt) eingegangen wurden, sind ebenso wie Derivate der Kategorie **at Fair Value through profit or loss** zuzuordnen. Zusätzlich besteht die Möglichkeit, bestimmte finanzielle Vermögenswerte wahlweise in dieser Kategorie zu führen (sogenannte **Fair Value-Option**). Dies ist möglich für hybride Finanzinstrumente (siehe auch Kap. D.5.3), Finanzinstrumente, bei denen eine Bewertung zum Fair Value Inkongruenzen vermeidet und Portfolios, die das Unternehmen auf Basis des Fair Value steuert. Inkongruenzen können z.B. entstehen, wenn die Wertänderung eines normaler Weise nach dem Anschaffungskostenmodell bewerteten Vermögenswertes die Wertschwankungen einer zum Fair Value bewerteten Verbindlichkeit ausgleicht.

Ist beabsichtigt und besteht die Fähigkeit, den finanziellen Vermögenswert bis zur Endfälligkeit zu halten, vorausgesetzt der fragliche Vermögenswert besitzt eine solche, erfolgt die Zuordnung (vorbehaltlich weiterer Kriterien) zur Kategorie **held to maturity**. Bei einem Verkauf vor Endfälligkeit wird eine Nutzung dieser Kategorie für zwei Geschäftsjahre grds. untersagt (sogenannte tainting rule). Es gelten indes Ausnahmeregelungen gem. IAS 39.9.

Forderungen, die sich aus dem Verkauf von Waren oder Dienstleistungen ergeben, sowie Ausleihungen fallen regelmäßig in die Kategorie **loans and receivables** (es sei denn, sie werden zu Handelszwecken gehalten).

Alle originären finanziellen Vermögenswerte, die keiner der vorgenannten drei Kategorien zuzurechnen sind, fallen in die Kategorie **available for sale**.

Umklassifizierungen sind nur unter restriktiven Bedingung zulässig (vgl. IAS 39.50 ff.).

Im **HGB** wird unterschieden zwischen Finanzinstrumenten des Anlage- und des Umlaufvermögens. Auch hieraus ergeben sich unterschiedliche Vorschriften für die Folgebewertung.

Ausbuchung finanzieller Vermögenswerte

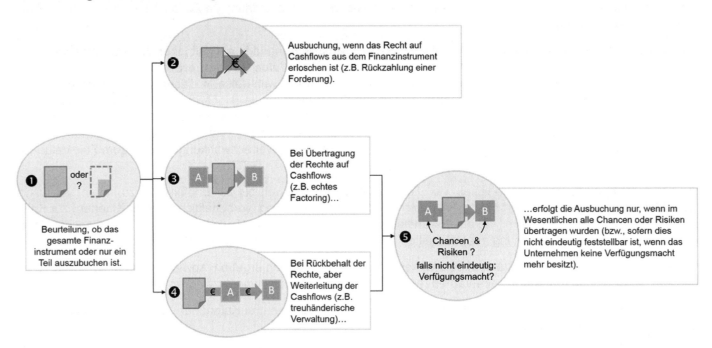

❶ Beurteilung, ob das gesamte Finanzinstrument oder nur ein Teil auszubuchen ist.

❷ Ausbuchung, wenn das Recht auf Cashflows aus dem Finanzinstrument erloschen ist (z.B. Rückzahlung einer Forderung).

❸ Bei Übertragung der Rechte auf Cashflows (z.B. echtes Factoring)…

❹ Bei Rückbehalt der Rechte, aber Weiterleitung der Cashflows (z.B. treuhänderische Verwaltung)…

❺ Chancen & Risiken ? falls nicht eindeutig: Verfügungsmacht?

…erfolgt die Ausbuchung nur, wenn im Wesentlichen alle Chancen oder Risiken übertragen wurden (bzw., sofern dies nicht eindeutig feststellbar ist, wenn das Unternehmen keine Verfügungsmacht mehr besitzt).

Regeln zur Ausbuchung eines finanziellen Vermögenswertes sind in IAS 39.16 ff. sowie in IAS 39.A36 ff. enthalten.

❶ Zunächst ist dafür zu beurteilen, ob der **finanzielle Vermögenswert** (bzw. eine Gruppe ähnlicher finanzieller Vermögenswerte) **insgesamt** oder **nur ein Teil** davon **auszubuchen** ist. Es ist nur ein Teil auszubuchen, wenn dieser a) speziell abgegrenzte Cashflows, b) einen exakt proportionalen Anteil der Cashflows oder c) einen exakt proportionalen Anteil speziell abgegrenzter Cashflows des gesamten finanziellen Vermögenswertes (bzw. der Gruppe ähnlicher finanzieller Vermögenswerte) enthält (IAS 39.16).

❷ In jedem Fall hat das Unternehmen den finanziellen Vermögenswert auszubuchen, wenn sein **Recht auf Cashflows** daraus **ausläuft/erlischt** (IAS 39.17 a)).

Wird der finanzielle Vermögenswert hingegen **übertragen**, ist gem. IAS 39.18 zunächst zu klären:
❸ ob das vertragliche **Recht auf Cashflows** von Unternehmen A auf B **übergeht** oder
❹ ob dieses **Recht** bei Unternehmen A **verbleibt**, es die Cashflows indes an B weiterleitet (es gelten gem. IAS 39.19 folgende zusätzliche Kriterien: Die Zahlung an B erfolgt erst, sobald A die Zahlung selber erhalten hat, A darf den Vermögenswert nicht veräußern/verpfänden und die Cashflows müssen unverzüglich an B weitergeleitet werden).

❺ Stellt das Unternehmen A aufgrund dieser Prüfung fest, dass der finanzielle Vermögenswert übertragen wurde, ist zu ermitteln, ob **Chancen und Risiken** aus dem Vermögenswert bei Unternehmen A **verbleiben**. Ist dies nicht der Fall, wird der finanzielle Vermögenswert ausgebucht. Sollten die Chancen und Risiken indes bei Unternehmen A verbleiben, hat es auch den finanziellen Vermögenswert weiterhin zu erfassen. „Chancen und Risiken" beziehen sich auf das Maß, indem Unternehmen A weiterhin der Volatilität des Barwerts künftiger Cashflows aus dem finanziellen Vermögenswert ausgesetzt ist (IAS 39.21). Ist die Verteilung von Chancen und Risiken nicht eindeutig zu klären, muss geprüft werden, ob Unternehmen A noch Verfügungsgewalt über den finanziellen Vermögenswert besitzt. Dies ist der Fall, wenn Unternehmen B nicht in der Lage ist, den übertragenen finanziellen Vermögenswert ohne Einschränkungen zu verkaufen (IAS 39.23).

Für die Darstellung der Ausbuchung nach **HGB** ist im Einzelfall zu entscheiden, wann das wirtschaftliche Eigentum (Chancen und Risiken) bzw. die rechtliche Verfügungsmacht übergehen.

Zugangs- und Folgebewertung von finanziellen Vermögenswerten

	Zugangsbewertung	Folgebewertung
at Fair Value through profit or loss	Fair Value ohne Anschaffungsnebenkosten	Bewertung mit dem Fair Value, alle Wertänderungen werden sofort erfolgswirksam im Gewinn/Verlust (GuV) erfasst
held to maturity	Fair Value + Anschaffungsnebenkosten	fortgeführte Anschaffungskosten unter Verwendung der Effektivzinsmethode (nachhaltige Wertminderung sofort erfolgswirksam, sonstige Wertänderungen erst bei Abgang erfassen)
loans and receivables	Fair Value + Anschaffungsnebenkosten	fortgeführte Anschaffungskosten unter Verwendung der Effektivzinsmethode (nachhaltige Wertminderung sofort erfolgswirksam, sonstige Wertänderungen erst bei Abgang erfassen)
available for sale	Fair Value + Anschaffungsnebenkosten	Bewertung mit dem Fair Value, sofern zuverlässig ermittelbar, ansonsten zu Anschaffungskosten. Wertänderungen, mit Ausnahme der erfolgswirksam zu erfassenden nachhaltigen Wertminderungen, werden zunächst im sonstigen Ergebnis erfasst und bei Abgang/Realisierung in der GuV recycled

Die **Zugangsbewertung** erfolgt für **alle vier Kategorien** zum **Fair Value** (IAS 39.43). Mit Ausnahme der erfolgswirksam zum Fair Value bewerteten finanziellen Vermögenswerte sind zudem Anschaffungsnebenkosten (= zurechenbare Transaktionskosten wie z.B. Gebühren für den Wertpapierhandel) zu aktivieren. Der Fair Value ist gem. IFRS 13 (siehe Kap. D.2.3) zu ermitteln und entspricht i.d.R. dem Transaktionspreis. Eine Ausnahme ist z.B. ein unverzinsliches Darlehen, das mit dem Barwert im Zugangszeitpunkt zu bewerten ist (IAS 39.A64).

Im Rahmen der **Folgebewertung** finanzieller Vermögenswerte der Kategorie **at Fair Value through profit or loss** mit dem Fair Value werden sämtliche Wertänderungen unmittelbar in der GuV (profit/loss) erfasst (IAS 39.55 a)).

Finanzielle Vermögenswerte der Kategorien **held to maturity** und **loans and receivables** werden in den Folgejahren mit fortgeführten Anschaffungskosten unter Anwendung der Effektivzinsmethode bewertet (IAS 39.46 a) und b)) (siehe Kap. D.4.3). Die in diesem Zusammenhang zu buchenden Zinsaufwendungen sind ergebniswirksam zu erfassen, ebenso wie nachhaltige Wertminderungen (IAS 39.56). Demgegenüber werden Wertschwankungen, die keinen nachhaltigen Wertminderungsbedarf anzeigen (weil sie sich z.B. aufgrund von üblichen Zinsänderungen an den Kapitalmärkten ergeben), erst bei Abgang des Instruments erfolgswirksam gebucht.

Die Folgebewertung der Kategorie **available for sale** erfolgt grds. ergebnisneutral zum Fair Value, d.h. die Fair Value-Änderungen werden im OCI erfasst und im Eigenkapital kumuliert. Erst im Zeitpunkt der Ausbuchung werden diese im sonstigen Eigenkapital kumuliert erfassten Wertänderungen in die GuV umgebucht. Lediglich nachhaltige Wertminderungen (wie in IAS 39.58 ff. definiert) oder Gewinne/Verluste aus der Währungsumrechnung sind unmittelbar in der GuV zu erfassen (IAS 39.55 b)). Kann für ein Eigenkapitalinstrument der Fair Value nicht zuverlässig ermittelt werden (da weder eine Kapitalmarktnotierung besteht noch hinreichend verlässliche Daten für eine Unternehmensbewertung vorliegen), sind diese mit den Anschaffungskosten zu bewerten (IAS 39.46 c)).

Gem. **HGB** sind finanzielle Vermögensgegenstände im Zugangszeitpunkt mit Anschaffungskosten (inkl. Anschaffungsnebenkosten) zu bewerten. Für die Folgebewertung gilt für finanzielle Vermögensgegenstände des Anlagevermögens das gemilderte und für solche des Umlaufvermögens das strenge Niederstwertprinzip (§ 253 Abs. 3 und 4 HGB). Eine Bewertung oberhalb der Anschaffungskosten ist nach HGB grds. verboten.

Beispiel zur Zugangs- und Folgebewertung finanzieller Vermögenswerte

Sachverhalt Die Praxis-AG kauft am 5.1.t1 einen finanziellen Vermögenswert zu Anschaffungskosten i.H.v. 100 TEUR. Es fallen keine Transaktionskosten an. Bis zum 31.12.t1 ist der Wert (Fair Value) des finanziellen Vermögenswerts auf 120 TEUR gestiegen. Bis zum 31.12.t2 ist der Wert auf 130 TEUR gestiegen. Am 31.12.t3 verkauft die Praxis-AG den finanziellen Vermögenswert zum Preis von 125 TEUR.

Lösung Die Bewertung hängt von der Einstufung des finanziellen Vermögenswertes ab. Nachfolgend wird die Bewertung für alle vier Kategorien vorgestellt:

Fall a) Kategorisierung als at Fair Value through profit or loss:		t1	t2	t3
	Buchwert finanzieller Vermögenswert	120	130	0
	Gewinnrücklage	20	30	25
	GuV (Finanzergebnis)	20	10	-5

Fall b) Kategorisierung als held to maturity/ Fall c) Kategorisierung als loans and receivables		t1	t2	t3
	Buchwert finanzieller Vermögenswert	100	100	0
	Gewinnrücklage	0	0	25
	GuV (Finanzergebnis)	0	0	25

Fall d) Kategorisierung als available for sale:		t1	t2	t3
	Buchwert finanzieller Vermögenswert	120	130	0
	Gewinnrücklage	0	0	25
	kumuliertes sonstiges Eigenkapital	20	30	0
	Summe Eigenkapital	20	30	25
	GuV (Finanzergebnis)	0	0	(30 - 5 =) 25
	OCI	20	10	-30
	Gesamtergebnis	20	10	-5

Im vorliegenden Beispiel wird unterstellt, dass die Anschaffungskosten in t1 dem Fair Value entsprechen sowie – sofern relevant – z.B. die loans and receivables zu einem marktgerechten Zinssatz verzinst werden.

Fall a) Kategorisierung als **at Fair Value through profit or loss**: Die Bewertung erfolgt immer zum Fair Value. Da sämtliche Wertänderungen direkt erfolgswirksam gebucht werden, ergibt sich der dargestellte Einfluss auf die GuV sowie auf das Eigenkapital.

Fall b) und Fall c): Bei einer Kategorisierung als **held to maturity** oder als **loans and receivables** wird der finanzielle Vermögenswert unabhängig von den genannten Fair Value-Schwankungen (Ausnahme: nachhaltige Wertminderungen) zu fortgeführten Anschaffungskosten bilanziert.

Fall d) Kategorisierung als **available for sale**: Die zunächst erfolgsneutral zu buchenden (vorübergehenden) Fair Value-Schwankungen (vorbehaltlich nachhaltiger Wertminderungen) werden über das OCI im kumulierten sonstigen Eigenkapital angesammelt. Erst im Zeitpunkt des Verkaufs wird dieser angesammelte Betrag (30 TEUR) ergebniswirksam über das Finanzergebnis gebucht (recycled).

Bilanzierung von Derivaten
(in Fällen, in denen das Hedge Accounting nicht einschlägig ist)

> „freistehend" = Derivate, die separat gehandelt werden können

freistehende Derivate (kein Hedge Accounting)

Optionen → *Grundsatz: Bewertung zum Fair Value* →
- Ansatz der Optionsprämie (beim Käufer als finanzieller Vermögenswert)
- Folgebewertung erfolgswirksam zum Fair Value

unbedingte Termingeschäfte →
- Zugangsbewertung (bei marktgerechten Konditionen) mit „0", ansonsten Ansatz etwaiger upfront payments
- Folgebewertung erfolgswirksam zum Fair Value
- Behandlung von margin-Zahlungen: initial margin werden als Forderung gegen die Clearingstelle angesetzt, variation margins zeigen die erfolgswirksame Fair Value-Änderung

Swaps →
- Zugangsbewertung (bei marktgerechten Konditionen) mit „0", ansonsten Ansatz etwaiger upfront payments
- Folgebewertung erfolgswirksam zum Fair Value

eingebettete Derivate

Basisvertrag
Derivat

hybrides Finanzinstrument

Ansatz →

Trennung von Basisvertrag und Derivat nur, sofern
- wirtschaftliche Merkmale und Risiken von Derivat und Basisvertrag nicht eng miteinander verbunden sind,
- das Derivat als freistehendes Instrument weiterhin der Definition eines Derivats entsprechen würde, und
- das gesamte hybride Finanzinstrument nicht der Kategorie at Fair Value through profit or loss zugeordnet wurde.

Bewertung →

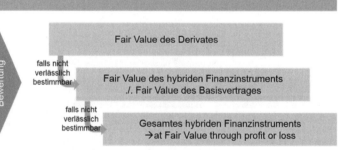

Fair Value des Derivates

falls nicht verlässlich bestimmbar

Fair Value des hybriden Finanzinstruments ./. Fair Value des Basisvertrages

falls nicht verlässlich bestimmbar

Gesamtes hybriden Finanzinstruments →at Fair Value through profit or loss

Ein **Derivat** ist ein Finanzinstrument, dessen Wertentwicklung von der Wertentwicklung eines underlyings abhängt. Bei dem underlying kann es sich um ein originäres Finanzinstrument handeln, aber auch um ein weiteres Derivat.

- **Optionen**: bedingte Termingeschäfte, bei denen der Käufer (long-Position) das Recht aber nicht die Pflicht hat, das underlying vom Stillhalter (short-Position) zu kaufen (Call) oder zu verkaufen (Put).
- **unbedingte Termingeschäfte**: im Gegensatz zu den Optionen müssen diese standardisierten (Futures) oder nicht-standardisierten (Forwards) Kontrakte erfüllt werden.
- **Swaps**: Kontrakte, bei denen zwei Parteien vereinbaren, bestimmte Positionen zu tauschen. Dabei werden regelmäßig nicht Vermögenswerte oder Schulden, sondern die Zahlungsströme daraus getauscht.

Ein **freistehendes Derivat** fällt in die Kategorie at Fair Value through profit or loss und ist damit grds. mit seinem Fair Value zu bewerten (sofern nicht die Voraussetzungen für das Hedge Accounting erfüllt sind, siehe Kap. D.5.4). Bei Optionen ist regelmäßig eine Optionsprämie zu entrichten, die beim Käufer der Option zu einem finanziellen Vermögenswert führt. Unbedingte Termingeschäfte und Swaps besitzen zu Vertragsbeginn regelmäßig einen Fair Value von 0, sofern sie marktgerecht sind (d.h., dass z.B. die per Swap getauschten Zahlungsströme zu Vertragsbeginn denselben Barwert aufweisen). Werden stattdessen sogenannte upfront payments geleistet, sind diese anzusetzen. Dasselbe gilt für die initial margin-Zahlungen, die bei Future-Kontrakten an die Clearingstelle zu leisten sind.

Ist ein Derivat Bestandteil eines hybriden Finanzinstruments, spricht man von einem „**eingebetteten Derivat**". Dies ist z.B. der Fall bei einer Wandelanleihe: In einen Basisvertrag ist ein Derivat (das Wandlungsrecht) eingebettet. Dieses Wandlungsrecht ist vergleichbar mit einer Kaufoption auf die Aktien des emittierenden Unternehmens. Auch hier gilt, dass grds. der Fair Value des Derivats anzusetzen ist. Ist dieser nicht verlässlich ermittelbar, wird er indirekt bestimmt. Sollte auch dies nicht möglich sein, wird das gesamte hybride Finanzinstrument der Kategorie at Fair Value through profit or loss zugeordnet (IAS 39.10 ff.).

Gem. **HGB** sind Derivate (die nicht im Rahmen von Bewertungseinheiten bilanziert werden) mit ihren Anschaffungskosten (= z.B. der gezahlten Prämie) anzusetzen. Für negative Wertentwicklungen sind ggf. Abschreibungen auf die Optionsprämie bzw. der Ansatz einer Drohverlustrückstellung vorzunehmen, positive Wertentwicklungen dürfen nicht als Vermögensgegenstand erfasst werden.

Anwendungsvoraussetzungen für das Hedge Accounting

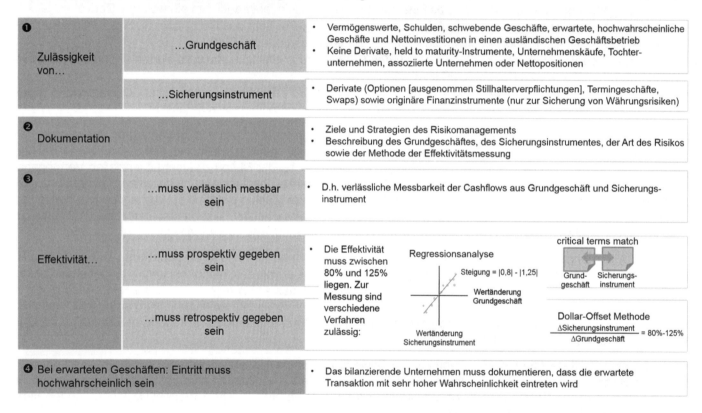

❶ Zulässigkeit von...

...Grundgeschäft
- Vermögenswerte, Schulden, schwebende Geschäfte, erwartete, hochwahrscheinliche Geschäfte und Nettoinvestitionen in einen ausländischen Geschäftsbetrieb
- Keine Derivate, held to maturity-Instrumente, Unternehmenskäufe, Tochterunternehmen, assoziierte Unternehmen oder Nettopositionen

...Sicherungsinstrument
- Derivate (Optionen [ausgenommen Stillhalterverpflichtungen], Termingeschäfte, Swaps) sowie originäre Finanzinstrumente (nur zur Sicherung von Währungsrisiken)

❷ Dokumentation
- Ziele und Strategien des Risikomanagements
- Beschreibung des Grundgeschäftes, des Sicherungsinstrumentes, der Art des Risikos sowie der Methode der Effektivitätsmessung

❸ Effektivität...

...muss verlässlich messbar sein
- D.h. verlässliche Messbarkeit der Cashflows aus Grundgeschäft und Sicherungsinstrument

...muss prospektiv gegeben sein

...muss retrospektiv gegeben sein
- Die Effektivität muss zwischen 80% und 125% liegen. Zur Messung sind verschiedene Verfahren zulässig:

Regressionsanalyse

Steigung = |0,8| - |1,25|

Wertänderung Grundgeschäft

Wertänderung Sicherungsinstrument

critical terms match

Grundgeschäft   Sicherungsinstrument

Dollar-Offset Methode

$$\frac{\Delta\text{Sicherungsinstrument}}{\Delta\text{Grundgeschäft}} = 80\%\text{-}125\%$$

❹ Bei erwarteten Geschäften: Eintritt muss hochwahrscheinlich sein
- Das bilanzierende Unternehmen muss dokumentieren, dass die erwartete Transaktion mit sehr hoher Wahrscheinlichkeit eintreten wird

Werden die Fair Value- bzw. Cashflow-Schwankungen eines Grundgeschäfts (teilweise) ökonomisch abgesichert (gehedged), ist bei Vorliegen bestimmter Voraussetzungen die Anwendung des Hedge-Accountings (siehe nächste Seite) möglich (Wahlrecht).

❶ Sowohl das Grundgeschäft als auch das Sicherungsinstrument müssen i.S.d. IAS 39.72 ff. **zulässig** sein. **Als Sicherungsinstrumente** stehen grds. alle Derivate zur Verfügung. Diese sind grds. vollumfänglich als Sicherungsinstrument zu designieren. Es ist auch zulässig, nur Teilbeträge zu designieren (IAS 39.75) oder z.B. bei Optionen nur den inneren Wert (IAS 39.74). Originäre Finanzinstrumente dürfen nur zur Sicherung von Währungsrisiken designiert werden (IAS 39.72).

❷ Zu Beginn einer Sicherungsbeziehung sind die **Dokumentationsanforderungen** gem. IAS 39.88 a) zu erfüllen. Diese beinhalten Details zu den Sicherungsbeziehungen sowie eine Beschreibung von Zielen und Strategien des Risikomanagements.

❸ Die **Effektivität** (Wirksamkeit) der Sicherungsbeziehung muss verlässlich messbar und sowohl im Vorfeld als auch fortlaufend gegeben sein (IAS 39.88 d),e)). Sie soll zwischen 80 und 125% liegen (IAS 39.88 b) i.V.m. IAS 39.A105 b)). Es ist keine bestimmte Methode zur Bestimmung der Effektivität vorgeschrieben (IAS 39.A107). In der Praxis werden hierzu Regressionsanalysen, ein qualitativer Vergleich der Kontrakte (critical terms match) oder die Dollar-Offset Methode angewendet, bei der die Veränderungen von Sicherungsinstrument und Grundgeschäft in Relation zueinander gesetzt werden. Eine Effektivität von 100% bedeutet, dass sich Sicherungsinstrument und Grundgeschäft exakt gegenläufig im Wert/in ihren Cashflows entwickeln und das Sicherungsinstrument somit die Wert-/Cashflow-Schwankungen aus dem Grundgeschäft perfekt neutralisiert.

❹ Soll eine **erwartete Transaktion** gesichert werden, so muss deren Eintritt hochwahrscheinlich sein (IAS 39.88 c)).

Nach **HGB** besteht gem. § 254 HGB die Pflicht zur Bildung von „Bewertungseinheiten", wenn bestimmte Voraussetzungen – ähnlich denen nach IAS 39 – erfüllt sind.

Hedge Accounting abhängig von Art der Sicherungsbeziehung

Kategorie	Fair Value Hedge	Cashflow Hedge	Hedge of a Net Investment in a Foreign Operation
Definition	Absicherung gegen Schwankungen des Fair Value	Absicherung gegen Schwankungen der Zahlungsströme	Absicherung gegen Wechselkursänderungen
Beispiel	Absicherung der Fair Value-Änderungen einer erworbenen Anleihe mittels Swap-Geschäft	Absicherung von Fremdwährungsumsätzen mittels Devisen-Termingeschäft	Absicherung eines Anteils am Nettovermögen eines ausländischen Geschäfts-betriebs (i.S.d. IAS 21)
Grund-geschäft	erfolgswirksame Anpassung des Buchwerts in Höhe des gesicherten Risikos	(keine Buchwertanpassung, da Cashflows, nicht die zugrunde liegenden Vermögenswerte/Schulden, gesichert werden)	
Sicherungs-geschäft	Wertänderungen erfolgswirksam	Wertänderungen des effektiven Teils erfolgsneutral Wertänderungen des ineffektiven Teils erfolgswirksam	

IAS 39.86 unterscheidet drei Kategorien von Sicherungsbeziehungen:

Ein **Fair Value Hedge** liegt vor, wenn eine ergebnisunwirksame Wertschwankung abgesichert wird. Die Absicherung von Wechselkursrisiken kann sowohl als Fair Value Hedge als auch als Cashflow Hedge bilanziert werden (IAS 39.87). Wenn die Anwendungsvoraussetzungen des Hedge Accounting erfüllt sind, werden alle Wertänderungen des Sicherungsinstrumentes und der dem abgesicherten Risiko zurechenbare Gewinn/Verlust des Grundgeschäftes in der GuV erfasst (IAS 39.89). Die sonstige Wertänderung des Grundgeschäfts, die sich aus dem nicht abgesicherten Risiko ergibt, wird weiterhin ergebnisunwirksam bilanziert.

Ein **Cashflow Hedge** und ein **Hedge of a Net Investment in a Foreign Operation** werden identisch bilanziert (IAS 39.102). Abgesichert werden Risiken aus Cashflow-Schwankungen. Wenn das Hedge Accounting angewendet werden soll/kann, bleibt der Buchwert des Grundgeschäfts zunächst unverändert, der effektive Teil der Wertänderung des Sicherungsgeschäfts wird indes erfolgsneutral im sonstigen Ergebnis (OCI) erfasst und in einer separaten Rücklage im sonstigen Eigenkapital kumuliert. Ist ein Teil der Wertänderung des Sicherungsgeschäfts ineffektiv (siehe dazu S. 196 f.), wird dieser unmittelbar erfolgswirksam erfasst (IAS 39.95). Die im sonstigen Eigenkapital kumulierten Beträge sind grds. in die GuV umzugliedern, sobald die Cashflows erfolgswirksam werden (IAS 39.100). Für die Bilanzierung eines Cashflow Hedges einer **erwarteten Transaktion**, sind besondere Vorschriften gem. IAS 39.97 ff. zu beachten.

Im **HGB** existiert keine vergleichbare Unterscheidung zwischen verschiedenen Arten von Bewertungseinheiten. Die Wert- bzw. Cashflow-Schwankungen innerhalb der Bewertungseinheiten werden entweder insgesamt (Durchbuchungsmethode) oder nur in Höhe des ineffektiven Teils (Einfrierungsmethode) erfolgswirksam gebucht.

Beispiel zum Fair Value Hedge

Sachverhalt

Der Wert einer von der Praxis-AG erworbenen festverzinslichen Anleihe (Kategorie available for sale) soll gegen das Zinsänderungsrisiko abgesichert werden. Hierzu wird ein Payer-Swap gekauft. Die Fair Values entwickeln sich wie folgt:

	t1	t2	t3
Wert der Anleihe in EUR	1.000.000	700.000	1.100.000
Wert des Swaps in EUR	0	270.000	-90.000

Lösung

	t2	t3
Wertänderung der Anleihe	-300.000	+400.000
Wertänderung des Swaps	+270.000	-360.000
Effektivität	0,9	0,9

Es ergeben sich folgende Buchungssätze (die Anschaffung der Anleihe in t1 wird hier nicht gezeigt):

t2:	Gewinn/Verlust (GuV)	270.000	an	Anleihe	300.000
	OCI	30.000			
	Swap	270.000	an	Gewinn/Verlust (GuV)	270.000
t3:	Anleihe	400.000	an	Gewinn/Verlust (GuV)	360.000
				OCI	40.000
	Gewinn/Verlust (GuV)	360.000	an	Swap	360.000

Bei der Absicherung der Anleihe handelt es sich um einen Fair Value Hedge. Ziel ist es, über die gegenläufigen Wertentwicklungen in t2 (Anleihe -300.000 EUR, Swap +270.000 EUR) und t3 (Anleihe +400.000 EUR, Swap -360.000 EUR) eine Absicherung herzustellen.

Die Effektivität der Fair Value Hedge-Beziehung (die Wertänderung des Sicherungsinstruments dividiert durch die Wertänderung des Grundgeschäfts) ist nicht perfekt, sondern beträgt im Beispiel 0,9. Aus diesem Grund werden die Schwankungen des Fair Value nicht zu 100% ausgeglichen.

Die erfolgswirksam gebuchten effektiven Wertschwankungen der Anleihe (in t2: -270 TEUR, in t3: +360 TEUR) werden durch die Wertentwicklung des Swaps jeweils ausgeglichen. Auf diesem Weg werden die Fair Value-Schwankungen der Anleihe zum Teil neutralisiert. Der nicht-effektive Teil der Wertschwankungen der Anleihe (in t2: -30 TEUR, in t3: +40 TEUR) ist entsprechend der Vorschriften für die jeweilige Kategorie (in diesem Fall: available for sale) und somit erfolgsneutral zu buchen.

Beispiel zum Cashflow Hedge

Sachverhalt Im Zuge eines Großauftrages wird die Praxis-AG am 01.01.t4 einen höchstwahrscheinlichen Fremdwährungs-Umsatz in China erzielen. Diesen möchte sie per Devisentermingeschäft absichern. Es ergeben sich durch Wechselkursschwankungen folgende Wertentwicklungen:

	31.12.t1	31.12.t2	31.12.t3	01.01.t4
Umsätze in CNY	-	-	-	1.500.000
Wechselkurs (CNY/EUR)	1,1	1,2	1,35	1,35
künftige Cashflows in EUR	1.363.636,36	1.250.000,00	1.111.111,11	1.111.111,11
Wert des Devisentermingeschäfts	0	100.000,00	260.000,00	-

Lösung

Zur Abbildung des **Cashflow Hedges** wird der effektive Teil der Wertänderung des Sicherungsinstrumentes ermittelt:

	t2	t3
kumulierter Gewinn/Verlust des Sicherungsinstrumentes	100.000,00	260.000,00
kumulierte Wertänderung des Grundgeschäfts	-113.636,36	-252.525,25
effektiver Teil	| 100.000,00 |	| 252.525,25 |

t2: ❶ Derivat   100.000,00   an   OCI   100.000,00

t3: ❷ Derivat   160.000,00   an   OCI   152.525,25
                                                             Gewinn/Verlust (GuV)   7.474,75

t4: ❸ Bank   1.111.111,11   an   Umsatzerlöse   1.111.111,11

    ❹ Bank   260.000,00   an   Derivat   260.000,00

    ❺ OCI   252.525,25   an   Gewinn/Verlust (GuV)   252.525,25

Die Absicherung der (künftigen) Fremdwährungsumsätze stellt immer einen Cashflow Hedge dar. Infolgedessen ist nur der ineffektive Teil des Sicherungsinstrumentes (in t3: 7.474,75 EUR) erfolgswirksam zu buchen, der effektive Teil wird (erfolgsneutral) im sonstigen Ergebnis (OCI) erfasst und im sonstigen Eigenkapital kumuliert.

Der effektive Teil einer Sicherungsbeziehung ist in IAS 39.96 definiert als der niedrigere, absolute Betrag aus den seit Beginn der Sicherungsbeziehung kumulierten Gewinnen/Verlusten des Sicherungsinstrumentes und den seit Beginn der Sicherungsbeziehung kumulierten Barwertänderungen der gesicherten Cashflows. In t2 beträgt dieser Wert 100.000,00 EUR, in t3 252.525,25 EUR.

Daher wird in t2 die komplette Wertänderung des Derivats (100.000,00 EUR) erfolgsneutral im sonstigen Ergebnis (OCI) erfasst und in einer separaten Rücklage im Eigenkapital kumuliert (❶). In t3 ist diese Rücklage auf den effektiven Teil (252.525,25 EUR) aufzustocken. Daher wird ein Betrag i.H.v. 152.525,25 EUR über das OCI in diese Rücklage eingestellt. Der ineffektive Teil (7.474,75 EUR) wird demgegenüber erfolgswirksam (GuV) erfasst (❷).

Am 01.01.t4 ist schließlich der Umsatz zu erfassen (❸).

Abschließend wird in t3 das Derivat glattgestellt (❹) und die im Eigenkapital kumulierten Beträge werden ergebniswirksam gebucht (recycled) (❺).

Insgesamt wird damit das Ziel der Absicherung, die Sicherung des EUR-Ertrags zum Wechselkurs aus t1, erreicht:

Umsatzerlöse	1.111.111,11
Finanzergebnis	+ 252.525,25
	= 1.363.636,36

(Aus Vereinfachungsgründen berücksichtigt dieses Beispiel weder die Abzinsung der Umsätze aus t4, noch die – gedanklich korrespondierende – Aufzinsung der Beträge in t2 und t3.)

Überblick über Anhangangaben

Angaben	Textziffern	Beispiele
Grundsatz	„Ein Unternehmen hat Angaben zu machen, die den Abschlussadressaten ermöglichen, die Bedeutung der Finanzinstrumente für dessen Vermögens-, Finanz- und Ertragslage zu beurteilen." (IFRS 7.7)	
Bildung von Klassen von Finanzinstrumenten	IFRS 7.6	Überleitung auf die Bilanzposten
Angaben zur Bilanz	IFRS 7.8-19	kumulierte Änderungen des Fair Values von Krediten, Forderungen und Verbindlichkeiten der Kategorie at fair value through profit or loss
Angaben zur Gesamtergebnisrechnung	IFRS 7.20	Nettogewinne/-verluste, Zinsertrag und -aufwand aus der Effektivzinsmethode (Angaben wahlweise in der Gesamtergebnisrechnung oder im Anhang)
Weitere Angaben	IFRS 7.21-30	Angewandte Bilanzierungs- und Bewertungsmethoden (z.B. zur Ermittlung des Fair Value)
Risikoberichterstattung zu Finanzinstrumenten	IFRS 7.31-42	Quantitative und qualitative Angaben für jede Risikoart
Übertragung von finanziellen Vermögenswerten	IFRS 7.42A-42H	Angaben zu übertragenen und (nicht) vollständig ausgebuchten finanziellen Vermögenswerten

Beispiel für ausgewählte allgemeine Angaben

Finanzielle Vermögenswerte werden grds. zum Erfüllungstag erstmalig erfasst. Beim erstmaligen Ansatz werden finanzielle Vermögenswerte zum beizulegenden Zeitwert bewertet. Dabei werden bei allen finanziellen Vermögenswerten, die in den Folgeperioden nicht erfolgswirksam zum beizulegenden Zeitwert erfasst werden, die dem Erwerb zurechenbaren Transaktionskosten berücksichtigt.

Für die Folgebewertung sind die finanziellen Vermögenswerte einer der folgenden Bewertungskategorien gem. IAS 39.9 zuzuordnen: held to maturity, loans and receivables, available for sale financial assets. Die Praxis-AG macht nicht von dem Wahlrecht Gebrauch finanzielle Vermögenswerte als at Fair Value through profit or loss einzustufen. Ferner verfügte die Praxis-AG weder in t2 noch in t1 über zu Handelszwecken gehaltene finanzielle Vermögenswerte.

Finanzielle Vermögenswerte, mit Ausnahme der erfolgswirksam zum beizulegenden Zeitwert bewerteten finanziellen Vermögenswerte, werden zu jedem Bilanzstichtag auf mögliche Wertminderungsindikatoren untersucht. Finanzielle Vermögenswerte werden als wertgemindert betrachtet, wenn infolge eines oder mehrerer Ereignisse, die nach dem erstmaligen Ansatz des Vermögenswertes eintraten, ein objektiver Hinweis dafür vorliegt, dass sich die erwarteten künftigen Zahlungsströme der Finanzlage negativ verändert haben. Von der Fair Value-Option macht die Praxis-AG grds. keinen Gebrauch. Neueinstufungen/Umklassifizierungen wurden weder in t2 noch in t1 vorgenommen.

Finanzielle Vermögenswerte werden ausgebucht, wenn die vertraglichen Rechte auf Zahlung erloschen sind oder der finanzielle Vermögenswert sowie im Wesentlichen alle mit dem Eigentum des Vermögenswertes verbundenen Risiken und Chancen auf einen Dritten übertragen wurden. Wenn die Praxis-AG weder im Wesentlichen alle mit dem Eigentum des Vermögenswertes verbundene Risiken und Chancen überträgt noch behält und weiterhin die Verfügungsmacht über den übertragenen Vermögenswert hat, werden der verbleibende Anteil am Vermögen und eine entsprechende Verbindlichkeit in Höhe der wahrscheinlich zu zahlenden Beträge angesetzt. Falls die Praxis-AG im Wesentlichen alle mit dem Eigentum des übertragenen Vermögenswertes verbundene Risiken und Chancen zurückbehält, wird der finanzielle Vermögenswert weiterhin erfasst.

Bei vollständiger Ausbuchung eines finanziellen Vermögenswertes ist die Differenz zwischen dem Buchwert und der Summe aus dem erhaltenen oder zu erhaltenden Entgelt und aller kumulierter Gewinne/Verluste, die im sonstigen Ergebnis erfasst und im Eigenkapital kumuliert wurden, in der GuV zu erfassen. Bei nicht vollständiger Ausbuchung eines finanziellen Vermögenswertes, wird der alte Buchwert des übertragenen finanziellen Vermögenswertes zwischen dem Teil, der nicht länger erfasst wird, und dem Teil, der aufgrund des anhaltenden Engagement weiter erfasst wird, auf Grundlage der relativen beizulegenden Zeitwertes dieser Teile am Übertragungstag aufzuteilen. Die Differenz zwischen dem Buchwert, der dem nicht länger erfassten Teil zugeordnet wurde, und der Summe aus dem für den nicht länger erfassten Teil erhaltenen Entgelt und allen ihm zugeordneten kumulierten Gewinne/Verluste, die im sonstigen Ergebnis erfasst und im Eigenkapital kumuliert wurden, ist in der GuV zu erfassen.

Beispiel für ausgewählte Angaben zu Buchwerten, Zeitwerten und Gewinnen/Verlusten

Die Buchwerte, Bewertungsmaßstäbe und Zeitwerte der finanziellen Vermögenswerte zum 31.12.t2 der Praxis-AG stellen sich wie folgt dar:

| in EUR | Buchwert | Bewertet gem. IAS 39 mit | | | Zeitwert |
		fort-geführte AK	Zeitwert erfolgs-neutral	Zeitwert erfolgs-wirksam	
sonstige langfristige finanzielle Vermögenswerte					
davon zu Veräußerung verfügbar					
davon bis zur Endfälligkeit gehalten					
davon ausgereichte Kredite					
Forderungen aus Lieferungen und Leistungen					
sonstige Forderungen/Vermögenswerte					
Flüssige Mittel					

Die in der GuV erfassten Nettogewinne oder –verluste der Finanzinstrumente werden in der folgenden Tabelle gegliedert nach den Bewertungskategorien des IAS 39 dargestellt:

in EUR	t2	t1
held to maturity		
loans and receivables		
available for sale financial assets		

Die Nettogewinne bzw. -verluste der bis zur Endfälligkeit gehaltenen Finanzinvestitionen setzten sich grundsätzlich aus Kursgewinnen oder -verlusten, Wertminderungen, Wertaufholungen und realisierten Abgangserfolgen zusammen. Für Kredite und Forderungen beinhalten die Nettogewinne bzw. -verluste Währungskursdifferenzen, Wertminderungen, Wertaufholungen, realisierte Abgangserfolge und nachträgliche Eingänge aus abgeschriebenen Forderungen. Nettogewinne bzw. -verluste der zur Veräußerung verfügbaren finanziellen Vermögenswerte enthalten Währungskursdifferenzen, erfolgswirksam erfasst nachhaltige Wertminderungen sowie Wertaufholungen. Die direkt im Eigenkapital erfassten Nettogewinne bzw. -verluste werden in der Eigenkapitalveränderungsrechnung dargestellt.

Beispiel für ausgewählte Angaben zum Kreditrisiko

Der Buchwert der im Konzernabschluss erfassten finanziellen Vermögenswerte abzgl. Wertminderungen stellt das maximale Ausfallrisiko dar. Es beträgt somit insgesamt X EUR (Vorjahr: X EUR).

Die Konzernrichtlinien sehen indes vor, dass Geschäftsverbindungen lediglich mit kreditwürdigen Vertragsparteien, ggf. unter Einholung von Sicherheiten zur Minderung des Ausfallrisikos, eingegangen werden. Zur Bewertung der Kreditwürdigkeit insb. von Großkunden werden von unabhängigen Ratingagenturen, andere verfügbare Finanzinformationen sowie eigene Handelsaufzeichnungen herangezogen. Die Kreditrisiken werden über Limits je Vertragspartner gesteuert, die jährlich überprüft und genehmigt werden.

Die Praxis-AG ist keinen wesentlichen Ausfallrisiken einer Vertragspartei oder Gruppe von Vertragsparteien mit ähnlichen Merkmalen ausgesetzt. Die Praxis-AG definiert Vertragsparteien als solche mit ähnlichen Merkmalen, wenn es sich hierbei um nahestehende Unternehmen handelt, soweit der Praxis-AG bekannt. Die Konzentration der Ausfallrisiken überschritt in diesem Jahr zu keinem Zeitpunkt X % (Vorjahr: X %) des monetären Bruttovermögens.

Forderungen aus Lieferungen und Leistungen bestehen gegenüber einer großen Anzahl von über unterschiedliche Branchen und Regionen verteilten Kunden. Ständige Kreditbeurteilungen werden hinsichtlich des finanziellen Zustands der Forderungen durchgeführt. Falls angemessen, werden Ausfallversicherungen kontrahiert.

Üblicherweise wird ein Zahlungsziel von X Tagen gewährt. Für die ersten Tage beginnend mit dem Rechnungsdatum werden keine Zinsen berechnet, anschließend werden X % p.a. auf den ausstehenden Betrag erhoben. Bei Forderungen aus Lieferungen und Leistungen, die älter als X Tage sind, nimmt der Konzern eine Wertminderung in voller Höhe vor. Das Vorgehen ist durch Erfahrungen aus der Vergangenheit belegt, wonach bei Forderungen, die älter als X Tage sind, grds. nicht mehr mit einem Zufluss gerechnet werden kann. Wertminderungen auf Forderungen aus Lieferungen und Leistungen, die zwischen X und X Tagen ausstehend sind, werden auf Grundlage der Vergangenheitswerte wertberichtigt.

Für Forderungen aus Lieferungen und Leistungen i.H.v. X EUR (Vorjahr: X EUR), welche zum Bilanzstichtag überfällig waren, wurden keine Wertberichtigungen gebildet, da keine wesentlichen Veränderungen in der Kreditwürdigkeit der Vertragspartner festgestellt wurden und mit einer Zahlung der ausstehenden Beträge gerechnet wird. Die Praxis-AG hält keine Sicherheiten für diese offenen Posten. Die betreffenden Forderungen sind im Durchschnitt X Tage (Vorjahr: X Tage) alt. Die Altersstruktur dieser überfälligen, aber nicht wertgeminderten Forderungen stellt sich wie folgt dar:

in EUR	31.12.t2	31.12.t1
X bis X Tage		
X bis X Tage		
Summe		

Ausblick auf IFRS 9

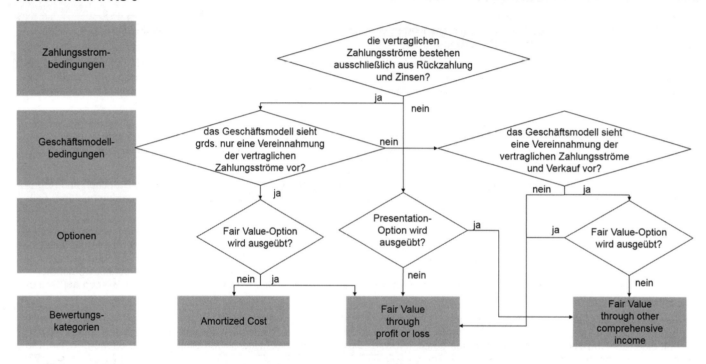

Der IASB hat im Juli 2014 den (zunächst) finalen IFRS 9 erlassen, mit dem für Geschäftsjahre, die am oder nach dem 01.01.2018 beginnen, Ansatz, Bewertung und Hedge-Accounting von Finanzinstrumenten geregelt wird und der damit IAS 39 ersetzt. Das EU-Endorsement (siehe dazu Kap. B.7) ist bis Redaktionsschluss noch nicht erfolgt.

IFRS 9.4.1 sieht drei **Bewertungskategorien** vor:
- financial assets at fair value through other comprehensive income,
- financial assets at amortized costs,
- financial assets at fair value through profit or loss.

Für die Zuordnung im Zugangszeitpunkt sind **Zahlungsstrombedingungen** und **Geschäftsmodellbedingungen** zu prüfen sowie Fair Value- bzw. Presentation-Optionen auszuüben.

Die **Zugangsbewertung** erfolgt wie gem. IAS 39 mit dem Fair Value (ggf. zuzüglich der Anschaffungsnebenkosten, mit Ausnahme der financial assets at fair value through profit or loss).

Die **Folgebewertung** ist abhängig von der Einstufung zu den Bewertungskategorien.

D.6 Vorräte

D.6.1 Relevante Vorschriften

o Anwendungsbereich von IAS 2
o Normenkontext

D.6.2 Ansatz

o Zweifelsfragen zum Ansatz von Vorräten

D.6.3 Bewertung

o Zugangsbewertung und Bewertungsvereinfachungsverfahren
o Folgebewertung
o Bewertungsvereinfachungsverfahren bei der Folgebewertung

D.6.4 Berichterstattung

o Überblick über Anhangangaben
o Beispiel für ausgewählte Anhangangaben

Anwendungsbereich von IAS 2

Positive Abgrenzung des Anwendungsbereichs

Es liegt ein Vermögenswert vor, der
(1) zum Verkauf im Rahmen des normalen Geschäfts bestimmt ist (= fertige Erzeugnisse/Waren),
(2) sich im Prozess der Herstellung für einen solchen Verkauf befindet (= unfertige Erzeugnisse), oder
(3) im Rahmen der Herstellung eines Fertigerzeugnisses bzw. der Erbringung einer Dienstleistung eingebracht wird (= Roh-, Hilfs- oder Betriebsstoffe).

Negative Abgrenzung des Anwendungsbereichs

Es handelt sich nicht um
(1) einen Fertigungsauftrag i.S.d. IAS 11,
(2) ein Finanzinstrument gem. IAS 32 oder
(3) einen biologischen Vermögenswert/landwirtschaftliche Erzeugnisse gem. IAS 41.

IAS 2 ist anwendbar

Für die Bilanzierung von Vorräten ist grds. **IAS 2** anzuwenden (IAS 2.2).

Vorräte sind definiert als Vermögenswerte, die im Rahmen des normalen Geschäftsganges **verkauft** werden sollen, sich im **Prozess der Herstellung** für einen solchen Verkauf befinden oder als **Roh-, Hilfs- oder Betriebsstoffe** im Rahmen des Produktions-/Dienstleistungsprozesses genutzt werden (IAS 2.6).

Vom Anwendungsbereich des IAS 2 ausgeschlossen werden folgende Vorräte, die im **Anwendungsbereich eines anderen Standards** liegen (IAS 2.2):
- Fertigungsaufträge i.S.d. IAS 11 (siehe Kap. D.14),
- Finanzinstrumente gem. IAS 32 (siehe Kap. D.5),
- biologische Vermögenswerte gem. IAS 41.

Ferner sind die **Vorräte bestimmter Anwender** von den Bewertungsregeln des IAS 2 ausgenommen (IAS 2.3):
- land- und forstwirtschaftliche sowie mineralische Vorräte sind von ihren Produzenten (sofern der Nettoveräußerungswert herangezogen wird, siehe Kap. D.6.3) nach anerkannten Branchenverfahren zu bewerten. Fair Value-Änderungen sind in diesem Fall unmittelbar erfolgswirksam.
- Warenhändler bzw. -makler, deren Vorräte zum Fair Value abzgl. Vertriebskosten bewertet werden, haben Fair Value-Änderungen ebenfalls unmittelbar erfolgswirksam zu erfassen.

Die gem. § 266 **HGB** unter den Vorräten auszuweisenden „geleisteten Anzahlungen" zählen nicht zum Anwendungsbereich des IAS 2.

Normenkontext

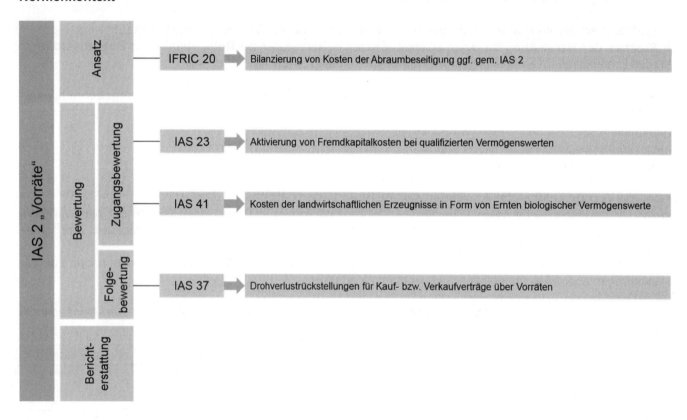

Für die Bilanzierung von Vorräten sind neben den grds. zu beachtenden Standards IAS 12 (siehe Kap. D.13 für latente Steuern) und IAS 1 (siehe Kap. C für Ausweisfragen) folgende Standards/Interpretationen ggf. relevant:

- **IAS 23** „Fremdkapitalkosten": Aktivierung von Fremdkapitalkosten als Bestandteil der Anschaffungs-/ Herstellungskosten (siehe Kap. D.2.3).

- **IAS 37** „Rückstellungen, Eventualverbindlichkeiten und Eventualforderungen": Bildung von Rückstellungen aufgrund von Kaufverträgen bzw. Verkaufsverträgen (z.B. zur Antizipation drohender Verluste).

- **IAS 41** „Landwirtschaft": Zugangsbewertung von geernteten biologischen Vermögenswerten zum Fair Value im Erntezeitpunkt.

- **IFRIC 20** „Abraumkosten in der Produktionsphase eines Tagebaubergwerks": Bilanzierung von Vorräten, die aus der Abraumbeseitigung ggf. entstehen.

Anmerkung: Gem. IFRS 13.6 (c) ist IFRS 13 (siehe Kap. D.2.3) ist für Bewertung von Vorräten mit dem Nettoveräußerungswert nicht einschlägig, da es sich dabei nicht um einen Fair Value i.S.d. IFRS 13 handelt.

Zweifelsfragen zum Ansatz von Vorräten

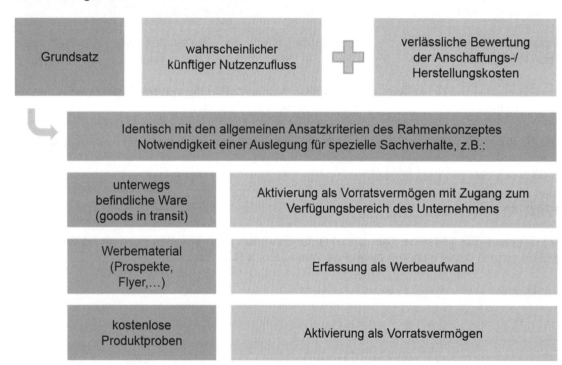

Die allgemeinen Ansatzvoraussetzungen von Vorräten entsprechen den Kriterien des Rahmenkonzeptes und werden in IAS 2 nicht näher spezifiziert.

Daher besteht in einigen Zweifelsfällen die Notwendigkeit einer Auslegung dieser Kriterien. Zu diesen konkreten Anwendungsfällen zählen insb.:

- **unterwegs befindliche Ware** (**goods in transit**): Waren werden erst als Vorräte beim Erwerber angesetzt, sobald sie in seinen Gefahrenbereich gelangen.

- **Werbematerial**: Materialien, die ausschließlich Werbezwecken dienen, kostenfrei abgegeben werden und vom Kunden auch nicht anderweitig entgeltlich erworben werden können, sind regelmäßig direkt als Aufwand zu erfassen.

- **Produktproben**: Produkte des Unternehmens, die z.B. in kleinerer Stückzahl/Dosierung etc. zwar zu Werbezwecken kostenfrei abgegeben werden, indes (auch) im normalen Geschäftsgang vom Kunden entgeltlich erworben werden, sind als Vorräte zu aktivieren.

Das **HGB** richtet sich bei der Frage des Ansatzes von Vorräten ebenfalls nach dem Gefahrenübergang. Insofern stimmen die Ansatzvoraussetzungen i.d.R. überein.

Zugangsbewertung und Bewertungsvereinfachungsverfahren

Grundsatz: Einzelbewertung zu Anschaffungs-/ Herstellkosten	Einzelkosten + fixe Produktionsgemeinkosten + variable Produktionsgemeinkosten + sonstige Kosten = Herstellungskosten	Kaufpreis ./.Kaufpreisminderungen + direkt zurechenbare Kosten = Anschaffungskosten

Bewertungs-vereinfachungs-verfahren	Standardkostenmethode	retrograde Methode

Lagerbestand   Standardkosten

 ./. %

Verkaufspreis   Gewinn-spanne

Berücksichtigung der Normal-auslastung für Material-einsatz, Löhne, Leistungs-fähigkeit und Kapazitäts-auslastung	Nur anwendbar bei ähnlichen Gewinnspannen der bewerteten Vorräte

Grds. gilt auch für Vorräte das **Einzelbewertungsprinzip**. Danach sind Vermögenswerte des Vorratsvermögens mit ihren individuellen Anschaffungs- bzw. Herstellungskosten, wie in IAS 2.10-20 definiert, zu bewerten. Für Details zu den Bestandteilen der Anschaffungs- bzw. Herstellungskosten siehe Kap. D.2.3.

Die Kosten für die Anschaffung/Herstellung von Vorräten bleiben somit durch die Aktivierung solange **erfolgsneutral**, bis der zugehörige Umsatz realisiert wird (IAS 2.34).

Da Vorräte häufig in großen, homogenen Mengen auftreten und mit hoher Geschwindigkeit umgeschlagen werden, erlaubt der IAS 2.21 f. **Vereinfachungsverfahren,** um den Ansatz der Höhe nach zu ermitteln. Dazu zählen insb.:

- Die **Standardkostenmethode**: Hierbei wird zur Ermittlung der Herstellkosten der Lagerbestand von (un)fertigen Erzeugnissen mit einem Standardkostensatz multipliziert. Dieser soll die Normalauslastung sowie normale Verbrauchsmengen des Material-, Personal- und Maschineneinsatzes berücksichtigen und ist regelmäßig zu überprüfen.

- Die **retrograde Methode**: Dieses auch retail method genannte (da oft im Einzelhandel angewandte) Verfahren geht von den Verkaufspreisen der Periode aus und subtrahiert davon eine „übliche" Gewinnspanne, um die Anschaffungskosten retrograd zu ermitteln. Voraussetzung ist, dass die derart bewerteten Vorräte über eine ähnliche Gewinnspanne verfügen. Wurden Preisnachlässe gewährt, sind diese bei der Berechnung zu berücksichtigen.

Die Verfahren dürfen indes nur angewendet werden, wenn sie zu annähernd denselben Ergebnissen wie eine Einzelbewertung führen.

Weder die Standardkostenmethode noch die retrograde Methode sind im **HGB** ausdrücklich kodifiziert, werden jedoch mit Rückgriff auf den Wirtschaftlichkeitsgrundsatz gemeinhin für erlaubt gehalten.

Folgebewertung

Grundsatz: Einzelbewertung
Zusammenfassung ähnlicher Vorräte (z.B. derselben Produktlinie
oder desselben geografischen Segments) indes gestattet

niedrigerer Wert aus

Anschaffungs-/Herstellungskosten

unternehmensspezifischer
Nettoveräußerungswert

absatzmarktorientierte Bewertung, d.h.
Wiederbeschaffungskosten sind grds. irrelevant.
Ausnahme: Roh-, Hilfs- und Betriebsstoffe sind
ggf. hilfsweise auf Wiederbeschaffungskosten
abzuschreiben.

(geschätzter) Verkaufserlös

./. Vertriebskosten

./. noch anfallende Herstellungskosten

= Nettoveräußerungswert

Auch im Rahmen der Folgebewertung gilt, dass die Vorräte grds. einzeln zu bewerten sind (IAS 2.29) (zu Vereinfachungsverfahren siehe Folgeseiten).

Zu jedem Abschlussstichtag ist zu prüfen, ob der Wertansatz der Vorräte zu Anschaffungs-/Herstellungskosten beibehalten werden kann oder ob eine Wertminderung erforderlich ist. Dazu werden die Anschaffungs-/Herstellungskosten verglichen mit dem Nettoveräußerungswert und die Vorräte mit dem niedrigeren der beiden Werte bewertet (IAS 2.9).

Der **Nettoveräußerungswert** wird ermittelt, indem ausgehend von dem voraussichtlichen Verkaufspreis die noch anfallenden Kosten bis zur Fertigstellung sowie die voraussichtlichen Vertriebskosten subtrahiert werden (IAS 2.6). Liegt dieser Wert unter den Anschaffungs-/Herstellungskosten, ist eine Wertminderung erforderlich. In IAS 2.7 wird ausdrücklich darauf hingewiesen, dass es sich beim Nettoveräußerungswert um einen unternehmensspezifischen Wert handelt, nicht um einen Fair Value (der z.B. von Warenhändler bzw. -makler angesetzt werden soll, siehe Kap. D.6.1). Besteht für einen Teil der Vorräte ein Abnahmevertrag mit einem Preis, der nicht dem üblichen Verkaufspreis entspricht, ist für diesen Teil der Vorräte der vertraglich festgelegte Preis bei der Bestimmung des Nettoveräußerungswertes heranzuziehen (IAS 2.31).

Für **Roh-, Hilfs- und Betriebsstoffe** sieht IAS 2.32 ein Absehen von einer Wertminderung vor, falls die resultierenden Fertigerzeugnisse voraussichtlich mind. zu Herstellungskosten veräußert werden können. Zeigt indes der Preisverfall für diese Materialen an, dass das Fertigerzeugnis voraussichtlich zu einem Preis unterhalb der Herstellungskosten verkauft werden muss, so werden diese Materialen auf ihren Nettoveräußerungswert abgeschrieben, der in diesem Fall den Wiederbeschaffungskosten entsprechen darf.

Im **HGB** gilt gem. § 253 Abs. 4 HGB für Vorräte das strenge Niederstwertprinzip, wonach sie auf den Börsen- oder Marktpreis am Abschlussstichtag bzw. den niedrigeren beizulegenden Zeitwert abzuschreiben sind. Der niedrigere beizulegende Zeitwert ist je nach Art des Vorratsgegenstandes der Veräußerungswert und/oder der Wiederbeschaffungs-/-herstellungswert.

Bewertungsvereinfachungsverfahren bei der Folgebewertung

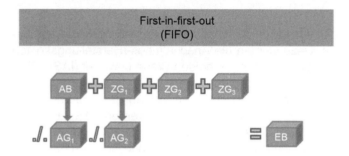

First-in-first-out (FIFO)

Für die Abgänge einer Periode wird unterstellt, dass die Anfangsbestände (AB) bzw. zuerst beschafften Güter wieder zuerst abgegangen sind.

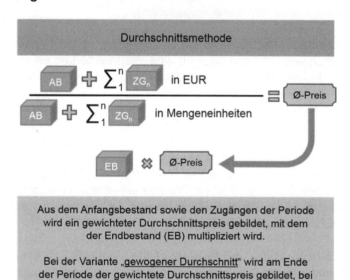

Durchschnittsmethode

Aus dem Anfangsbestand sowie den Zugängen der Periode wird ein gewichteter Durchschnittspreis gebildet, mit dem der Endbestand (EB) multipliziert wird.

Bei der Variante „gewogener Durchschnitt" wird am Ende der Periode der gewichtete Durchschnittspreis gebildet, bei der Variante „gleitender Durchschnitt" erfolgt die Berechnung nach jedem Abgang.

AB = Anfangsbestand ZG_n = Zugang Nummer n AG_n = Abgang Nummer n   EB = Endbestand

Zur Folgebewertung von Vorratsvermögen, das untereinander austauschbar und nicht für spezielle Projekte ausgesondert ist (IAS 2.23), erlaubt IAS 2 explizit zwei Bewertungsvereinfachungs-/Verbrauchsfolgeverfahren:

- **First-in-first-out (FIFO)**: Bei diesem Verbrauchsfolgeverfahren wird unterstellt, dass bei einem Lagerabgang zunächst die jeweils zuerst beschafften Vorräte abgehen. Am Lager befinden sich gedanklich damit die zuletzt beschafften Vorräte. Die Bewertung erfolgt also zu den aktuelleren Preisen der letzten Zugänge.

- **Durchschnittsmethode**: Zulässig ist ebenfalls die Bewertung der noch am Lager befindlichen Menge mit einem Durchschnittspreis. Dabei werden die Buchwerte des Anfangsbestands bzw. die Einkaufspreise der einzelnen Zugänge gewichtet mit der jeweiligen Menge. Aus diesem Betrag wird anschließend das arithmetische Mittel a) am Ende der Periode über alle Zugänge (gewogener Durchschnitt) bzw. b) nach jedem Zugang erneut (gleitender Durchschnitt) gebildet, um den Durchschnittspreis zu ermitteln.

Das jeweilige Verfahren soll einheitlich für alle Vorräte derselben Art und Verwendung angewendet werden (IAS 2.25).

Gem. § 240 Abs. 4 **HGB** ist die Durchschnittskostenmethode ausdrücklich zugelassen. Gleiches gilt gem. § 256 HGB auch für das FIFO- und im Gegensatz zu den IFRS-Vorschriften auch für das LIFO-Verfahren. Zusätzlich ist in § 240 Abs. 3 HGB unter bestimmten Voraussetzungen die Festwert-Bewertung zugelassen. Letztere ist nach IFRS grds. nicht zulässig, kann jedoch unter Rückgriff auf den Grundsatz der Wesentlichkeit (siehe Kap. A.5) in einigen Fällen zur Anwendung kommen.

Überblick über Anhangangaben

Angaben	Textziffern	Beispiele
Angewendete Bilanzierungsmethoden	IAS 2.36 a)	Angabe, ob/welche Bewertungsvereinfachungsverfahren angewendet wurden
Auswirkungen auf die Bilanz	IAS 2.36 b) und c)	Buchwert der Vorräte, die zum Nettoveräußerungspreis bewertet wurden.
Auswirkungen auf die Gesamtergebnisrechnung	IAS 2.36 d)-g)	Beträge von Wertminderungen, Wertaufholungen inkl. Begründung für die Wertaufholung.
weitere Angaben	IAS 2.36 h)	Als Sicherheiten verpfändetes Vorratsvermögen

Beispiel für ausgewählte Anhangangaben

Vorräte werden zu Anschaffungs- oder Herstellungskosten oder zum niedrigeren Nettoveräußerungswert bewertet. Die Herstellungskosten werden gem. IAS 2 als Vollkosten (bestehend aus Einzel- und angemessenen Gemeinkosten einschließlich fertigungsbezogener Verwaltungskosten) nach der Standardkostenmethode ermittelt. Die Anschaffungskosten werden i.d.R. nach der Durchschnittsmethode ermittelt. Der Nettoveräußerungswert (net realisable value) entspricht dem im normalen Geschäftsgang erzielbaren Verkaufserlös abzgl. der geschätzten Fertigstellungskosten und Vertriebskosten.

Die Vorräte setzen sich wie folgt zusammen:

in EUR	31.12.t2	31.12.t1
Roh-, Hilfs- und Betriebsstoffe		
Unfertige Erzeugnisse, unfertige Leistungen		
Fertige Erzeugnisse		
Waren		
Summe		

In t2 betrugen die Wertminderungen der Vorräte auf den niedrigeren Nettoveräußerungswert X EUR (Vorjahr: X EUR). Per 31.12.t2 waren Vorräte i.H.v. insgesamt X EUR (Vorjahr: X EUR) mit dem niedrigeren Nettoveräußerungswert bewertet. Zum 31.12.t2 waren i.H.v. X EUR (Vorjahr: X EUR) Vorräte als Sicherheit für Verbindlichkeiten verpfändet.

Die Realisierung von Vorräten i.H.v. X EUR (Vorjahr: X EUR) wird voraussichtlich länger als 12 Monate dauern.

D.7 Zur Veräußerung gehaltene Vermögenswerte

D.7.1 Relevante Vorschriften

o Anwendungsbereich von IFRS 5
o Normenkontext

D.7.2 Ansatz

o Klassifizierung als „zur Veräußerung gehalten"

D.7.3 Bewertung

o Bewertungsvorschriften für zur Veräußerung gehaltene Vermögenswerte

D.7.4 Berichterstattung

o Überblick über Anhangangaben und Ausweispflichten
o Beispiel für ausgewählte Anhangangaben

Anwendungsbereich von IFRS 5

Positive Abgrenzung des Anwendungsbereichs

Es liegt
(1) ein langfristiger Vermögenswert (oder eine Veräußerungsgruppe) vor,
(2) dessen Buchwert überwiegend durch Verkauf, nicht durch fortgesetzte Nutzung realisiert werden soll.

Negative Abgrenzung des Anwendungsbereichs

IFRS 5 ist nicht einschlägig für die Bewertung von folgenden Vermögenswerten, die Bestandteil einer Veräußerungsgruppe sind:
(1) latente Steuern gem. IAS 12
(2) Vermögenswerte aus Leistungen an Arbeitnehmer (IAS 19)
(3) finanzielle Vermögenswerte (IAS 39 bzw. IFRS 9)
(4) langfristige Vermögenswerte, die nach dem Fair Value Modell des IAS 40 bewertet werden
(5) langfristige Vermögenswerte, die zum beizulegenden Zeitwert abzüglich Veräußerungskosten gem. IAS 41 bewertet werden und
(6) vertragliche Rechte aus Versicherungsverträgen gem. IFRS 4

IFRS 5 ist anwendbar

IFRS 5 ist zudem anzuwenden für aufgegebene Geschäftsbereiche

Die Bilanzierung von zum Verkauf bestimmten langfristigen Vermögenswerten (assets held for sale)/Veräußerungs-gruppen (disposal groups) ist in **IFRS 5** geregelt. Der Standard regelt darüber hinaus die Berichterstattung zu aufgege-benen Geschäftsbereichen (siehe Kap. E.3).

Eine **Veräußerungsgruppe** liegt vor, wenn in einer einzigen Transaktion eine Reihe von Vermögenswerten (und ggf. dazugehörigen Schulden) veräußert werden sollen (IFRS 5.Appendix A).

Von den **Bewertungsvorschriften** des IFRS 5 sind bestimmte Vermögenswerte, die Bestandteile einer Veräuße-rungsgruppe sind, ausgenommen. Dies gilt für:
- latente Steuern gem. IAS 12 (siehe Kap. D.13),
- Vermögenswerte aus Leistungen an Arbeitnehmer gem. IAS 19 (siehe Kap. D.9),
- finanzielle Vermögenswerte im Anwendungsbereich von IAS 39 bzw. IFRS 9 (siehe Kap. D.5),
- langfristige Vermögenswerte, die nach dem Fair Value Modell des IAS 40 bewertet werden (siehe Kap. D.3),
- langfristige Vermögenswerte, die zum beizulegenden Zeitwert abzüglich Veräußerungskosten gem. IAS 41 bewertet werden,
- vertragliche Rechte aus Versicherungsverträgen gem. IFRS 4.

Zudem sind die Bilanzierungsvorschriften für assets held for sale nicht anzuwenden, wenn ein langfristiger Vermö-genswert **stillgelegt**, aber nicht veräußert werden soll (IFRS 5.13).

Normenkontext

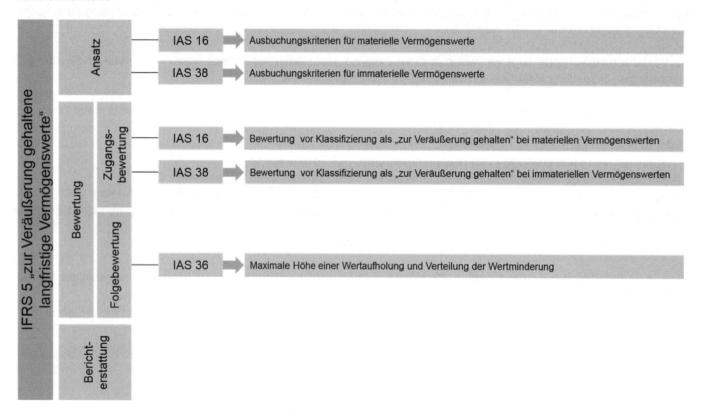

Für die Bilanzierung von zur Veräußerung gehaltenen Vermögenswerten sind neben IFRS 5 sowie den grds. zu beachtenden Standards IFRS 13 (siehe Kap. D.2.3 für die Fair Value-Ermittlung), IAS 12 (siehe Kap. D.13 für latente Steuern) und IAS 1 (siehe Kap. C für Ausweisfragen) folgende Standards ggf. relevant:

- **IAS 16** „Sachanlagen": Einschlägig für die Bestimmung des Ausbuchungszeitpunktes eines materiellen Vermögenswertes. Zudem bestimmt sich nach IAS 16.25, ob eine Transaktion wirtschaftlichen Gehalt (commercial substance) besitzt. Die Erstbewertung materieller Vermögenswerte unmittelbar vor Klassifizierung als „zur Veräußerung gehalten" erfolgt ebenfalls gem. IAS 16.

- **IAS 38** „Immaterielle Vermögenswerte": Einschlägig für die Bestimmung des Ausbuchungszeitpunktes eines immateriellen Vermögenswertes. Auch für die Erstbewertung immaterieller Vermögenswerte unmittelbar vor Klassifizierung als „zur Veräußerung gehalten" ist IAS 38 anzuwenden.

- **IAS 36** „Wertminderung von Vermögenswerten": Wertaufholungen dürfen maximal nach IFRS 5 bzw. nach IAS 36 erfasste Wertminderungen wieder aufholen. Zudem sind Wertminderungen bei Veräußerungsgruppen nach den Vorschriften von IAS 36 auf die einzelnen Vermögenswerte zu verteilen.

Zudem verweist **IFRIC 17** auf die Definition der Veräußerungsgruppen gem. IFRS 5.

Klassifizierung als „zur Veräußerung gehalten"

 Vermögenswert/Veräußerungsgruppe ist im gegenwärtigen Zustand verkaufsfähig

- d.h. der Vermögenswert könnte jederzeit abgegeben werden,
- ohne dass Baumaßnahmen, bestehende Aufträge etc. dagegen sprächen

 Verkauf ist höchstwahrscheinlich

- Plan zur Veräußerung besteht
- Durchführung des Plans (Suche nach Käufern) wurde begonnen
- Verkaufsangebot zu einem vernünftigen Preis (angemessene Relation zum Fair Value)
- vollständiger Verkauf wird voraussichtlich binnen 12 Monaten stattfinden (kein Sale-and-Leaseback)
- Änderung/Aufhebung des Plans ist unwahrscheinlich

Damit ein langfristiger Vermögenswert (oder eine Gruppe) als „zur Veräußerung gehalten" eingestuft wird, sind zwei Bedingungen kumulativ zu erfüllen (IFRS 5.7 ff.):

❶ Der langfristige Vermögenswert muss in seinem **gegenwärtigen Zustand** veräußerbar sein. Dieses Kriterium ist nur dann erfüllt, wenn der Vermögenswert „so wie er steht und liegt" unmittelbar abgegeben werden kann. Sind z.B. vor dem Verkauf Bau-/Renovierungsmaßnahmen notwendig oder wird der Vermögenswert noch zur Produktion von Erzeugnissen/Erbringung von Dienstleistungen genutzt, für die noch zu erfüllende Verträge bestehen, ist das Kriterium nicht erfüllt. Übliche Maßnahmen vor einem Verkauf, wie das Herunterfahren einer Produktionsanlage oder der Auszug aus einem Gebäude, stehen der Erfüllung dieses Kriteriums indes nicht entgegen (IFRS 5.IG Examples 1-3).

❷ Der Verkauf muss **höchstwahrscheinlich** sein. Dieses Kriterium wird in IFRS 5.8 noch weiter spezifiziert:
- Das Management muss aktiv mit einem Plan zur Verkäufersuche begonnen haben.
- Der in diesem Plan spezifizierte Preis muss in einem vernünftigen Verhältnis zum Fair Value des Vermögenswertes stehen. Ein wesentlich vom Fair Value abweichender (zu hoher) Preis würde einem höchstwahrscheinlichen Verkauf entgegenstehen.
- Mit dem Verkauf ist innerhalb von 12 Monaten ab der Klassifizierung als „zur Veräußerung gehalten" zu rechnen. In IFRS 5.IG Example 4 wird ausdrücklich darauf hingewiesen, dass es sich um einen vollständigen Verkauf handeln muss – eine Sale-and-Leaseback-Transaktion (siehe Kap. D.4.3) erfüllt dieses Kriterium nicht. Ausnahmen gelten gem. IFRS 5.9 i.V.m. IFRS 5.Appendix B falls Umstände außerhalb der Kontrolle des Unternehmens den Verkauf verzögern.
- Die Handlungen zur Erfüllung des Verkaufsplans müssen anzeigen, dass mit einer wesentlichen Änderung oder gar Aufhebung des Plans nicht zu rechnen ist.

Bewertungsvorschriften für zur Veräußerung gehaltene Vermögenswerte

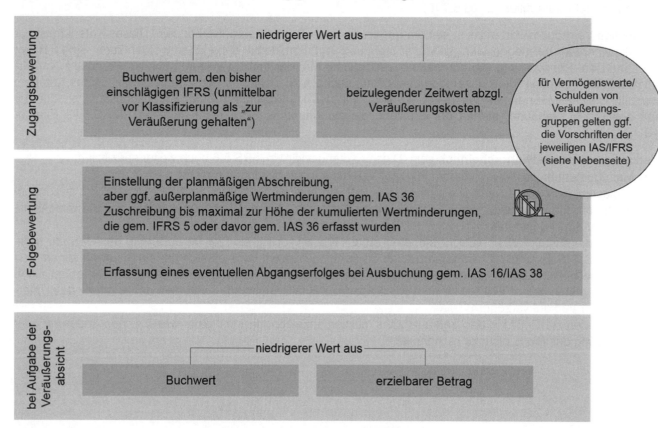

Zugangsbewertung

niedrigerer Wert aus

Buchwert gem. den bisher einschlägigen IFRS (unmittelbar vor Klassifizierung als „zur Veräußerung gehalten")

beizulegender Zeitwert abzgl. Veräußerungskosten

für Vermögenswerte/ Schulden von Veräußerungs- gruppen gelten ggf. die Vorschriften der jeweiligen IAS/IFRS (siehe Nebenseite)

Folgebewertung

Einstellung der planmäßigen Abschreibung, aber ggf. außerplanmäßige Wertminderungen gem. IAS 36 Zuschreibung bis maximal zur Höhe der kumulierten Wertminderungen, die gem. IFRS 5 oder davor gem. IAS 36 erfasst wurden

Erfassung eines eventuellen Abgangserfolges bei Ausbuchung gem. IAS 16/IAS 38

bei Aufgabe der Veräußerungs- absicht

niedrigerer Wert aus

Buchwert

erzielbarer Betrag

Langfristige Vermögenswerte (oder Veräußerungsgruppen), die als „zur Veräußerung gehalten" eingestuft wurden, sind im Zeitpunkt der Umklassifizierung (Zugangsbewertung) als asset held for sale mit dem **niedrigeren Betrag** aus Buchwert und beizulegendem Zeitwert (Fair Value) abzüglich Veräußerungskosten zu bewerten (IFRS 5.15).

Mit der Klassifikation als „zur Veräußerung gehalten" werden eventuelle **planmäßige Abschreibungen eingestellt**. Sollte indes ein **Wertminderungsbedarf** bestehen, ist auch für Zwecke der Folgebewertung eine Abschreibung auf den beizulegenden Zeitwert abzüglich Veräußerungskosten vorzunehmen. Wird demgegenüber ein **Anstieg des beizulegenden Zeitwerts abzüglich Veräußerungskosten** festgestellt, ist eine Wertaufholung verpflichtend. Diese darf jedoch maximal die Wertminderungen gem. IFRS 5 bzw. IAS 36 rückgängig machen. Eine Werterhöhung darüber hinaus ist unzulässig (IFRS 5.22 (b)). Der Zeitpunkt, zu dem der langfristige Vermögenswert auszubuchen und ein eventueller **Abgangserfolg** zu ermitteln ist, bestimmt sich gem. IFRS 5.24 nach IAS 16 (für materielle Vermögenswerte) bzw. IAS 38 (für immaterielle Vermögenswerte).

Enthält eine **Veräußerungsgruppe** auch solche Vermögenswerte, die für Zwecke der Bewertung nicht in den Anwendungsbereich von IFRS 5 fallen (siehe Kap. D.7.1), sind diese Vermögenswerte zunächst nach dem für sie einschlägigen Standards einzeln zu bewerten, bevor auf die Gruppe insgesamt die Vorschriften des IFRS 5 Anwendung finden (IFRS 5.19). Die Aufteilung eines Wertminderungs- oder Wertaufholungsbedarfs auf die einzelnen Vermögenswerte einer solchen Gruppe folgt den einschlägigen Vorschriften des IAS 36 (IFRS 5.23). Sind einer Veräußerungsgruppe auch Schulden zugeordnet, werden diese unverändert entsprechend der jeweiligen Standards folgebewertet (IFRS 5.25).

Wird der **Verkaufsplan aufgegeben**, ist der Vermögenswert zu diesem Zeitpunkt mit dem niedrigeren Betrag aus seinem Buchwert (der sich mittlerweile ergeben hätte, wäre der Vermögenswert nicht als „zur Veräußerung gehalten" eingestuft worden) und seinem erzielbaren Betrag (siehe Kap. D.2.3) zu bewerten (IFRS 5.27).

Im **HGB** gibt es keine dem IFRS 5 vergleichbaren Vorschriften für zur Veräußerung gehaltene langfristige Vermögensgegenstände. Sie sind vielmehr nach den allgemeinen Bewertungsvorschriften für Vermögensgegenstände des Anlagevermögens zu bewerten.

Überblick über Anhangangaben und Ausweispflichten

Angaben	Textziffern	Beispiele
Darstellung der assets held for sale	IFRS 5.38-40	gesonderte Angabe in der Bilanz, keine Saldierung von Vermögenswerten und Schulden
zusätzliche Anhangangaben	IFRS 5.41-42	Beschreibung der Vermögenswerte; Beträge der Wertminderungen/Wertaufholungen

Beispiel für **Bilanzausweis** der assets held for sale gem. IFRS 5.38-40

Aktiva	Berichtsjahr	Vorjahr	Passiva	Berichtsjahr	Vorjahr
			Eigenkapital		
Sachanlage		X	Schuld		X
Langfristige Vermögenswerte			**Langfristige Schulden**		
gem. IFRS 5 zur Veräußerung gehaltene Vermögenswerte	X		gem. IFRS 5 zur Veräußerung gehaltene Schulden	X	
Kurzfristige Vermögenswerte			**Kurzfristige Schulden**		
Summe Aktiva			**Summe Passiva**		

Der Ausweis aus Vorjahren ist nicht anzupassen (IFRS 5.40). Dies bedeutet, dass Vermögenswerte, die zwar in der aktuellen Periode als „gem. IFRS 5 zur Veräußerung gehaltene Vermögenswerte" ausgewiesen werden, in den Werte der Vorperiode noch unter den langfristigen Vermögenswerten ausgewiesen sind. Dieser Ausweis der Vorperiode bleibt unverändert bestehen.

Beispiel für ausgewählte Anhangangaben

Im abgelaufenen Geschäftsjahr beläuft sich die Summe der als „zur Veräußerung gehalten" klassifizierten langfristigen Vermögenswerte auf X EUR (Vorjahr: X EUR). Die Veränderung resultiert im Wesentlichen aus der Entscheidung des Vorstands, die Produktionsanlagen am Standort XY zu veräußern.

Im abgelaufenen Geschäftsjahr wurden Wertminderungen i.H.v. X EUR auf als „zur Veräußerung gehalten" klassifizierten langfristigen Vermögenswerte gebucht. Wertaufholungen fanden nicht statt.

Insgesamt setzen sich die als „zur Veräußerung gehalten" klassifizierten Gruppen von langfristigen Vermögenswerte und die zugehörigen Schulden wie folgt zusammen:

in EUR	31.12.t2	31.12.t1
immaterielle Vermögenswerte		
Sachanlagen		
aktive latente Steuern		
Vorräte		
liquide Mittel		
Summe Aktiva		
passive latente Steuern		
Verbindlichkeiten aus Lieferung und Leistung		
sonstige Verbindlichkeiten		
Summe Passiva		

D.8 Eigenkapital

D.8.1 Relevante Vorschriften

o Normenkontext

D.8.2 Ansatz

o Eigenkapitaldefinition: Grundsatz
o Eigenkapitaldefinition: Ausnahmeregelungen
o Anwendungsbeispiele der Definition und der Ausnahmeregelungen

D.8.3 Berichterstattung

o Ausweis von eigenen Anteilen
o Überblick über Anhangangaben
o Beispiel für ausgewählte Anhangangaben zu den Bestandteilen des Eigenkapitals

Normenkontext

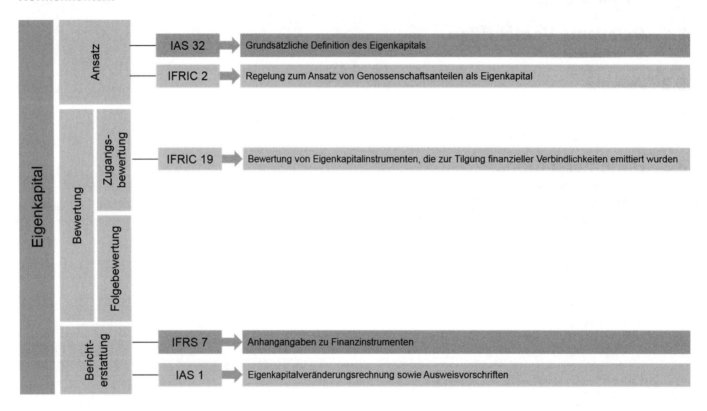

Rechnerisch wie auch definitorisch ergibt sich das Eigenkapital als Differenz von Vermögenswerten und Schulden und stellt somit einen **Residualwert** dar (IAS 32.11). Daher ist dem Eigenkapital, anders als den meisten Bilanzposten, kein eigener Standard gewidmet. Für die **Definition** des Eigenkapitals sowie die Abgrenzung zu Fremdkapital ist **IAS 32** einschlägig (siehe nachfolgende Seite). Den bilanziellen **Ausweis** des Eigenkapitals regelt **IAS 1** (insb. IAS 1.78 (e) und IAS 1.79 ff.). Zudem wird in IAS 1 eine Eigenkapitalveränderungsrechnung gefordert (siehe Kap. C.4).

Darüber hinaus sind folgende Standards/Interpretationen ggf. für die Abgrenzung, den Ausweis sowie die Angabepflichten relevant:

- **IFRS 7** „Finanzinstrumente: Angaben": regelt alle Anhangangaben zu Eigenkapitalinstrumenten.

- **IFRIC 2** „Geschäftsanteile an Genossenschaften und ähnliche Instrumente": regelt unter welchen Voraussetzungen Anteile an Genossenschaften als Eigenkapital zu klassifizieren sind.

- **IFRIC 19** „Tilgung finanzieller Verbindlichkeiten durch Eigenkapitalinstrumente": Soweit der Fair Value verlässlich ermittelbar ist, werden Eigenkapitalinstrumente, die zum Zweck der Tilgung finanzieller Verbindlichkeiten ausgegeben werden, bei erstmaligem Ansatz zum Fair Value bewertet.

Eigenkapitalabgrenzung: Grundsatz

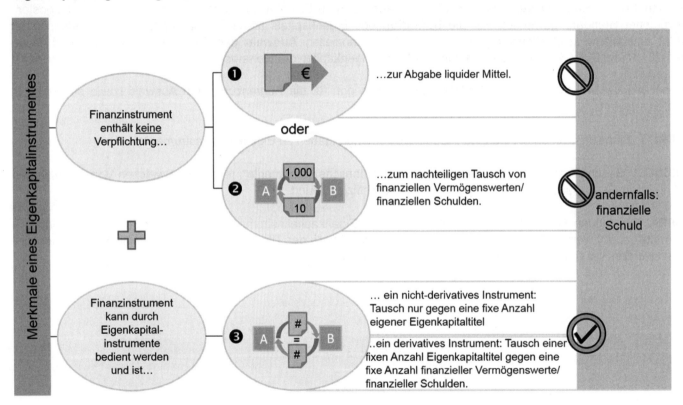

Grundsätzlich liegt nur dann Eigenkapital (und keine finanzielle Schuld) vor, wenn

- das Instrument keine vertragliche Verpflichtung beinhalten, ❶ Zahlungsmittel abzugeben (z.B. eine Verpflichtung zum Rückkauf von Eigenkapitaltiteln in bar) oder ❷ andere finanzielle Vermögenswerte/finanzielle Schulden unter nachteiligen Bedingungen zu tauschen (z.B. Verpflichtung zur Rücknahme von Eigenkapitaltiteln gegen Anleihen) (IAS 32.16(a)) und

- ❸ das Instrument, sofern es ein originäres Finanzinstrument ist, nur mit einer fixen Anzahl eigener Eigenkapitaltitel bzw. sofern es ein Derivat ist, nur mit einer fixen Anzahl eigener Eigenkapitaltitel im Tausch für eine fixe Anzahl Zahlungsmittel/finanzielle Vermögenswerte bedient werden kann (IAS 32.16(b)). So stellen z.B. eine Kaufverpflichtung, die durch Ausgabe einer festen Anzahl Eigenkapitaltitel bedient wird oder auch eine geschriebene Call-Option, die zum Erwerb einer fixen Anzahl Unternehmensanteile berechtigt, Eigenkapital des Emittenten dar.

Wichtig ist, dass es sich um eine vertragliche Verpflichtung (z.B. aufgrund von Vertrag, Satzung oder Gesetz) des Emittenten handelt – die Möglichkeit z.B. eines freiwilligen Aktienrückkaufs löst keine Klassifikation als Fremdkapital aus. Um den Besonderheiten einiger Rechtsformen Rechnung zu tragen, wurden Sonderregelungen für Instrumente kodifiziert, die definitionsgemäß ansonsten kein Eigenkapital darstellen würden, da sie ein Rückgaberecht des Anlegers beinhalten (sogenanntes „**gewillkürtes Eigenkapital**"); siehe dazu die nachfolgenden Seiten.

In § 272 **HGB** sind die Bestandteile des Eigenkapitals definiert. Für die Klassifikation als Eigenkapital müssen die Kriterien des IDW HFA 1/1994 (Nachrangigkeit, Langfristigkeit, Erfolgsabhängigkeit und Verlustteilnahme) grds. kumulativ erfüllt sein.

Eigenkapitaldefinition: Ausnahmeregelungen

Kündbare Instrumente $\hat{=}$ EK, wenn
- beteiligungsproportionaler Anspruch auf die net assets im Liquidationsfall,
- nachrangigste Klasse von Finanzinstrumenten,
- identische Ausstattungsmerkmale,
- keine weiteren Verpflichtungen zur Abgabe liquider Mittel oder Eigenkapitalinstrumente und
- Zahlungsströme hängen im Wesentlichen von Schwankungen des Periodenergebnisses/ Nettovermögens/Unternehmenswertes ab

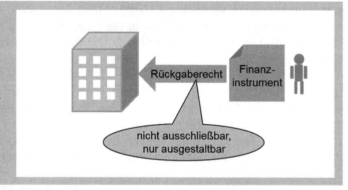

Genossenschaftsanteile $\hat{=}$ EK, wenn
- [die für kündbare Instrumente genannten Voraussetzungen], oder
- unbedingtes Recht auf Verweigerung der Rücknahme der Anteile und
- gesetzliches oder satzungsmäßiges Verbot der Rücknahme der Anteile

Aus der Eigenkapitaldefinition des IAS 32 folgt, dass der Eigenkapital-Investor **kein Rückgaberecht** des Finanzinstrumentes an das emittierende Unternehmen besitzen darf. Grds. handelt es sich also nur bei Instrumenten ohne Rücknahmeverpflichtung um Eigenkapital.

Da dies jedoch für die Anteile an Unternehmen mit bestimmten Rechtsformen (u.a. deutschen Personenhandelsgesellschaften) zu einer Klassifikation als Fremdkapital führen würde, wurden **Sonderregelungen** erlassen (in IAS 32.16A ff. für kündbare Anteile sowie für Ansprüche, die nur im Liquidationsfall entstehen und klarstellend in IFRIC 2 speziell für Genossenschaftsanteile):

- **Kündbare Anteile** sind Gesellschaftsanteile, bei denen für das emittierende Unternehmen eine Verpflichtung besteht, diese auf Verlangen des Investors zurückzukaufen.

- **Ansprüche, die nur im Liquidationsfall entstehen**, beziehen sich auf Unternehmen, die lt. Satzung eine begrenzte Lebensdauer aufweisen oder die von den Anteilseignern durch Rückgabe der Anteile liquidiert werden.

- Für **Genossenschaftsanteile** gelten dieselben Ausnahmeregelungen wie für kündbare Anteile und Ansprüche, die nur im Liquidationsfall entstehen. Zudem stellt IFRIC 2 klar, dass die Anteile nur dann kein Eigenkapital darstellen, wenn sie zurückgenommen werden müssen. Besitzt die Genossenschaft hingegen das Recht, die Rücknahme abzulehnen (oder ist dies per Gesetz/Satzung untersagt), ist ein formal bestehendes Rückgaberecht für die Eigenkapitalklassifizierung unschädlich.

Für die Praxis ist zu beachten, dass die IFRS verpflichtend für den Konzernabschluss kapitalmarktorientierter Unternehmen anzuwenden sind (siehe Kap. B.4). Damit ist überwiegend die Rechtsform der **Aktiengesellschaft relevant,** deren Anteile regelmäßig Eigenkapital darstellen. Betroffen sind die übrigen Rechtsformen indes auch, sofern im Konzern Minderheitsanteile an diesen bestehen: Auf **Konzernebene** gelten die Sonderregelungen des IAS 32.16A ff. explizit nicht (IAS 32.AG29A).

Anwendungsbeispiele der Definition und der Ausnahmeregelungen

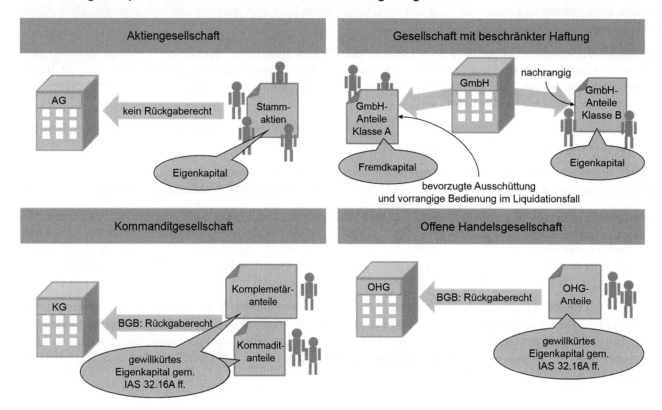

Die Anwendbarkeit der oben genannten Ausnahmeregelungen ist stets im Einzelfall zu prüfen. Für die **Anteile an Unternehmen mit ausgewählten deutschen Rechtsformen** ergeben sich tendenziell folgende Klassifikationen:

Rechtsform	Klassifikation der Anteilsscheine
AG	Stammaktien sind regelmäßig Eigenkapital gem. IAS 32. Sie verbriefen einen Residualanspruch und sind erst nach allen anderen Ansprüchen zu bedienen. Zudem hat der Anleger keinen Rechtsanspruch darauf, dass das Unternehmen die Aktien zurückkauft. Bei Vorzugsaktien ist zu differenzieren: Sofern sie ein Rückgaberecht des Anlegers beinhalten, sind sie als finanzielle Schulden zu klassifizieren (IAS 32.18 (a)), andernfalls erfüllen auch (stimmrechtslose) Vorzugsaktien die Eigenkapitaldefinition.
GmbH	Der Gesellschafteranteil einer GmbH stellt regelmäßig Eigenkapital dar. Bei einem Kündigungsrecht der Gesellschafter erfolgt dies auf Grundlage des IAS 32.16A. Sollten in der Satzung indes unterschiedliche Ausstattungsmerkmale definiert sein, gilt die Eigenkapitaleinstufung nur für die nachrangigsten Anteile.
KG	Grds. gilt gem. § 723 BGB i.V.m. § 161 Abs. 2 HGB ein nicht ausschließbares Kündigungsrecht für die Anteile. Bei Anwendung der Sonderregelungen des IAS 32.16A ff. ist u.a. zu beachten, dass die Übernahme einer unbegrenzten Haftung durch dem Komplementär keine Rolle für die Eigenkapitalklassifikation spielt (IAS 32.AG14G). Im Resultat kann meist eine Einstufung der Komplementär-/Kommanditanteile als Eigenkapital erreicht werden.
OHG	Da die Gesellschaftsanteile einer OHG ebenfalls gem. § 723 BGB i.V.m. § 105 Abs. 3 HGB einem nicht ausschließbaren Kündigungsrecht unterliegen, handelt es sich nur bei Erfüllung der Kriterien des IAS 32.16A ff. um Eigenkapital.

Ausweis von eigenen Anteilen

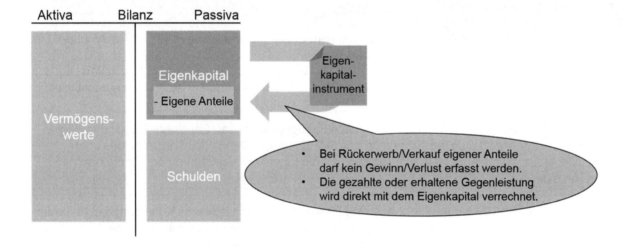

Erwirbt ein Unternehmen eigene Anteile zurück, stellen diese ausdrücklich keine finanziellen Vermögenswerte dar (IAS 32.AG36).

Stattdessen sind die zurückerworbenen eigenen Anteile als **Abzugsposten vom Eigenkapital** auszuweisen. Dabei darf weder ein Gewinn noch ein Verlust erfasst werden und die Gegenleistung ist direkt mit dem Eigenkapital zu verrechnen (IAS 32.33).

Die zugehörige Buchung lautet also z.B.:

Eigene Anteile   an   Bank

Der Posten „Eigene Anteile" wird im Soll angebucht. Da es sich aber nicht um einen Vermögenswert handelt, steht der Posten buchungstechnisch mit **negativem Vorzeichen** im Eigenkapital.

Transaktionskosten im Zusammenhang mit dem Erwerb oder der Wiederveräußerung eigener Anteile sind direkt mit dem Eigenkapital zu verrechnen (IAS 32.37).

Gem. **HGB** sind eigene Anteile ebenfalls offen vom gezeichneten Kapital abzusetzen, ein Differenzbetrag ist mit den Rücklagen zu verrechnen (§ 272 Abs. 1a HGB). Die Umstände, unter denen ein Erwerb eigener Anteile zulässig ist, sind in § 71 AktG abschließend aufgeführt. Transaktionskosten aus dem Erwerb oder der Wiederveräußerung eigener Anteile sind im Unterschied zu den IFRS-Regelungen aufwandswirksam zu erfassen (§ 272 Abs. 1a und 1b HGB).

Überblick über Anhangangaben

Angaben	Textziffern	Beispiele
Angaben zur den Bestandteilen des Eigenkapitals*	IAS 1.78 ff.	Unterteilung in eingezahltes Kapital, Kapitalrücklagen, Gewinnrücklagen
Eigenkapitalveränderungsrechnung	IAS 1.106	(siehe Kap. C.4)
Angaben zum Kapitalmanagement	IAS 1.134 ff.	Qualitative Informationen zu Zielen und Prozessen des Kapitalmanagements
Angaben zu kündbaren Instrumenten	IAS 1.136A	Informationen zu Rücknahme/Rückkauf der Instrumente
Angaben zu eigenen Anteilen*	IAS 32.34	Anzahl gehaltener eigener Anteile
Angaben zu Genossenschaftsanteilen	IFRIC 2.13	Betrag, Zeitpunkt und Begründung einer Umklassifizierung zwischen finanziellen Schulden und Eigenkapital
Angaben zu Sachdividenden	IFRIC 17.16 f.	Buchwert der Sachdividendenverbindlichkeit zu Beginn und Ende der Periode
sonstige Angaben	IFRS 7.11A, 17 und 40	Sensitivitätsanalysen

*sofern nicht bereits in der Bilanz geschehen

Beispiel für ausgewählte Anhangangaben zu den Bestandteilen des Eigenkapitals

Die Zahl der von der Praxis-AG ausgegebenen auf den Inhaber lautende Stammaktien in Form von nennwertlosen Stückaktien mit einem rechnerischen Anteil von je X EUR (Vorjahr: X EUR) beträgt zum 31.12.t1 X (Vorjahr: X). Sämtliche Anteile sind voll eingezahlt. Alle Aktien gewähren die gleichen Rechte. Die Aktionäre sind zum Bezug der beschlossenen Dividende berechtigt und verfügen auf der Hauptversammlung über ein Stimmrecht je Aktie. Alle ausgegebenen Aktien befinden sich wie im Vorjahr im Umlauf.

Am 7.7.t1 wurden X neue Aktien ausgegeben. Insgesamt wurde hierdurch X EUR abzgl. X EUR Transaktionskosten erzielt. Der Ausgabepreis der neuen Aktien, die für das Geschäftsjahr t1 voll dividendenberechtigt sind, betrug X EUR. Die damit verbundene Barkapitalerhöhung des gezeichneten Kapitals wurde vom Aufsichtsrat genehmigt und erfolgte im Rahmen der von der Hauptversammlung am 4.4.t1 erteilten Ermächtigung.

Die Kapitalrücklage enthält die Aufgelder aus der Ausgabe von Aktien. Sie hat sich in t1 im Zusammenhang mit der Kapitalerhöhung erhöht. Die Gewinnrücklage enthält die in der Vergangenheit erzielten Ergebnisse der Gesellschaft, soweit sie nicht ausgeschüttet wurden.

D.9 Pensionsverpflichtungen

D.9.1 Relevante Vorschriften

- o Anwendungsbereich von IAS 19
- o Normenkontext

D.9.2 Ansatz

- o Arten von Versorgungsformen/Pensionsverpflichtungen
- o Bilanzielle Behandlung abhängig von Versorgungsform

D.9.3 Bewertung

- o Beispiel zum Anwartschaftsbarwertverfahren (gem. IAS 19.68)
- o Versicherungsmathematische Parameter
- o Versicherungsmathematische Gewinne/Verluste
- o Saldierung mit Planvermögen

D.9.4 Berichterstattung

- o Ausweis der Aufwands-/Ertragspositionen
- o Überblick über Anhangangaben
- o Beispiel für die Beschreibung der Pensionszusagen und Angaben zu versicherungsmathematischen Parametern
- o Beispiel für Angaben zur Überleitung der Pensionsverpflichtung und des Planvermögens
- o Beispiel für Angaben zum Planvermögen und zur Sensitivitätsanalyse

Anwendungsbereich von IAS 19

Positive Abgrenzung des Anwendungsbereichs

Es liegt eine kurz- oder langfristige Leistungen an Arbeitnehmer, einschließlich der Leistungen aufgrund der Beendigung eines Arbeitsverhältnisses, vor.

Negative Abgrenzung des Anwendungsbereichs

Es handelt sich nicht um
(1) anteilbasierte Vergütungen oder
(2) Versorgungspläne.

IAS 19 ist anwendbar

Die Bilanzierung von Leistungen an Arbeitnehmer ist umfassend in **IAS 19** geregelt. Zum Anwendungsbereich des IAS 19 zählen nicht nur die Pensionszusagen an Arbeitnehmer, sondern grds. alle Leistungen an Arbeitnehmer

a) die zwischen dem Arbeitgeber und Arbeitnehmer vertraglich vereinbart wurden,
b) die gem. gesetzlichen oder tarifvertraglichen Bestimmungen dem Arbeitnehmer gewährt werden,
c) die gem. betrieblicher Praxis, und damit als faktische Verpflichtung, gewährt werden.

Diese Leistungen werden gem. IAS 19 in **vier Kategorien** klassifiziert:

1) Kurzfristige Leistungen, die innerhalb von 12 Monaten fällig werden (z.B. Löhne, Gehälter und Sozialversicherungsbeiträge; Urlaubs und Krankengeld; Gewinn- und Erfolgsbeteiligung, soweit nicht anteilsbasiert; geldwerte Vorteile).
2) Leistungen nach Beendigung des Arbeitsverhältnisses. Dies umfasst Rentenzahlungen als Hauptanwendungsfall sowie Lebensversicherungen und auch eine mögliche medizinische Versorgung nach Beendigung des Arbeitsverhältnisses (IAS 19.26). Der letztere Anwendungsfall ist im deutschen Rechtsraum nicht vorzufinden. Insb. im amerikanischen Rechtsraum werden seitens der Unternehmen die Kosten der medizinischen Versorgung nach Ausscheiden übernommen.
3) Andere langfristig fällige Leistungen (z.B. Sonderurlaub nach langer Dienstzeit; Jubiläumsgelder; Versorgungsleistung förderte Erwerbsfähigkeit).
4) Leistungen aus Anlass der Beendigung des Arbeitsverhältnisses (z.B. Abfindungen).

Die weitere Darstellung erstreckt sich ausschließlich auf die Bilanzierung von Pensionsverpflichtungen.

Ausgenommen von dem Anwendungsbereich des IAS 19 sind:

- Leistungen an Arbeitnehmer aufgrund einer anteilsbasierten Vergütung, die in **IFRS 2** geregelt sind sowie
- Versorgungspläne für Arbeitnehmer, die unter die Regelung des **IAS 26** fallen.

Normenkontext

Neben den grds. zu beachtenden Standards IFRS 13 (siehe Kap. D.2.3 für die Fair Value-Ermittlung), IAS 12 (siehe Kap. D.13 für latente Steuern) und IAS 1 (siehe Kap. C für Ausweisfragen) ist folgende Interpretation ggf. relevant:

- **IFRIC 14** „IAS 19 – Begrenzung eines leistungsorientierten Vermögenswertes, Mindestdotierungsverpflichtungen und ihre Wechselwirkung": ergänzende Regelungen zur Bewertung des Planvermögens bei der Bilanzierung von Pensionsverpflichtungen

Arten von Versorgungsformen/Pensionsverpflichtungen

❶

Beitragsorientierte Verpflichtung

- Versicherungsmathematisches **Risiko** trägt **Arbeitnehmer**

- Unternehmen verpflichtet sich nur zur Zahlung von Beiträgen an einen Fonds ohne Nach-schussverpflichtung während der Beschäftigungsphase. Der Fonds zahlt die Altersversorgungsleistungen.

Anwendungsfälle in Deutschland:
Solange eine finale Haftung des Arbeitgebers nach § 1 Abs.1 Satz 3 BetrAVG besteht, existiert formal keine beitragsorientierte Zusage.
Aber bei „Garantie" der Pensionszahlung durch einen solventen Dritten kann im Einzelfall materiell eine beitragsorientierte Zusage vorliegen.

❷

Leistungsorientierte Verpflichtung

- Versicherungsmathematisches **Risiko** trägt **Arbeitgeber**/Unternehmen

- Unternehmen verpflichtet sich zur Zahlung der Altersversorgungsleistung:

Statische Zusagen	Dynamische Zusagen
Zusage ist fest definiert und verändert sich nach Eintritt des Versorgungsfalles nicht.	Die Höhe der Zahlung ist abhängig von verschiedenen Parametern.

Anwendungsfälle in Deutschland:

unfunded plans	Die notwendigen Mittel werden im Unternehmen selber angesammelt, z.B. bei einer Direktzusage.
funded plans	Das Unternehmen zahlt an einen externen Versorgungsträger, z.B. einen Pensionsfond/-kasse.

zahlreiche Grenzfälle, die im Einzelfall zu prüfen sind

❸

Multiemployer Plan

In Abhängigkeit von dem wirtschaftlichen Gehalt wird bei den Leistungen nach der Beendigung des Arbeitsverhältnisses zwischen folgenden Versorgungsformen differenziert:

❶ **Beitragsorientierte Verpflichtung**: Die vom Unternehmen gewährten Leistungen erstrecken sich ausschließlich auf die rechtliche oder faktische Verpflichtung des Unternehmens, regelmäßig Beiträge an einen Fonds zu leisten, aus dem nach Beendigung des Arbeitsverhältnisses die Leistung an den Arbeitnehmer gewährt wird. Damit darf es zu keiner Nachschusspflicht für das die Zusage gewährende Unternehmen kommen (**defined contribution plan**, IAS 19.25).

❷ **Leistungsorientierte Verpflichtung**: Eine leistungsorientierte Zusage liegt vor, wenn das Unternehmen die zugesagten Leistungen an die Berechtigten zahlt und damit auch das versicherungsmathematische Risiko und auch das Anlagerisiko trägt (**defined benefit plan**, IAS 19.30). Im Zeitpunkt der Bilanzierung ist damit nicht eindeutig bestimmbar, wie hoch die Versorgungsleistung sein wird. Eine **statische leistungsorientierte Zusage** qualifiziert sich dadurch, dass die Versorgungsleistung im Zeitpunkt der Zusage fest definiert ist und sich im Zeitpunkt der Versorgungszahlung auch nicht mehr geändert hat (Beispiel: Einem Mitarbeiter ist eine monatliche Rente bei Erreichen einer vierzigjährigen Betriebszugehörigkeit und bei Erreichen der Altersgrenze i.H.v. 200 EUR zu zahlen. Diese Zusage wird nur noch durch die gesetzlich vorgeschriebenen Anpassungen nach § 16 BetrAVG modifiziert, wonach in einem Dreijahresturnus die Rentenzahlungen bei wirtschaftlicher Leistungsfähigkeit des verpflichteten Unternehmens an das geänderte Preisniveau anzupassen ist). Eine **dynamische leistungsorientierte Zusage** qualifiziert sich dadurch, dass die Höhe der Altersversorgungsleistung im Zeitpunkt der Zusage noch nicht feststeht, sondern an verschiedene Parameter geknüpft sein kann (Beispiel: Zusage, dass die Rentenzahlung X % des letzten Bruttoeinkommens beträgt. Diese Zusage stellt noch eine einfache dynamische Zusage dar. In der betrieblichen Praxis sind vielfach komplexere Modelle zu finden.). Im deutschen Rechtsraum gibt es vielfach bei Pensionszusagen kein Deckungsvermögen, aus dem zukünftige Pensionszahlungen bedient werden (**unfunded pension plan**), wohingegen in anderen Rechtsräumen und bei neueren Pensionsplänen Vermögen abgesondert wird, um zukünftige Pensionszahlungen zu bedienen (**funded plan**). Dieses Vermögen wird als Planvermögen bezeichnet.

❸ **Multiemployer Pläne**: Bei derartigen Plänen handelt es sich um Versorgungswerke, die von verschiedenen Unternehmen übergreifend den Mitarbeitern gewährt werden. Es handelt sich hierbei jedoch nicht um Pensionskassen, Pensionsfonds oder sog. Unterstützungskassen. Die Multiemployer Pläne sind je nach Ausgestaltung entweder als leistungsorientierte oder beitragsorientierte Pensionspläne zu behandeln (IAS 19.32 ff.).

Bilanzielle Behandlung abhängig von Versorgungsform

Beitragsorientierte Verpflichtung	Erfassung der zu zahlenden Beträge als Aufwand der Periode, ggf. Abgrenzungsbuchungen

Leistungsorientierte Verpflichtung	❶ Bestimmung der erwarteten Verpflichtung nach Anwartschaftsbarwertverfahren unter Berücksichtigung diverser versicherungsmathematischer Parameter
	❷ Bestimmung des erwarteten Planvermögens
	❸ Bestimmung der versicherungsmathematischen Gewinne/Verluste für Verpflichtung und Planvermögen
	❹ Bestimmung des anzusetzenden Fehlbetrags (Verpflichtung) oder, bei Überdeckung, des Vermögenswertes durch Saldierung unter Berücksichtigung des asset ceiling

Die Bilanzierung der **beitragsorientierten Pensionspläne** ist relativ einfach. Da im Eintritt des Versorgungsfalles die Leistungen durch den externen Dritten gezahlt werden, hat der Arbeitgeber keine Pensionsverpflichtungen in der Bilanz auszuweisen, sondern die laufenden Beiträge sind in der jeweiligen Periode als Aufwand zu erfassen. Soweit die Beiträge innerhalb der Periode nicht gezahlt werden, ist allerdings eine entsprechende Abgrenzung vorzunehmen. Dies gilt insb. auch dann, wenn die Arbeitsleistung des Arbeitnehmers nicht der Beitragszahlung entspricht. Ist die Beitragszahlung höher als die erbrachte Leistung des Arbeitnehmers, erfolgt ein Ausweis eines Vermögenswertes. Im umgekehrten Fall ist eine sonstige Verbindlichkeit zu bilanzieren.

Bei **leistungsorientierten Pensionszusagen** ist die zu passivierende Nettoverpflichtung bzw. bei Überdeckung der zu aktivierende Vermögenswert wie folgt zu ermitteln:

❶ Nach der **Anwartschaftsbarwertmethode** (projected unit credit method) ist die erwartete Verpflichtung, die auf die laufenden und die Vorperioden für die Arbeitsleistung des Arbeitnehmers entfällt, zu ermitteln (siehe Beispiel S. 262 f.). Hierfür sind versicherungsmathematische Annahmen zu treffen (siehe S. 264 f.).

❷ Bei sogenannten funded plans (siehe S. 259) ist der **erwartete Wert des Planvermögens** ebenfalls unter Berücksichtigung von versicherungsmathematischen Annahmen (siehe S. 264 f.) zu ermitteln.

❸ Weichen die zu Jahresbeginn bestimmten versicherungsmathematischen Parameter für die Ermittlung der erwarteten Verpflichtung und des erwarteten Planvermögens von den tatsächlichen Parametern am Jahresende ab, ergeben sich **versicherungsmathematische Gewinne/Verluste** (siehe S. 266 f.).

❹ Durch **Saldierung** des tatsächlichen Planvermögens mit der tatsächlichen Verpflichtung ergibt sich der in der Bilanz auszuweisende Betrag (siehe S. 268 f.). Dabei ist zu prüfen, ob ein eventueller Vermögenswert die Vermögensobergrenze, die nach IAS 19.83 zu bestimmen ist, übersteigt. Die Vermögensobergrenze errechnet sich aus dem Barwert der Zahlungsströme, die dem Unternehmen nach Zahlung der Altersversorgungsverpflichtungen zufließen. Detaillierte Regelungen zum sogenannten asset ceiling finden sich in IFRIC 14.

Gem. Art. 28 EG**HGB** besteht ein Passivierungswahlrecht für sogenannte Altzusagen und mittelbare Pensionszusagen. Die Bilanzierung von Neuzusagen erfolgt gem. HGB grds. nach demselben Schema wie nach IFRS. Unterschiede können sich aber bei den Bewertungsmethoden und den Parametern ergeben.

Beispiel zum Anwartschaftsbarwertverfahren (gem. IAS 19.68)

Sachverhalt

Es wird vereinbart, dass der Arbeitnehmer im Renteneintrittszeitpunkt 1 % des Entgeltes für jedes geleistete Dienstjahr als Kapitalleistung erhält. Dabei wird unterstellt, dass er im 1. Dienstjahr ein Gehalt von 10.000 EUR erhält, das sich jeweils in den folgenden Jahren um 7 % bezogen auf das Vorjahr erhöht. Der Arbeitnehmer scheidet voraussichtlich nach fünf Dienstjahren aus. Der Abzinsungssatz beträgt 10% p.a.. Eine Fluktuation wird (vereinfachend) nicht berücksichtigt. Wie entwickelt sich die zu bilanzierende Pensionsverpflichtung in den fünf Jahren?

Lösung

Jahr	t1	t2	t3	t4	t5
Leistung erdient in					
• früheren Dienstjahren	0	131	262	393	524
• dem laufenden Dienstjahr (1 % des Endgehaltes von 13.108 EUR)	131	131	131	131	131
Summe	**131**	**262**	**393**	**524**	**655**
Verpflichtung zu Beginn des Berichtszeitraumes	0	89	196	324	476
Zinsen 10 % Vorjahresendstand		9	20	33	48
Laufender Dienstzeitaufwand	89	98	108	119	131
Verpflichtung am Ende des Berichtszeitraumes	**89**	**196**	**324**	**476**	**655**

Für die Bilanzierung einer Pensionsverpflichtung ist nach IAS 19.68 das Verfahren der laufenden Einmalprämien (Anwartschaftsbarwertverfahren) anzuwenden. Dieser Methode liegt die Annahme zu Grunde, dass mit jedem Dienstjahr ein zusätzlicher Leistungsanspruch auf Altersversorgungsbezüge von dem Arbeitnehmer verdient wird. Dieser zusätzliche Leistungsanspruch zusammen mit den bisher erdienten Leistungsansprüchen bildet die Pensionsverpflichtung ab.

Die nachfolgende Tabelle zeigt den erworbenen Anspruch im Zeitpunkt seines Ausscheidens nach Ablauf eines jeden Dienstjahres. Nach Ablauf von 5 Jahren hat er einen Anspruch von 655 EUR, der sich am Ende eines jeden Dienstjahres wie folgt ermittelt.

in EUR Jahr	t1	t2	t3	t4	t5
Gehalt Anfang	-	10.000	10.700	11.449	12.250
Steigerung (7% p.a.)	-	700	749	801	858
Gehalt Ende	10.000	10.700	11.449	12.250	13.108
Anspruch auf Kapitalleistung bei Ausscheiden am Ende des Jahres	100	214	343	490	655

Den Anspruch von 655 EUR erwirbt er über die Tätigkeit von 5 Jahren, so dass er in jedem Dienstjahr einen rechnerischen Anspruch von 655 : 5 = 131 EUR erworben hat. Den Barwert dieses Anspruches (z.B. im Jahr t1: $131 : 1{,}1^4$) erwirbt er in jedem Tätigkeitsjahr. Bei der Bilanzierung der Pensionsverpflichtung wird unterstellt, dass er bis zum Ende seiner vereinbarten Dienstzeit im Unternehmen verbleibt und damit den gesamten Anspruch auf die Kapitalleistung erwirbt. Der dem jeweiligen Dienstjahr zuzuordnende Dienstzeitaufwand ergibt sich durch die sogenannte m/n-tel Methode. D.h. er erwirbt jedes Jahr einen gleich hohen Anteil an seiner möglichen Gesamtzusage. Ein vorzeitiges Ausscheiden würde über die Annahmen zur Fluktuation (siehe folgende Seiten) berücksichtigt werden.

Nach **HGB** sind neben dem Anwartschaftsbarwertverfahren mangels konkreter Regelung auch das Teilwert- oder das Gegenwartswertverfahren erlaubt.

Versicherungsmathematische Parameter

Grundsatz: unvoreingenommen und untereinander ausgewogen auf Nominalbasis

Demographische Annahmen

Sterbewahrscheinlichkeit (IAS 19.81)

Sterbetafeln drücken aus, getrennt nach den Geschlechtern, welche restliche Lebenserwartung ein Mensch bei Erreichen eines bestimmten Alters hat. Der sich daraus ergebende Zeitraum der Rentenzahlungen wird bei der Ermittlung des Barwerts der Pensionsverpflichtung berücksichtigt.

Fluktuation

Berücksichtigung der Möglichkeit, dass Arbeitnehmer vor Erreichen des Renteneintrittsalters entweder aus eigener Initiative oder auf Initiative des Unternehmens aus dem Unternehmen ausscheiden.

Invalidisierung und Frühverrentung

Eintritt der Hinterbliebenenversorgung

Finanzielle Annahmen

Abzinsungssatz (IAS 19.83-86)

Abbildung des Zeitwerts des Geldes, nicht des versicherungsmathematischen oder des Anlagerisikos des Fondsvermögens. Bestimmung auf Grundlage der Renditen am Abschlussstichtag von erstrangigen, festverzinslichen und laufzeitkongruenten Industrieanleihen.

Gehaltsentwicklung (IAS 19.87 ff.)

Versicherungsmathematische Annahmen berücksichtigen indes nur die Änderungen der künftigen Leistungen, die sich aus den formalen Regelungen eines Plans ergeben.

Leistungsbeiträge der Arbeitnehmer

In dem vorhergehenden Beispiel wird u.a. unterstellt, dass der Arbeitnehmer bis zum Ende des Fünfjahreszeitraums für das Unternehmen tätig ist. Jedoch wird nicht für alle Arbeitsverhältnisse zu unterstellen sein, dass die Leistungszeiten vollständig erreicht werden. Insofern sind bei der Bewertung von Pensionsverpflichtung entsprechende Abschläge/Korrekturen vorzunehmen. D.h. es sind im Zeitpunkt der Bilanzierung sogenannte versicherungsmathematische Annahmen über die zukünftige Entwicklung zu treffen.

In IAS 19.75 ist klargestellt, dass die Annahmen unvoreingenommen und aufeinander abgestimmt sein müssen. Zu unterscheiden ist bei den Annahmen zwischen demographischen Annahmen über die zukünftige Zusammensetzung der aktiven und ausgeschiedenen Arbeitnehmer und finanziellen Annahmen.

Die **demographischen Annahmen** erstrecken sich auf die Sterbewahrscheinlichkeit (in Deutschland derzeit ermittelt nach den Heubeck'schen Sterbetafeln von 2005), Annahmen über die Fluktuation, die Invalidisierungsraten und die Frühverrentung. In vielen Versorgungsplänen ist geregelt, dass den Hinterbliebenen nach dem Tod des direkt Berechtigten eine Hinterbliebenenversorgung gewährt wird. Auch hierüber sind bei der Ermittlung der Pensionsverpflichtung Annahmen zu treffen. Ebenfalls sind Annahmen über Wahlrechte der Arbeitnehmer über die Auszahlung von Versorgungsleistungen im Zeitpunkt des Versorgungsfalles zu treffen.

Zu den **finanziellen Annahmen** zählen insb. der Zinssatz für die Abzinsung, Annahmen über das zukünftige Gehaltsniveau/Rentenniveau (nach den in Deutschland geltenden Regelungen zur betrieblichen Altersversorgung sind die Rentenzahlungen an die Preisentwicklung anzupassen) sowie Annahmen über die Kosten im Rahmen medizinischer Versorgung. Die finanziellen Annahmen sind in nominalen Werten auszudrücken (IAS 19.79).

Auch nach **HGB** sind künftige Kostensteigerungen gem. § 253 Abs. 1 Satz 2 HGB bei der Bewertung von Pensionsrückstellungen zu berücksichtigen. Im Unterschied zu den IFRS dient als Diskontierungszinssatz gem. § 253 Abs. 2 HGB grds. ein laufzeitadäquater durchschnittlicher Marktzinssatz der vergangenen sieben Jahre.

Versicherungsmathematische Gewinne/Verluste

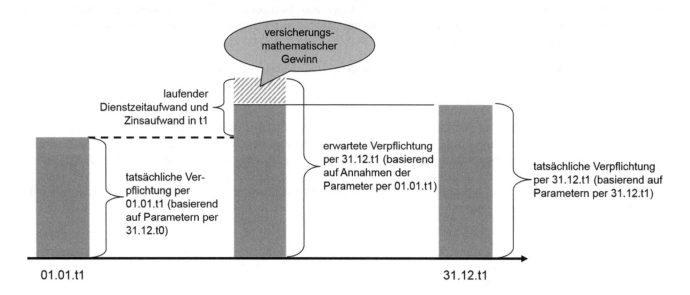

Die versicherungsmathematischen Parameter sind nach IAS 19 stets zu Beginn des Berichtsjahres festzulegen. Danach ist der Pensionsaufwand (insb. laufender Dienstzeitaufwand und Zinsaufwand) für das Berichtsjahr mit den getroffenen Annahmen fest bestimmt. Im Laufe des Berichtsjahres entwickeln sich diese Parameter i.d.R. anders als ursprünglich angenommen. Damit ergibt sich zum Ende des Berichtsjahres eine andere (tatsächliche) Pensionsverpflichtung als zu Beginn des Berichtsjahres erwartet. Mögliche Ursache für derartige Veränderungen (IAS 19.128) sind:

- abweichende tatsächliche Fluktuationsraten, Sterblichkeitsquoten, Frühverrentungsquoten,
- Abweichungen bei den Annahmen über die Optionen für die Leistungszusagen,
- Abweichungen bei den Annahmen über die Parameter für die zukünftigen Perioden,
- Auswirkungen aus Änderungen des Abzinsungssatzes (hat den größten Effekt auf die Nettoverpflichtung).

Die Differenz zwischen der **erwarteten** Verpflichtung und der **tatsächlichen** Verpflichtung ist der sogenannte **versicherungsmathematische Gewinn/Verlust**. Versicherungsmathematische Gewinne/Verluste werden direkt im **sonstigen Ergebnis** und damit direkt im Eigenkapital erfasst. Die tatsächliche Verpflichtung (defined benefit obligation) entspricht grds. der bilanzierten Verpflichtung (defined benefit liability).

Versicherungsmathematische Gewinne/Verluste sind sowohl bei der Bewertung der Pensionsverpflichtung als auch bei der Bewertung des Planvermögens zu berücksichtigen.

Planänderungen (z.B. Erhöhung der Leistungszusage von 1% auf 2% des letzten Gehaltes im Beispiel auf S. 262) sind nicht in den versicherungsmathematischen Gewinnen/Verlusten zu berücksichtigen. Diese führen zu nachzuverrechnendem Dienstzeitaufwand und sind in der GuV zu berücksichtigen.

Im **HGB** werden die Bildung und die Änderungen aufgrund der Parameteranpassung von Pensionsrückstellungen ergebniswirksam erfasst. Erfasst wird jeweils der Unterschiedsbetrag zwischen dem Bilanzansatz des Vorjahres und dem Bilanzansatz des aktuellen Jahres (nach Berücksichtigung von Inanspruchnahme der Verpflichtung/Rentenzahlung an Arbeitnehmer). Versicherungsmathematische Gewinne/Verluste i.S.d. IAS 19 kommen daher nicht zustande.

Saldierung mit Planvermögen

	Verpflichtung am 01.01.t2		**Planvermögen** am 01.01.t2
+	Dienstzeitaufwand	+	Zuwendungen des Unternehmens
+	erwartete Zinskosten	+	erwarteter Zinsertrag
-	erwartete Rentenzahlungen	-	erwartete Rentenzahlungen
=	**erwartete Verpflichtung** zum 31.12.t2	=	**erwartetes Planvermögen** zum 31.12.t2
-/+	versicherungsmathematische Gewinne/Verlust des Geschäftsjahres	-/+	versicherungsmathematische Gewinne/Verluste des Geschäftsjahres
=	**tatsächliche Verpflichtung** zum 31.12.t2	=	**tatsächliches Planvermögen** zum 31.12.t2

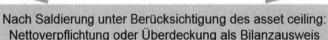

Nach Saldierung unter Berücksichtigung des asset ceiling:
Nettoverpflichtung oder Überdeckung als Bilanzausweis

Sofern ein Planvermögen vorhanden ist, ist dieses für den Bilanzansatz mit der abzubildenden Pensionsverpflichtung zu saldieren, so dass entweder eine Nettopensionsverpflichtung auf der Passivseite oder ein gedeckter (asset ceiling, IAS 19.64) Vermögenswert in der Bilanz auszuweisen ist.

Als **Planvermögen** qualifizieren Finanzinstrumente/Vermögenswerte, die ausschließlich der Finanzierung der zugesagten Pensionsleistungen dienen und von einer Einheit (Fonds) verwaltet werden. Insofern muss in Bezug auf dieses Planvermögen ein Zugriffsrecht anderer Gläubiger des Unternehmens ausgeschlossen sein. Auch sogenannte CTA (Contractual Trust Agreements), in denen das vom Unternehmen abgesonderte Vermögen treuhänderisch verwaltet wird, zählen zum Planvermögen.

Ebenfalls ist als Planvermögen ein qualifizierter Versicherungsvertrag einzustufen. Dieser qualifiziert sich dadurch, dass die Leistungen aus der Versicherung nur dazu genutzt werden können, um die Verpflichtungen gegenüber dem Arbeitnehmer aus dem leistungsorientierten Pensionsplan zu erfüllen. Ein Zugriffsrecht der Gläubiger des Unternehmens auf derartige Versicherungsverträge muss dabei ausgeschlossen sein.

Nur in einem eng eingeschränkten Umfang kann Planvermögen an das Unternehmen zurückgezahlt werden. Insb. wenn verlässlich nachweisbar das vorhandene Vermögen ausreicht, um alle Leistungsverpflichtung gegenüber den Arbeitnehmern, die aus dem Plan resultieren, zu bedienen. Die sicher ermittelbaren Beträge, die nicht zu Bedienung der Leistungsverpflichtung erforderlich sind, können an das Unternehmen zurückgezahlt werden.

IAS 19.57 (a)(iii) bestimmt, dass bei der Ermittlung der Nettoverpflichtung/Vermögensüberdeckung für die **Bewertung** des Planvermögens der **Zeitwert** zu berücksichtigen ist.

Gem. § 246 Abs. 2 Satz 2 **HGB** sind Vermögensgegenstände, die ausschließlich der Finanzierung der Pensionen dienen, wie nach IAS 19 saldiert mit der Pensionsverpflichtung auszuweisen. Das Planvermögen ist gem. § 253 Abs. 1 Satz 4 HGB mit Zeitwerten zu bewerten.

Ausweis der Aufwands-/Ertragspositionen

- Dienstzeitaufwand

  (Laufender, Nachzuverrechnender und Abfindungen aus Anlasse der Beendigung)

- Zinsaufwand auf Pensionsverpflichtung (mit prognostiziertem Zins)

+ Zinsertrag auf Planvermögen (mit prognostiziertem Zins)

= **Pensionsaufwand in der GuV**

+/- versicherungsmathematische Gewinne/Verluste auf Pensionsverpflichtung

+/- versicherungsmathematische Gewinne/Verluste auf Planvermögen

OCI

= **Gesamtaufwand/Gesamtertrag** aus Pensionsverpflichtungen

In IAS 19.120 (a) und (b) sind die in der GuV auszuweisenden Aufwandskomponenten definiert. Danach setzt sich der Aufwand zusammen aus:

- laufender Dienstzeitaufwand,
- Effekte aus Planänderungen, die als nachzuverrechnender Pensionsaufwand zu berücksichtigen sind bzw. Effekte aus der Beendigung einer Pensionszusage,
- Zinsaufwand berechnet auf die Pensionsverpflichtung zu Beginn des Berichtsjahres mit dem für das Berichtsjahr unterstellten Zinssatz,
- Zinsertrag berechnet auf das Planvermögen zu Beginn des Berichtsjahres mit dem für das Berichtsjahr unterstellten Zinssatz.

Der **Zinsaufwand/Zinsertrag** (Nettozinsaufwand) aus der Nettoverpflichtung ist saldiert anzugeben. Nicht vorgeschrieben ist, unter welcher Aufwandsposition der Nettozinsaufwand in der GuV auszuweisen ist. Gem. IAS 19.134 ist eine zusammengefasste Darstellung im Personalaufwand, aber auch eine getrennte Darstellung des Dienstzeitaufwandes im Personalaufwand und der Zinskomponente im Zinsergebnis möglich.

Effekte aus der Neubewertung (**versicherungsmathematische Gewinne/Verluste**) sind nach IAS 19.120 (c) im sonstigen Ergebnis (OCI) zu erfassen. Insb. werden durch diese Vorschrift Änderungen des Abzinsungssatzes erfolgsneutral im Eigenkapital ausgewiesen. Eine Umgliederung der im Eigenkapital kumulierten Beträge aus den Neubewertungen der Nettopensionsverpflichtungen in die GuV ist nicht möglich (siehe Kap. C.4).

Überblick über Anhangangaben

Angaben	Textziffern	Beispiele
Merkmale leistungsorientierter Versorgungspläne und der damit verbundenen Risiken	IAS 19.139	Beschreibung der Versorgungszusage, z.B. dynamische oder statische Zusage
Erläuterung von in Abschlüssen genannten Beträgen	IAS 19.140-144	Planvermögen und dessen Zusammensetzung (Aktien, Immobilien, Versicherungen etc.), Barwert der definierten Leistungsverpflichtung, Dienstzeitaufwand und Zinsaufwand/-ertrag in den einzelnen Komponenten
Angaben zu Betrag, Fälligkeit und Unsicherheit zukünftiger Zahlungsströme	IAS 19.145-147	Sensitivitätsanalyse der wesentlichen versicherungsmathematischen Annahmen, Beiträge zum Pensionsplan in der der Berichtsperiode folgenden Periode

Die Angaben sind für jeden wesentlichen Pensionsplan im Unternehmen gesondert zu machen.

Beispiel für die Beschreibung der Pensionszusagen und Angaben zu versicherungsmathematischen Parametern

Bei den englischen Gesellschaften der Praxis-AG bestehen leistungsorientierte Zusagen auf Alters-, Invaliditäts- und Hinterbliebenenleistungen aus dem Pension & Life Assurance Scheme. Das Programm verfügt über ein Planvermögen, das den überwiegenden Teil der Verpflichtungen deckt. Die Pensionsverpflichtung wurde nach versicherungsmathematischen Methoden berechnet. Dabei wurden die Annahmen zur Lebenserwartung gem. den Richttafeln XY und die folgenden Prämissen verwendet:

in % p. a.	31.12.t2	31.12.t1
Anwartschaftstrend	3,0 %	3,1 %
Rententrend	2,5 - 3,0 %	2,5 - 3,1 %
Rechnungszins	4,2 %	5,5 %
Rendite des Planvermögens	6,0 %	6,0 %

Beispiel für Angaben zur Überleitung der Pensionsverpflichtung und des Planvermögens

Der Anwartschaftsbarwert hat sich wie folgt entwickelt:

	t2	t1
Defined Benefit Obligation am 01.01.		
Laufender Dienstzeitaufwand		
Zinsaufwand		
Rentenzahlungen und Übertragungen		
Versicherungsmathematische Gewinne/Verluste		
Beiträge der Mitarbeiter		
Wechselkursveränderungen		
Defined Benefit Obligation am 31.12.		

Das Planvermögen hat sich wie folgt entwickelt:

	t2	t1
Planvermögen am 01.01.		
Erwarteter Ertrag des Planvermögens		
Rentenzahlungen und Übertragungen		
Versicherungsmathematische Gewinne/Verluste		
Beiträge der Arbeitgeber und Mitarbeiter		
Wechselkursveränderungen		
Planvermögen am 31.12.		

Der laufende Dienstzeitaufwand und der Zinsaufwand abzgl. der erwarteten Erträge aus dem Planvermögen werden in den Personalaufwendungen erfasst.

Beispiel für Angaben zum Planvermögen und zur Sensitivitätsanalyse

Die zu bilanzierende Verpflichtung beträgt demnach:

	31.12.t2	31.12.t1
Defined Benefit Obligation		
Planvermögen		
Bilanzansatz		

Das Planvermögen setzt sich wie folgt zusammen:

	31.12.t2	31.12.t1
Aktien		
Anleihen		
Immobilien		
Übrige		
Summe		

Bei einer Veränderung des Zinssatzes um -0,5% ergäbe sich eine Erhöhung des Bilanzansatzes um X TEUR. Eine Erhöhung des Zinssatzes um 0,5% ergäbe eine Reduzierung der Netto-Pensionsverpflichtung um X TEUR. Die Sensitivitätsberechnungen wurden jeweils unter Beibehaltung sämtlicher weiterer Annahmen durchgeführt.

D.10 Sonstige Rückstellungen

D.10.1 Relevante Vorschriften
- Anwendungsbereich von IAS 37
- Normenkontext

D.10.2 Ansatz
- Voraussetzungen für den Ansatz von sonstigen Rückstellungen
- Abgrenzung zu anderen Schulden
- Sonderfälle der Rückstellungsbilanzierung
- Beispiel zum Ansatz von sonstigen Rückstellungen

D.10.3 Bewertung
- Bewertung der sonstigen Rückstellungen
- Beispiel zur Bewertung von sonstigen Rückstellungen

D.10.4 Berichterstattung
- Saldierung mit Erstattungsansprüchen
- Überblick über Anhangangaben
- Beispiel für ausgewählte Anhangangaben zu Rückstellungen

Anwendungsbereich von IAS 37

Positive Abgrenzung des Anwendungsbereichs

Es liegt eine Rückstellung vor, d.h. eine Verpflichtung, die dem Grund oder der Höhe nach ungewiss ist.

Negative Abgrenzung des Anwendungsbereichs

Es liegt/liegen kein(e)
(1) schwebender Vertrag (außer er ist belastend),
(2) Finanzinstrument (einschließlich finanzieller Garantien) gem. IAS 39 bzw. IFRS 9,
(3) Fertigungsauftrag gem. IAS 11,
(4) Ertragsteuern gem. IAS 12,
(5) Leasingverhältnis gem. IAS 17,
(6) Leistungen an Arbeitnehmer gem. IAS 19 oder
(7) Versicherungsvertrag gem. IFRS 4 vor.

IAS 37 ist anwendbar

IAS 37 ist zudem anzuwenden für Eventualverbindlichkeiten und Eventualforderungen

Die Bilanzierung von sonstigen Rückstellungen ist grds. in **IAS 37** geregelt. Zum Anwendungsbereich des IAS 37 zählen ferner Eventualverbindlichkeiten und Eventualforderungen (IAS 37.1).

Vom Anwendungsbereich ausgenommen sind jedoch **schwebende Geschäfte**, sofern diese nicht belastend sind. Ein schwebendes Geschäft ist eine Transaktion, in der noch keine der beteiligten Parteien ihre jeweilige Verpflichtung (also z.B. die Lieferung oder die Bezahlung eines Vermögenswertes) erfüllt hat bzw. in der beide Parteien ihre Verpflichtungen zu gleichen Teilen erfüllt haben (IAS 37.3). Ein schwebendes Geschäft gilt als „**belastend**", sobald die Kosten zur Erfüllung der Verpflichtung den Nutzen aus dem Geschäft übersteigen und das Unternehmen sich dieser Verpflichtung nicht mehr entziehen kann (IAS 37.10). Dies könnte z.B. der Fall sein, wenn Preissteigerungen bei einem Inputfaktor nicht an den Kunden weitergegeben werden können und in Folge dessen die Herstellkosten den Verkaufspreis übersteigen.

Weiterhin sind vom Anwendungsbereich des IAS 37 solche Sachverhalte ausgeschlossen, für die der IASB spezielle Standards erlassen hat. Dies gilt u.a. für:
- Finanzinstrumente (einschließlich finanzieller Garantien) gem. **IAS 39** (siehe Kap. D.11),
- Fertigungsaufträge gem. **IAS 11** (siehe Kap. D.14),
- Ertragsteuern gem. **IAS 12** (siehe Kap. D.13),
- Leasingverhältnisse gem. **IAS 17** (siehe Kap. D.4),
- Leistungen an Arbeitnehmer gem. **IAS 19** (siehe Kap. D.9).

Normenkontext

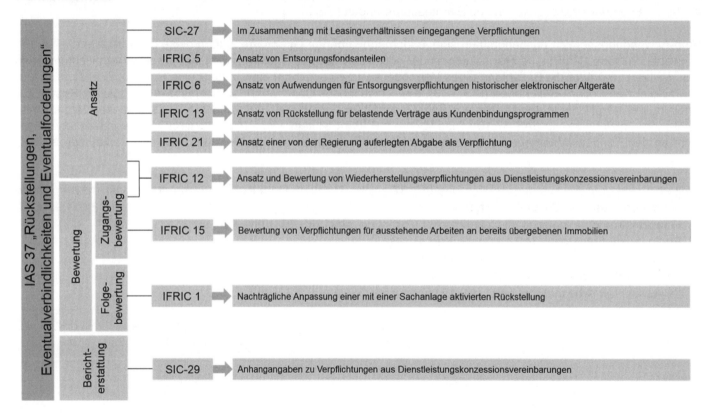

Neben IAS 37 und den grds. zu beachtenden Standards IFRS 13 (siehe Kap. D.2.3 für die Fair Value-Ermittlung), IAS 12 (siehe Kap. D.13 für latente Steuern) und IAS 1 (siehe Kap. C für Ausweisfragen) sind folgende Interpretationen ggf. relevant:

- **SIC-27** „Beurteilung des wirtschaftlichen Gehalts von Transaktionen in der rechtlichen Form von Leasingverhältnissen": Eingegangene Verpflichtungen, wie z.B. abgegebene Garantien, im Zusammenhang mit derartigen Transaktionen sind nach IAS 37 zu bilanzieren.
- **IFRIC 1** „Änderungen bestehender Rückstellungen für Entsorgungs-, Wiederherstellungs- und ähnliche Verpflichtungen": bei einer Änderung der erwarteten Zahlungsströme und/oder des Diskontierungszinssatzes der Rückstellung wird, je nach angewandter Bewertungsmethode (siehe Kap. D.2.3), der Buchwert bzw. die zugehörige Neubewertungsrücklage der Sachanlage angepasst.
- **IFRIC 5** „Rechte auf Anteile an Fonds für Entsorgung, Rekultivierung und Umweltsanierung": für die Bilanzierung von Verpflichtungen zur Leistung zusätzlicher Beiträge von den „Teilnehmern" eines solchen Fonds sowie für die Behandlung von Erstattungsansprüchen aus dem Fonds wird auf IAS 37 verwiesen.
- **IFRIC 6** „Verbindlichkeiten, die sich aus einer Teilnahme an einem spezifischen Markt ergeben – Elektro- und Elektronik-Altgeräte": Für die Entsorgungskosten von vor dem 13. August 2005 in den Verkehr gebrachten elektronischen Geräte (sogenannte „historische Altgeräte") aus Privathaushalten (siehe EU Richtlinie 2002/96/EG) muss ein Hersteller eine Rückstellung bilden, sofern er im Erfassungszeitraum am Markt für diese Geräte teilgenommen hat.
- **IFRIC 12** „Dienstleistungskonzessionsvereinbarungen": Die Bewertung einer etwaigen Verpflichtung zur Wiederherstellung von Infrastruktur erfolgt nach den Vorschriften von IAS 37 (für Angabepflichten siehe **SIC-29**).
- **IFRIC 13** „Kundenbindungsprogramme": Übersteigen die unentziehbaren Kosten der Verpflichtung aus einem Kundenbindungsprogramm die erwarteten Gegenleistungen daraus, liegt ein belastender Vertrag gem. IAS 37 vor.
- **IFRIC 15** „Verträge über die Errichtung von Immobilien": Die Bewertung von Verpflichtungen für noch zu leistende Arbeiten an bereits übergebenen Immobilien erfolgt gem. IAS 37.
- **IFRIC 21** „Abgaben": Für Abgaben an den Staat (ausgenommen Steuern oder Bußgeld-/Strafzahlungen) ist eine Verpflichtung dann anzusetzen, wenn die dafür maßgebliche Aktivität stattgefunden hat.

Voraussetzungen für den Ansatz von sonstigen Rückstellungen

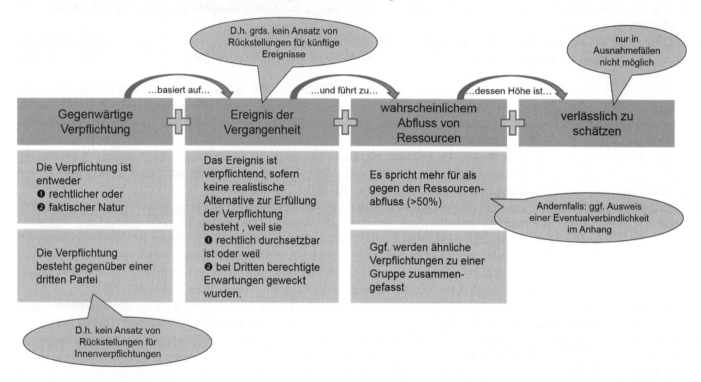

Sonstige Rückstellungen sind gem. IAS 37 zu passivieren, wenn vier Kriterien **kumulativ** erfüllt sind (IAS 37.14):

Gegenwärtige Verpflichtung: Die rechtliche oder faktische Schuld muss zum Bilanzstichtag bestehen. Dies ist ggf. durch Sachverständige (im Fall eines laufenden Gerichtsverfahrens z.B. einen Rechtsanwalt) oder die Nutzung wertaufhellender Ereignisse nach dem Bilanzstichtag zu beurteilen und wird bejaht, wenn mehr dafür als dagegen spricht (IAS 37.15 f.). Zudem muss die Verpflichtung gegenüber einer dritten Partei bestehen (d.h. keine Bildung einer Aufwandsrückstellung für Innenverpflichtungen), die indes nicht zwingend spezifiziert werden muss; eine gegenüber der Öffentlichkeit eingegangene Verpflichtung erfüllt dieses Kriterium bereits (IAS 37.20).

Ereignis der Vergangenheit: Die gegenwärtige Verpflichtung muss auf einem vergangen Ereignis basieren. Dieses Ereignis muss dazu führen, dass das Unternehmen sich seiner Verpflichtung nicht mehr entziehen kann (**Unentziehbarkeit**). Dies ist gem. IAS 37.17 nur der Fall, wenn sich das Unternehmen rechtlich (aufgrund bestehender oder höchstwahrscheinlich erlassener Gesetze) oder faktisch (durch seine Handlungen, z.B. eine öffentliche Ankündigung) verpflichtet hat. Hat das Unternehmen demgegenüber die Möglichkeit, z.B. durch Änderung seiner Geschäftstätigkeit, die Verpflichtung abzuwenden, ist keine Rückstellung anzusetzen. (IAS 37.19)

Wahrscheinlicher Abfluss von Ressourcen: Der Ressourcenabfluss muss zu mehr als 50% wahrscheinlich sein. Sollte dies nicht der Fall sein, ist im Anhang eine Eventualverbindlichkeit anzugeben, es sei denn, der Abfluss von Ressourcen ist unwahrscheinlich. Dabei ist zu beachten, dass ähnliche Verpflichtungen (z.B. für Gewährleistungen) zu Gruppen zusammenzufassen sind, um die Wahrscheinlichkeit des Ressourcenabflusses zu beurteilen (IAS 37.23 f.).

Verlässliche Schätzung: In IAS 37.25 wird ausdrücklich ausgeführt, dass dieses Kriterium in aller Regel erfüllt sein wird. Kann die Verpflichtung indes in seltenen Fällen nicht verlässlich geschätzt werden, ist sie im Anhang als Eventualverbindlichkeit angegeben (IAS 37.26).

Das **HGB** enthält in § 249 HGB eine abschließende Aufzählung der Anlässe, für die eine Rückstellung gebildet werden muss. Dazu zählen ungewisse Verbindlichkeiten, drohende Verluste aus schwebenden Geschäften, unterlassene Instandhaltungen (bei Nachholung in den ersten drei Monaten nach dem Bilanzstichtag), Abraumbeseitigungen und Gewährleistungen ohne rechtliche Verpflichtung.

Abgrenzung zu anderen Schulden

Verbindlichkeit	Accrual	Rückstellung	Eventual-verbindlichkeit

abnehmende Sicherheit

Verpflichtung ist dem Grund oder der Höhe nach sicher

Verpflichtung ist dem Grund und/oder der Höhe nach sicherer als eine Rückstellung, bedarf aber Schätzungen

Verpflichtung ist dem Grund und/oder der Höhe nach unsicher

Ansatzvoraussetzungen für Rückstellungen nicht erfüllt, Nutzenabfluss ist aber nicht unwahrscheinlich

Beispiel:
Verbindlichkeit aus Lieferung und Leistung

Beispiel:
Verpflichtungen aus ausstehenden Rechnungen oder Urlaubsansprüche der Mitarbeiter

Beispiel:
Rückbauverpflichtung bei einer Sachanlage

Beispiel:
Bürgschaft, mögliche Verpflichtung aus anhängigem Prozess, der wahrscheinlich gewonnen wird

Die sonstigen Rückstellungen gem. IAS 37 sind zu unterscheiden von den übrigen Arten von Schulden im IASB-Regelwerk:

Verbindlichkeiten stellen gegenwärtige Verpflichtungen dar, deren Höhe und Fälligkeit bekannt sind. Zudem existiert hier keine bzw. kaum Unsicherheit bezüglich des Abflusses von Ressourcen. So sind z.B. Verbindlichkeiten aus Lieferung und Leistung mit eindeutig bestimmbaren Beträgen und Zahlungsterminen versehen (IAS 37.11(a)).

Accruals (abgegrenzte Schulden) werden in IAS 37.11(b) nur beispielhaft erläutert. So zählen dazu z.B. Leistungen, die zwar erhalten aber noch nicht in Rechnung gestellt wurden. Auch bei Urlaubsgeldern für Mitarbeiter besteht bereits eine Verpflichtung zur Zahlung, indes ist der Zeitpunkt noch unsicher, da vom Unternehmen nicht beeinflussbar (IAS 37.11(b)). Accruals werden i.d.R. unter den Verbindlichkeiten ausgewiesen.

Eventualverbindlichkeiten bestehen entweder, da bei einer gegenwärtigen Verpflichtung die Wahrscheinlichkeit des Nutzenabflusses nicht wahrscheinlich (< 50%) ist oder da das Bestehen einer Verpflichtung gegenwärtig nicht sicher ist (IAS 37.13(b)). Im erstgenannten Fall, z.B. einer übernommenen Garantie für die Leistungsverpflichtungen eines anderen Unternehmens, bestünde zwar eine gegenwärtige Verpflichtung (aus dem Garantievertrag) basierend auf einem Ereignis der Vergangenheit (dem Abschluss der Garantie) – indes könnte die Wahrscheinlichkeit einer Inanspruchnahme aus der Garantie als gering eingeschätzt werden (IAS 37.Appendix C Example 9). Im zweitgenannten Fall, z.B. einem laufenden Gerichtsverfahren, für das aufgrund eines anwaltlichen Gutachtens nicht mit einer Verurteilung gerechnet wird, wäre nicht sicher, ob überhaupt eine gegenwärtige Verpflichtung besteht (IAS 37.Appendix C Example 10). Eventualverbindlichkeiten dürfen nicht in der Bilanz angesetzt werden (IAS 37.27), müssen jedoch im Anhang angegeben werden (IAS 37.86).

Im **HGB** wird nur zwischen Verbindlichkeiten, Rückstellungen (§ 249 HGB) und Eventualverbindlichkeiten unterschieden. Accruals werden i.d.R. unter den Rückstellungen erfasst. Unter der Bilanz bzw. im Anhang sind Haftungsverhältnisse (§ 251 HGB) anzugeben.

Sonderfälle der Rückstellungsbilanzierung

❶ künftige betriebliche Verluste

Ansatzverbot für künftige betriebliche Verluste, aber ggf. Hinweis für eine Wertminderung gem. IAS 36

❷ belastende Verträge

Ansatzpflicht wenn:

künftige Kosten zur Erfüllung der vertraglichen Verpflichtungen

> wirtschaftlicher Nutzen aus dem Vertrag

Wertminderung geht Rückstellungsbildung vor

❸ Restrukturierungen

Ansatzpflicht wenn:

detaillierter, formaler Plan

➕

Beginn der Umsetzung

oder

Ankündigung gegenüber den Betroffenen

❶ Für **künftige betriebliche Verluste** aus der Geschäftstätigkeit darf keine Rückstellung angesetzt werden (IAS 37.63). Es mangelt ihnen an der Verpflichtung gegenüber einem Dritten sowie an einem vergangenen Ereignis. Indes ist zu prüfen, ob die Erwartung künftiger Verluste einen Wertminderungsbedarf (siehe Kap. D.2.3) anzeigt (IAS 37.65).

❷ Wenn ein **belastender Vertrag** vorliegt (siehe Kap. D.10.1), ist für die gegenwärtige vertragliche Verpflichtung eine Rückstellung anzusetzen (IAS 37.66). Allerdings ist vordringlich zu prüfen, ob die zugehörigen Vermögenswerte im Wert gemindert sind (IAS 37.69). Diese Rückstellungen sind mit dem niedrigeren Betrag aus den Kosten der Vertragserfüllung und den Kosten der Nichterfüllung des Vertrags (z.B. Vertragsstrafen) anzusetzen (IAS 37.68).

❸ Für **Restrukturierungsmaßnahmen** (z.B. der Trennung von einem Geschäftsbereich oder der Umorganisation einer Unternehmenssparte) sind Rückstellungen anzusetzen, sofern sie den allgemeinen Ansatzkriterien des IAS 37.14 bzw. deren Konkretisierung in IAS 37.72-83 genügen: So besteht die gegenwärtige Verpflichtung auf Grundlage eines vergangenen Ereignisses nur, wenn es einen detaillierten und formalen Restrukturierungsplan gibt, der wesentliche Aspekte spezifiziert (z.B. den Geschäftsbereich und die betroffenen Standorte benennt). Ferner muss dieser Plan entweder den Betroffenen gegenüber angekündigt oder es muss bereits mit seiner Umsetzung begonnen worden sein (IAS 37.72). Sollte Teil der Restrukturierung die Veräußerung von Unternehmensteilen sein, besteht erst mit Abschluss eines bindenden Kaufvertrages eine gegenwärtige Verpflichtung (IAS 37.78). Restrukturierungsrückstellungen werden bemessen in Höhe der für die Restrukturierung notwendigen Ausgaben (z.B. Beraterhonorare). Nicht mit in die Rückstellungsbewertung einzubeziehen sind solche Ausgaben, die im laufenden Betrieb des Unternehmens auch ohne die Restrukturierung anfallen würden. Explizit ausgeschlossen von der Rückstellungsbewertung sind daher Schulungsmaßnahmen, Marketingausgaben oder Ausgaben für neue Systeme oder Vertriebsnetze (IAS 37.80 f.). Eine Verrechnung der Rückstellung mit etwaigen Gewinnen aus dem Verkauf von Vermögenswerten im Zuge der Restrukturierung ist untersagt (IAS 37.83).

Lt. **HGB** sind Drohverlustrückstellungen für schwebende Geschäfte ausdrücklich zu bilden (§ 249 Abs. 1 HGB). Dies entspricht den Regelung des IAS 37 für belastende Verträge. Für künftige betriebliche Verluste dürfen nach HGB wie auch nach IFRS keine Rückstellungen gebildet werden. Den IFRS vergleichbare Regelungen für Restrukturierungsmaßnahmen enthält das HGB nicht. Zu prüfen ist also im Einzelfall, ob für Restrukturierungsmaßnahmen Rückstellungen gem. § 249 HGB zu bilden sind.

Beispiel zum Ansatz von sonstigen Rückstellungen

Sachverhalt

Die Praxis-AG betreibt eine Produktionsanlage in der Nähe eines Neubaugebietes. Im Jahr t1 kommt es zu Beschwerden der Anwohner, da ein Waldstück auf dem Gelände, das bislang den Blick auf die Industrieanlagen verdeckte, abgeholzt wurde. Der lokale Bürgermeister fordert daraufhin am 30.09.t1 die Praxis-AG in einem offenen Brief dazu auf, Abhilfe zu schaffen. Rechtsmittel werden nicht eingelegt. Nach interner Abwägung kündigt die Praxis-AG dennoch am 01.01.t2 öffentlich an, dass die Fläche wieder aufgeforstet werden soll. Am 28.02.t2 wird dies auch in einem Vertrag mit der Kommune festgehalten.

Lösung

Das Ereignis der Vergangenheit (die Abholzung des Waldstücks) führt erst mit der öffentlichen Ankündigung zu einer Verpflichtung gegenüber einer dritten Partei. Der Ressourcenabfluss ist damit zu mehr als 50% wahrscheinlich, zudem dürfte die Höhe der anfallenden Aufwendungen verlässlich schätzbar sein. Die Ansatzvoraussetzungen für eine Rückstellung sind somit erst im Jahr t2 erfüllt.

Da sich das Waldstück auf dem Gelände der Praxis-AG befand und keinerlei rechtliche Ansprüche geltend gemacht wurden, entsteht aus der öffentlichen Aufforderung des Bürgermeisters im Jahr t1 noch keine gegenwärtige Verpflichtung. In t1 besteht insofern keine Rückstellungspflicht/-möglichkeit.

Zu einer solchen kommt es erst mit der öffentlichen Ankündigung in t2, durch die eine faktische Verpflichtung gegenüber einer dritten Partei (in diesem Fall: der allgemeinen Öffentlichkeit) geschaffen wird. In der Öffentlichkeit wurde mit der Ankündigung eine berechtigte Erwartung geweckt. Die spätere rechtliche Verpflichtung (28.02.t2) ist hierfür nicht mehr ausschlaggebend und bestätigt allenfalls die Wahrscheinlichkeit des Ressourcenabflusses sowie die Schätzbarkeit der Höhe.

Bewertung der sonstigen Rückstellungen

❶ Grundsatz: Bewertung mit der bestmöglichen Schätzung des Erfüllungsbetrags

❷ einzelne Verpflichtung	❸ Gruppe von Verpflichtungen
Bewertung mit dem wahrscheinlichsten Wert	**Bewertung mit dem Erwartungswert**
<u>Beispiel</u>: Ein laufender Prozess führt mit einer Wahrscheinlichkeit von 80% zu einer Strafzahlung (inkl. Gerichtskosten) i.H.v. 1,2 Mio. EUR und zu 20% zu einer Strafe i.H.v. 0,8 Mio. EUR. Die Rückstellung ist mit 1,2 Mio. EUR zu bewerten.	<u>Beispiel</u>: Aus Kulanzgründen werden defekte Produkte zurückgenommen. 75% sind fehlerfrei, für 15% fallen Kosten i.H.v. 1,5 Mio. EUR und für 10% fallen Kosten i.H.v. 2 Mio. EUR an. Die Rückstellung ist mit 75% x 0 + 15% x 1,5 + 10% x 2 = 0,425 Mio. EUR zu bewerten.

❹ Risiken/Unsicherheiten	❺ Zinsen	❻ künftige Ereignisse
Unsicherheiten sind zu berücksichtigen, rechtfertigen aber keine (willkürlich) überhöhte Rückstellungsbildung.	Eine Abzinsung hat zu erfolgen, sofern der Zinseffekt wesentlich ist (i.d.R. bei Laufzeiten > 1 Jahr).	Lernkurveneffekte, neue Technologien oder höchstwahrscheinliche Gesetzesänderungen sind zu berücksichtigen.

❶ Grds. sind Rückstellungen mit der bestmöglichen Schätzung ihres **Erfüllungsbetrags**, also dem am Bilanzstichtag entweder zur Erfüllung der Verpflichtung oder zur Übertragung auf einen Dritten notwendigen Betrag (IAS 37.36 ff.). Der Betrag ist vor Steuern zu schätzen (IAS 37.41).

❷ Ist eine einzelne Verpflichtung Gegenstand der Rückstellung, wird der Bewertungsunsicherheit durch Ansatz des **wahrscheinlichsten Wertes** Rechnung getragen. Dabei ist die Wahrscheinlichkeitsverteilung zu berücksichtigen: liegen eine Mehrzahl der alternativ möglichen Szenarien ober- oder unterhalb des wahrscheinlichsten Wertes, ist der Wertansatz nach oben oder unten zu korrigieren (IAS 37.40).

❸ Werden demgegenüber eine Gruppe von Verpflichtungen betrachtet, ist der **Erwartungswert** durch Gewichtung der möglichen Ereignisse zu ermitteln (IAS 37.39).

❹ Regelmäßig bestehen bei der Rückstellungsbewertung **Unsicherheiten bzw. Risiken**, die den Betrag der Rückstellung betreffen. Diese sind durch Zuschläge zu berücksichtigen, dürfen indes nicht zu einer systematischen Überbewertung der Rückstellungen führen (IAS 37.42 ff.).

❺ Sofern der Zinseffekt wesentlich ist, da die Ereignisse auf die sich die Rückstellung bezieht, in zukünftigen Perioden liegen, ist der Erfüllungsbetrag auf den Bilanzstichtag **abzuzinsen** (IAS 37.45).

❻ Ist zwischen dem Bilanzstichtag und dem Eintritt der Verpflichtung mit **künftigen Ereignissen** zu rechnen, die den Erfüllungsbetrag beeinflussen (z.B. so gut wie sichere Gesetzesänderungen oder technologische Entwicklungen), sind diese bei der Rückstellungsbewertung zu berücksichtigen. Für den Eintritt dieser Ereignisse müssen objektive substanzielle Hinweise vorliegen (IAS 37.48 ff.).

Gem. § 253 Abs. 1 Satz 2 **HGB** sind Rückstellungen ebenfalls mit dem Erfüllungsbetrag zu bewerten. Ebenso ist eine Abzinsung (§ 253 Abs. 2 HGB) und eine Berücksichtigung künftiger Ereignisse vorgeschrieben. Aufgrund des im HGB verglichen mit der IASB-Rechnungslegung stärker ausgeprägten Vorsichtsprinzips (vgl. § 252 Abs. 1 Nr. 4 HGB) kommt es indes nach HGB tendenziell zu einer höheren Rückstellungsbildung.

Beispiel zur Bewertung von sonstigen Rückstellungen

Sachverhalt

Fortsetzung des Beispiels von S. 288: Die Wiederaufforstungsmaßnahmen sollen erst im Jahr t4 durchgeführt werden. Aktuell würde die Wiederaufforstung insgesamt 120 TEUR kosten. Aufgrund von absehbaren Preissteigerungen werden die im Jahr t4 anfallenden Kosten mit einer Wahrscheinlichkeit von 75 % auf 150 TEUR geschätzt bzw. mit einer Wahrscheinlichkeit von 25% auf 200 TEUR. Der anzuwendende Diskontierungssatz für diese Laufzeit beträgt 3,5%.

Im Jahr t4 kann die Praxis-AG aus dem Bestand einer insolventen Baumschule mehrere Pflanzen günstig übernehmen, so dass die tatsächlichen Kosten der Aufforstung für die Praxis-AG nur noch 100 TEUR betragen. Jedoch muss eine Zufahrtsstraße auf dem Produktionsgelände (ohne Zusammenhang zur Wiederaufforstung) für 30 TEUR saniert werden.

Lösung

In t2 ist eine Rückstellung zunächst i.H.v. 140 TEUR zu bilden. In den Folgejahren wird die Rückstellung aufgezinst. Im Jahr t4 ist die Rückstellung dann ertragswirksam um 50 TEUR zu reduzieren. Die Kosten für die Wiederaufforstung werden durch die verbliebene Rückstellung neutralisiert. Die Ausgaben für die Zufahrtsstraße sind indes aufwandswirksam zu buchen.

Die Praxis-AG bildet in t2 die Rückstellung in Höhe des Barwertes der bestmöglichen Schätzung des Erfüllungsbetrages. Dabei sind die absehbaren Preissteigerungen als künftige Ereignisse zu berücksichtigen. Da es sich um eine einzelne Verpflichtung handelt, ist der wahrscheinlichste Wert (150 TEUR) heranzuziehen. Diskontiert über 2 Jahre mit einem Zinssatz von 3,5% ergibt sich ein Barwert der Verpflichtung i.H.v. 140 TEUR:

$$\frac{150.000}{(1 + 0,035)^2} \approx 140.000$$

In den Jahren t3 und t4 ist die Rückstellung jeweils mit 3,5% aufzuzinsen. Es ergeben sich folgende Werte (gerundet):

	t2	t3	t4
Zinsertrag		5	5
Buchwert der Rückstellung	140	145	150

Da sich im Jahr t4 die erwarteten Kosten als geringer herausstellen, ist die Rückstellung zunächst teilweise (i.H.v. 50 TEUR) erfolgswirksam aufzulösen (IAS 37.59). Es verbleibt ein Rückstellungsbetrag von 100 TEUR.

Die Rückstellung darf nur für die Zwecke verwendet werden, für die sie ursprünglich gebildet wurde (IAS 37.61). Daher dürfen nur die Ausgaben für die Wiederaufforstung (100 TEUR) mit der Rückstellung verrechnet werden, die Ausgaben für die Zufahrtsstraße (30 TEUR) sind Aufwand der Periode.

Saldierung mit Erstattungsansprüchen

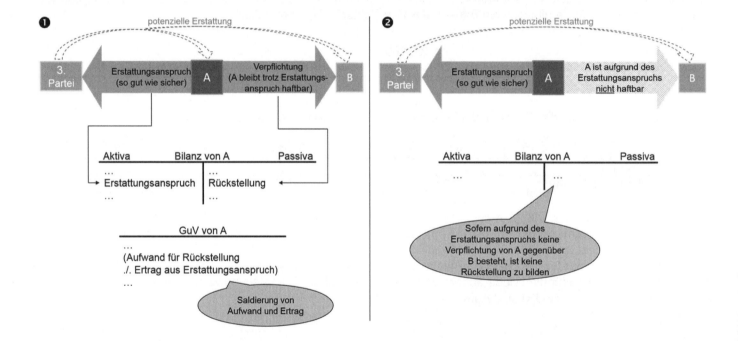

❶ Besteht in einen Sachverhalt, für den eine Rückstellung gebildet wurde, die berechtigte Erwartung, dass der notwendige Betrag **höchstwahrscheinlich** komplett oder teilweise von einer dritten Partei erstattet wird, so ist dieser Erstattungsanspruch als Vermögenswert zu aktivieren. Dabei ist es unerheblich, ob die dritte Partei direkt an den Gläubiger zahlt oder den Betrag dem bilanzierenden Unternehmen erstattet (IAS 37.55). Die Höhe des aktivierten Erstattungsanspruchs darf **nicht größer** sein als der Betrag der Rückstellung, selbst wenn die dritte Partei mehr als den Erfüllungsbetrag der Verpflichtung erstatten sollte (IAS 37.53).

In der Gesamtergebnisrechnung dürfen der Aufwand für die Bildung der Rückstellung und der Ertrag aus der Aktivierung des Erstattungsanspruchs **saldiert** werden (IAS 37.54).

❷ Ist das bilanzierende Unternehmen hingegen **nicht haftbar** zu machen, (selbst) falls die dritte Partei nicht zahlen sollte, sind keine Rückstellung zu passivieren und dementsprechend auch kein Erstattungsanspruch zu aktivieren (IAS 37.57). Für den Umstand, dass bei einer gesamtschuldnerischen Haftung ggf. andere Schuldner die Verpflichtung begleichen, wird ebenfalls kein Erstattungsanspruch aktiviert.

Überblick über Anhangangaben

Angaben	Textziffern	Beispiele
Angaben zu (Gruppen von) Rückstellungen	IAS 37.84-85, 87	Rückstellungsspiegel, Beschreibung der (Gruppen von) Rückstellungen
Angaben zu Eventualverbindlichkeiten	IAS 37.86, 88, 91	Beschreibung der Eventualverbindlichkeiten sowie möglicher Erstattungen
Angaben zu Eventualforderungen	IAS 37.89-91	Beschreibung der Eventualforderungen, ggf. inkl. finanzieller Auswirkungen
Schutzklausel	IAS 37.92	Unterlassung von Angaben bei ernsthafter Beeinträchtigung der Lage des Unternehmens in Rechtsstreitigkeiten

Beispiel für ausgewählte Anhangaben zu Rückstellungen

Die sonstige Rückstellungen setzen sich wie folgt zusammen:

	31.12.t2	31.12.t1
Gewährleistungsrückstellungen		
Absatzbezogene Rückstellungen		
Übrige sonstige Rückstellungen		
Summe		
Davon langfristig		
Davon kurzfristig		
Auf Rückstellungen bezogene Erstattungsansprüche, die unter den sonstigen Vermögenswerten ausgewiesen werden		

Die Rückstellungen für Gewährleistungen umfassen sowohl die Verpflichtungen aufgrund der Haftung der Praxis-AG für die einwandfreie Funktionalität der verkauften Produkte (Gewährleistungshaftung) als auch die Verpflichtung, die durch den Gebrauch der Produkte entstandenen Schäden zu ersetzen (Produkthaftung). Für Gewährleistungen wird der Rückstellungsbetrag anhand des in der Vergangenheit entstandenen Gewährleistungsaufwands, des Gewährleistungszeitraums und des gewährleistungsbehafteten Umsatzes ermittelt. Für bekannte oder gerichtlich angemeldete Schäden (Produkthaftung) werden Einzelrückstellungen gebildet.

Die Rückstellungen für sonstige absatzbezogene Risiken betreffen im Wesentlichen drohende Verluste aus schwebenden Geschäften. Rückstellungen für übrige geschäftsbezogene Verpflichtungen sind auf Basis der noch zu erbringenden Leistungen bewertet, in der Regel in Höhe der voraussichtlich noch anfallenden Herstellungskosten.

Die übrigen sonstigen Rückstellungen enthalten u.a. Rückstellungen für Restrukturierungsmaßnahmen, Prozessrisiken und Umweltschutz.

Die Rückstellungen haben sich in t2 wie folgt entwickelt:

	1.1.t2	Zuführung	Aufzinsung	Verbrauch	Auflösung	31.12.t2
Gewährleistungsrückstellungen						
Absatzbezogene Rückstellungen						
Übrige sonstige Rückstellungen						
Summe						

D.11 Finanzielle Schulden

D.11.1 Relevante Vorschriften

- Anwendungsbereich von IAS 39
- Normenkontext

D.11.2 Ansatz

- Klassifizierung finanzieller Schulden
- Ausbuchung finanzieller Schulden

D.11.3 Bewertung

- Zugangs- und Folgebewertung finanzieller Schulden

D.11.4 Berichterstattung

- Überblick über Anhangangaben
- Beispiel für ausgewählte Anhangangaben

D.11.5 Ausblick auf IFRS 9

Anwendungsbereich von IAS 39

Positive Abgrenzung des Anwendungsbereichs

Es liegt eine finanzielle Schuld gem. IAS 32 vor, also entweder
(1) eine vertragliche Pflicht zur Abgabe liquider Mittel oder zu nachteiligem Tausch finanzieller Vermögenswerte/Schulden oder
(2) ein Vertrag, der mit eigenen Eigenkapitalinstrumenten erfüllt werden kann.

Negative Abgrenzung des Anwendungsbereichs

Es liegt/liegen kein(e)...
- Pflichten von Arbeitgebern aus Pensionsplänen,
- Versicherungsvertrag,
- anteilsbasierte Vergütung,
- Eigenkapitalinstrument,
- Pflichten aus Leasingverhältnissen,
- Termingeschäft zum Unternehmenskauf oder
- Kreditzusagen vor.

IAS 39 ist anwendbar

siehe Kap. D.5 für die Anwendung des IAS 39 für finanzielle Vermögenswerte

Ansatz und Bewertung von finanziellen Schulden werden grds. in **IAS 39** geregelt (IAS 39.2-7). Eine **Definition** finanzieller Schulden wird in IAS 32.11 vorgenommen. Demnach sind dies:

- vertragliche Verpflichtungen zur Lieferung liquider Mittel oder dem nachteiligen Tausch finanzieller Vermögenswerte/Schulden (z.B. Verbindlichkeiten aus Lieferung und Leistung).

- Verträge, die mit eigenen Eigenkapitalinstrumenten erfüllt werden können. Allerdings gilt dies nur für

   a) originäre Finanzinstrumente, die durch Lieferung einer variablen Anzahl eigener Eigenkapitalinstrumente erfüllt werden (z.B. ein Kaufvertrag mit einer Preisgleitklausel, der durch Lieferung von Eigenkapitalinstrumenten erfüllt wird) oder

   b) derivative Finanzinstrumente, die nicht durch Tausch eines fixen Betrags liquider Mittel oder anderer finanzieller Vermögenswerte gegen eine fixe Anzahl von Eigenkapitalinstrumenten erfüllt werden (z.B. eine geschriebene Call-Option, die der Gegenpartei das Recht einräumt, zum festgelegten Ausübungspreis eine Anzahl Eigenkapitalinstrumente zu erwerben. Die Anzahl der Eigenkapitalinstrumente hängt indes von einer weiteren Variablen ab).

Bestimmte Verträge bzw. Verpflichtungen sind indes explizit vom Anwendungsbereich des IAS 39 ausgenommen. Für diese Posten sind andere Standards einschlägig. Dies gilt z.B. für:
- Verpflichtungen aus Pensionsplänen, die nach **IAS 19** bilanziert werden (siehe Kap. D.9),
- anteilsbasierte Vergütungen gem. **IFRS 2** (siehe Kap. D.12),
- Eigenkapital (siehe Kap. D.8),
- Verpflichtungen aus Leasingverhältnissen gem. **IAS 17** (siehe Kap. D.4),
- Kreditzusagen, welche nicht den Bedingungen in IAS 39.4 (Zusagen, die der Kategorie at Fair Value through profit or loss zugeordnet sind, die in bar oder durch Ausgabe von Finanzinstrumenten erfüllbar oder die unterhalb des Marktzinses ausgegeben werden) entsprechen, sind nach **IAS 37** zu bilanzieren (siehe Kap. D.10).

Normenkontext

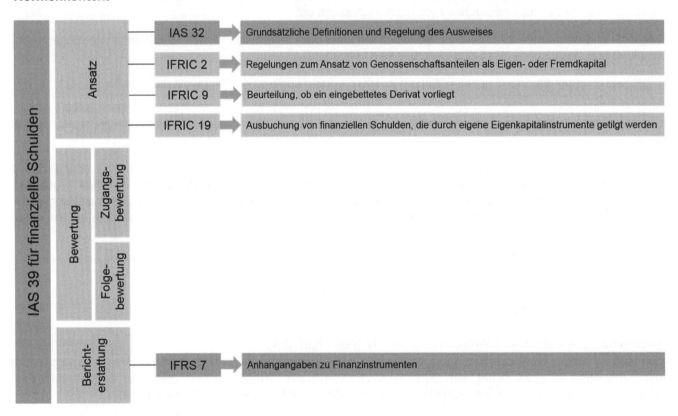

Neben IAS 39 und den grds. zu beachtenden Standards IFRS 13 (siehe Kap. D.2.3 für die Fair Value-Ermittlung), IAS 12 (siehe Kap. D.13 für latente Steuern) und IAS 1 (siehe Kap. C für Ausweisfragen) sind folgende Standards/ Interpretationen ggf. relevant:

- **IAS 32** „Finanzinstrumente: Ausweis": Definition der finanziellen Schulden.

- **IFRS 7** „Finanzinstrumente: Angaben": Regelt Anhangangaben zu finanziellen Schulden.

- **IFRIC 2** „Geschäftsanteile an Genossenschaften und ähnliche Instrumente": Anteile an Genossenschaften sind als finanzielle Schuld zu klassifizieren, wenn ihre Rücknahme verpflichtend ist bzw. die Kriterien des IAS 32.16A ff. nicht erfüllt sind. Für die Beurteilung sind zudem gültige Gesetze und die Satzung des Unternehmens zu berücksichtigen. Sichteinlagen der Genossenschaftsmitglieder stellen finanzielle Schulden dar (siehe auch Kap. D.8).

- **IFRIC 9** „Neubeurteilung eingebetteter Derivate": Die Beurteilung, ob ein eingebettetes Derivat ggf. separat als finanzielle Schuld zu bilanzieren ist, erfolgt grds. nur zu dem Zeitpunkt, zu dem das Unternehmen Vertragspartei wird. Ausnahmen gelten, wenn sich aufgrund einer Änderung der Vertragsbedingungen die Zahlungsströme erheblich ändern.

- **IFRIC 19** „Tilgung finanzieller Verbindlichkeiten durch Eigenkapitalinstrumente": Finanzielle Schulden, die durch Ausgabe eigener Eigenkapitaltitel getilgt werden sollen, sind nur auszubuchen, wenn die Ausbuchung gem. IAS 39.39 gerechtfertigt ist. Ändert eine teilweise Tilgung die Konditionen der verbleibenden finanziellen Schuld, ist diese als neue Schuld anzusetzen (und die alte Schuld komplett auszubuchen).

Klassifizierung finanzieller Schulden

Fair Value-Option		Vermeidung von Inkongruenzen und Portfolios, die auf Fair Value-Basis gemanagt werden
Kategorie	at Fair Value through profit or loss	Finanzielle Schuld
Verwendungs-absicht	(kurzfristige) Spekulation	Finanzierung
weitere Kriterien	• Absicht des kurzfristigen Rückkaufs, • Teil eines Portfolios, bei dem kurzfristige Gewinnmitnahmen in der jüngeren Vergangenheit dokumentiert sind, oder • Derivat	• entsprechen der Definition finanzieller Schulden • kein Derivat
Beispiele	Instrumente/Portfolios des Handelsbestands, Derivate, Lieferverpflichtungen bei Leerverkäufen	emittierte Anleihen, aufgenommene Kredite, Verbindlichkeiten aus Lieferung und Leistung

Finanzielle Schulden bilden eine eigene Kategorie von Finanzinstrumenten, wenngleich diese nicht explizit im IAS 39 als solche erwähnt wird. Sie sind anzusetzen, sobald das Unternehmen Vertragspartei wird (IAS 39.14). Bestandteil dieser „Kategorie" sind alle finanziellen Schulden (siehe Kap. D.11.1), sofern diese nicht zum Handelsbestand gehören oder für sie die Fair Value-Option ausgeübt wurde (siehe unten).

Ebenso wie finanzielle Vermögenswerte können auch finanzielle Schulden als **at fair value through profit or loss** klassifiziert werden, wenn sie zu **Handelszwecken** gehalten werden. Dies gilt z.B. für Derivate (wenn das Unternehmen in der Position des Stillhalters ist, also das Derivat geschrieben hat) oder auch finanzielle Schulden, die kurzfristig wieder „verkauft" werden sollen. Wurde eine finanzielle Schuld indes lediglich zur Finanzierung von Handelsaktivitäten aufgenommen (z.B. ein Kredit zur Finanzierung eines Aktienkaufs), gilt diese nicht als zu Handelszwecken gehalten (IAS 39.A15).

Finanzielle Schulden können zudem auf Grundlage der sogenannten **Fair Value-Option** in die Kategorie at fair value through profit or loss eingruppiert werden. Dies ist immer dann zulässig, wenn die Bewertung zum Fair Value Inkongruenzen vermeidet oder bei Portfolios, die das Unternehmen auf Basis des Fair Value steuert (IAS 39.9). Z.B. könnte ein Unternehmen zur Refinanzierung eines variabel verzinslichen Darlehens eine ebenso variabel verzinsliche Anleihe emittiert haben. Würde die Anleihe dem Handelsbestand zugerechnet, das Darlehen indes nicht, könnten sich die Änderungen der Fair Values nicht gegenseitig aufheben, obwohl dies der ökonomische Beweggrund für die Transaktion ist. Diese Inkongruenz wird durch Ausübung der Fair Value-Option für das Darlehen beseitigt (IAS 39.AG4E d) ii)).

Im **HGB** existiert lediglich für den Handelsbestand von Kreditinstituten eine Vorschrift zur Fair Value-Bewertung für Finanzinstrumente (§ 340e Abs. 3 HGB). Abgesehen davon sieht das HGB keine vergleichbare Klassifizierung finanzieller Schulden vor. Der Ansatz erfolgt grds., sobald die Kriterien einer Schuld erfüllt sind (d.h. es liegt eine wirtschaftlich belastende und quantifizierbare Verpflichtung des Unternehmens vor).

Ausbuchung finanzieller Schulden

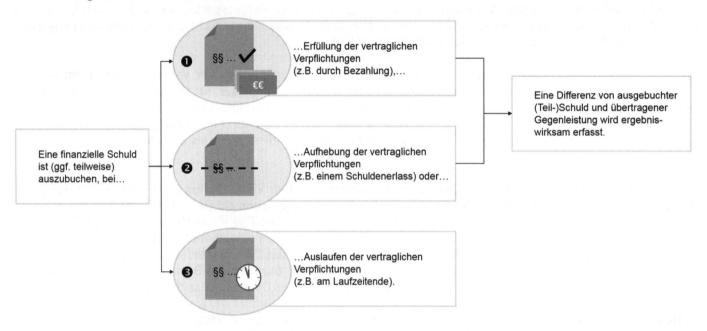

Eine finanzielle Schuld muss in drei Fällen komplett oder teilweise ausgebucht werden (IAS 39.39 ff.):

❶ Die vertragliche Verpflichtung wurde **erfüllt**. Dies ist regelmäßig bei Bezahlung einer Verbindlichkeit oder Rückzahlung eines Kredites der Fall. Dies kann auch dann der Fall sein, wenn die Schuld durch Zahlung an eine dritte Partei getilgt wird. Die dritte Partei muss dafür an die Stelle des ursprünglichen Schuldners treten und der Schuldner darf auch rechtlich nicht mehr zur Zahlung an den Gläubiger verpflichtet sein (IAS 39.AG60).

❷ Die vertragliche Verpflichtung wurde **aufgehoben**. Werden z.B. die Konditionen eines Kreditvertrages wesentlich verändert, ist die finanzielle Schuld zunächst auszubuchen und zu den geänderten Bedingungen als neue finanzielle Schuld einzubuchen (IAS 39.40). Die Konditionen gelten als „wesentlich verändert", wenn die Summe der diskontierten Cashflows vor und nach der Änderung zu mind. 10% voneinander abweichen (IAS 39.AG62).

❸ Die vertragliche Verpflichtung ist **ausgelaufen**. Z.B. könnte sich ein Unternehmen zur zeitlich befristeten Zahlungen eines Stipendiums verpflichtet haben.

Wird eine finanzielle Schuld per Bezahlung getilgt oder durch Übertragung eines anderen Vermögenswertes bzw. Übernahme einer andren Verbindlichkeit beglichen, ist die **Differenz zum Buchwert erfolgswirksam** zu erfassen (IAS 39.41).

Das **HGB** sieht keine expliziten Regeln für das Ausbuchen einer Verbindlichkeit vor. Grds. sind aber auch nach HGB Verbindlichkeiten bei Erfüllung, Aufhebung oder Auslaufen auszubuchen.

Zugangs- und Folgebewertung finanzieller Schulden

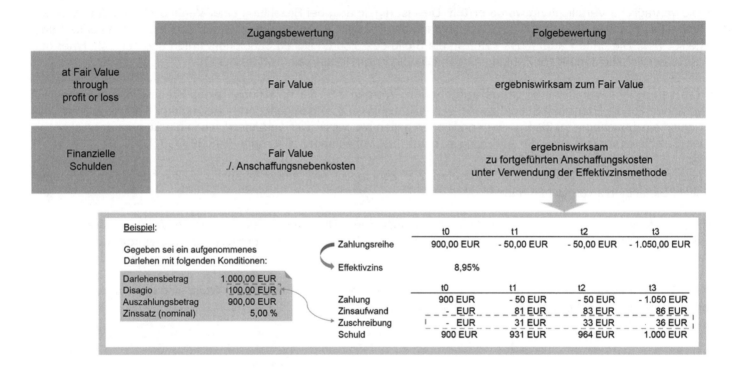

	Zugangsbewertung	Folgebewertung
at Fair Value through profit or loss	Fair Value	ergebniswirksam zum Fair Value
Finanzielle Schulden	Fair Value ./. Anschaffungsnebenkosten	ergebniswirksam zu fortgeführten Anschaffungskosten unter Verwendung der Effektivzinsmethode

Beispiel:

Gegeben sei ein aufgenommenes Darlehen mit folgenden Konditionen:

Darlehensbetrag	1.000,00 EUR
Disagio	100,00 EUR
Auszahlungsbetrag	900,00 EUR
Zinssatz (nominal)	5,00 %

	t0	t1	t2	t3
Zahlungsreihe	900,00 EUR	- 50,00 EUR	- 50,00 EUR	- 1.050,00 EUR
Effektivzins	8,95%			

	t0	t1	t2	t3
Zahlung	900 EUR	- 50 EUR	- 50 EUR	- 1.050 EUR
Zinsaufwand	- EUR	81 EUR	83 EUR	86 EUR
Zuschreibung	- EUR	31 EUR	33 EUR	36 EUR
Schuld	900 EUR	931 EUR	964 EUR	1.000 EUR

Die Zugangsbewertung finanzieller Schulden erfolgt zum Fair Value (IAS 39.43). Mit Ausnahme der erfolgswirksam zum Fair Value bewerteten finanziellen Schulden (die der Kategorie at fair value through profit or loss zugeordnet wurden) sind zudem Anschaffungsnebenkosten (= zurechenbare Transaktionskosten wie z.B. Gebühren der Kreditinstitute) zum Abzug zu bringen.

Grds. sind **finanzielle Schulden** in den Folgejahren mit fortgeführten Anschaffungskosten unter Anwendung der Effektivzinsmethode zu bewerten (IAS 39.47) (siehe Kap. D.4.3). D.h. bei einem Disagio würde die Differenz von Auszahlungsbetrag und Nominalbetrag über die Laufzeit der Schuld verteilt.

Im nebenstehenden **Beispiel** wird ein Darlehen mit einem Disagio von 100 EUR ausbezahlt. Der Effektivzinssatz der sich daraus ergebenden Zahlungsreihe beträgt 8,95%. Der Zinsaufwand z.B. des Jahres t1 berechnet sich, indem der Bestand der Schuld im Vorjahr (900 EUR) mit diesem Effektivzinssatz multipliziert wird (900 x 8,95% ≈ 81). Rechnerisch stellt die Differenz von Zahlung und Zinsaufwand die Zuschreibung der Schuld dar (81 - 50 = 31). Mit anderen Worten: Der Zinsaufwand setzt sich zusammen aus einer zahlungswirksamen Komponente (50 EUR) und der Erhöhung der Schuld (31 EUR). In Summe entsprechen die Zuschreibungen der Schuld dem Betrag des Disagio (31 + 33 + 36 = 100) (alle Werte gerundet), welches i.S.d. Effektivzinsmethode verteilt wird.

Sind finanzielle Schulden der Kategorie **at fair value through profit or loss** zugeordnet, erfolgt die Folgebewertung ergebniswirksam zum Fair Value. Dies gilt gleichermaßen für Derivate mit einem negativen Marktwert (IAS 39.47 (b)).

Im **HGB** sind Verbindlichkeiten zum Erfüllungsbetrag zu bewerten (§ 253 Abs. 1 HGB). Daraus resultierende (Dis)Agios sind als aktive/passive Rechnungsabgrenzungsposten anzusetzen, die über die Laufzeit der Verbindlichkeit linear aufgelöst werden. Bei der Folgebewertung der Verbindlichkeiten ist das Höchstwertprinzip zu beachten.

Überblick über Anhangangaben

Angaben	Textziffern	Beispiele
Grundsatz	„Ein Unternehmen hat Angaben zu machen, die den Abschlussadressaten ermöglichen, die Bedeutung der Finanzinstrumente für dessen Vermögens-, Finanz- und Ertragslage zu beurteilen." (IFRS 7.7)	
Bildung von Klassen von Finanzinstrumenten	IFRS 7.6	Überleitung auf die Bilanzposten
Angaben zur Bilanz	IFRS 7.8-19	Buchwerte von gestellten Sicherheiten
Angaben zur Gesamtergebnisrechnung	IFRS 7.20	Nettogewinne/-verluste, Zinsertrag und -aufwand aus der Effektivzinsmethode (Angaben wahlweise in der Gesamtergebnisrechnung oder im Anhang)
Weitere Angaben	IFRS 7.21-30	Angewandte Bilanzierungs- und Bewertungsmethoden (z.B. zur Ermittlung des Fair Value)
Risikoberichterstattung zu Finanzinstrumenten	IFRS 7.31-42	Fälligkeitsanalyse für finanzielle Schulden und Garantien
Übertragung von finanziellen Vermögenswerten	IFRS 7.42D	Buchwert der zugehörigen Schuld bei nicht ausgebuchten finanziellen Vermögenswerten

Beispiel für ausgewählte Anhangangaben

Die finanziellen Schulden setzen sich wie folgt zusammen:

	31.12.t2	31.12.t1
Verbindlichkeiten gegenüber Kreditinstituten (davon fällig < 1 Jahr)		
Sonstige Finanzschulden (davon fällig < 1 Jahr)		
Summe Finanzschulden (davon fällig < 1 Jahr)		
Verbindlichkeiten aus Lieferungen und Leistungen (davon fällig < 1 Jahr)		
Erhaltene Anzahlungen (davon fällig < 1 Jahr)		
Sonstige Verbindlichkeiten (davon fällig < 1 Jahr)		
Summe Verbindlichkeiten (davon fällig < 1 Jahr)		

Die sonstigen Finanzschulden enthalten insb. Commercial Papers und Verbindlichkeiten gegenüber den nicht vollkonsolidierten Tochterunternehmen i.H.v. X EUR (Vorjahr: X EUR). Die sonstigen Verbindlichkeiten enthalten insb. kurzfristige Verpflichtungen gegenüber dem Finanzamt.

Durch Grundpfandrechte oder Sicherheitsbestellungen wurden Verbindlichkeiten gegenüber Kreditinstituten i.H.v. X EUR (Vorjahr: X EUR) gesichert. Als Sicherheiten wurden Sachanlagen und Vorräte begeben.

Die durchschnittliche Zinsbelastung von langfristigen Verbindlichkeiten gegenüber Kreditinstituten betrug X % (Vorjahr: X %). Der Zinssatz der sonstigen Finanzschulden betrug X % (Vorjahr: X %).

Ausblick auf IFRS 9

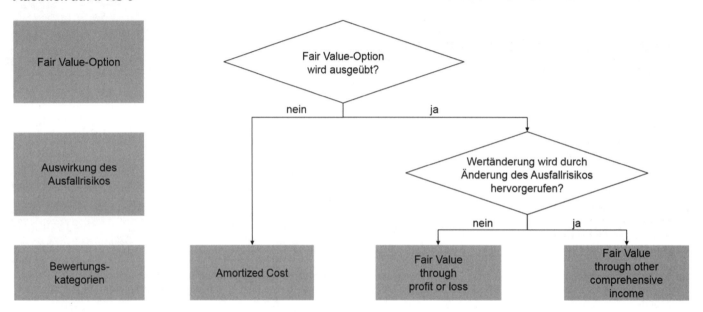

Der IASB hat im Juli 2014 den (zunächst) finalen IFRS 9 erlassen, mit dem für Geschäftsjahre, die am oder nach dem 01.01.2018 beginnen, Ansatz, Bewertung und Hedge-Accounting von Finanzinstrumenten geregelt wird und der damit IAS 39 ersetzt. Das EU-Endorsement (siehe dazu Kap. B.7) ist bis Redaktionsschluss noch nicht erfolgt.

Die **Zugangsbewertung** finanzieller Schulden erfolgt wie gem. IAS 39 grds. mit dem Fair Value (IFRS 9.5.1.1).

Für Zwecke der **Folgebewertung** sind finanzielle Schulden gem. IFRS 9.4.2.1 regelmäßig zu fortgeführten Anschaffungskosten mittels der Effektivzinsmethode zu bewerten (amortized cost). Indes besteht auch für finanzielle Schulden die Möglichkeit einer Fair Value-Bewertung im Rahmen der Folgebewertung (Fair Value-Option), sofern bestimmte Voraussetzungen erfüllt werden. Derivate mit negativem Wert, für die kein Hedge-Accounting erfolgt, werden ebenfalls mit dem Fair Value als finanzielle Schuld bilanziert.

Bei Ausübung der Fair Value-Option ist zu berücksichtigen, ob die Änderung des Fair Value auf eine Änderung des **Ausfallrisikos** der finanziellen Schuld zurückzuführen ist. Derartige Wertänderungen sind erfolgsneutral im sonstigen Ergebnis (OCI) zu erfassen (IFRS 9.5.7.7).

D.12 Anteilsbasierte Vergütung

D.12.1 Relevante Vorschriften

- o Anwendungsbereich von IFRS 2
- o Normenkontext

D.12.2 Ansatz

- o Erfassung in Bilanz und Gesamtergebnisrechnung

D.12.3 Bewertung

- o Bewertungsgrundsätze bei anteilsbasierter Vergütung
- o Berücksichtigung der Änderungen von Bedingungen in Folgejahren
- o Beispiel zur Bilanzierung von anteilsbasierter Vergütung

D.12.4 Berichterstattung

- o Überblick über Anhangangaben
- o Beispiel für ausgewählte Anhangangaben

Anwendungsbereich von IFRS 2

Positive Abgrenzung des Anwendungsbereichs

Es liegt eine anteilsbasierte Vergütung
(1) mit Erfüllung durch Eigenkapitalinstrumente,
(2) mit Erfüllung durch Zahlungsmittel
oder
(3) eine Transaktion, bei der das Unternehmen Güter oder Dienstleistungen erhält und
    die Gegenleistung wahlweise durch Ausgabe von Eigenkapitalinstrumenten oder in bar erfüllen
    kann, vor.

Negative Abgrenzung des Anwendungsbereichs

Es handelt sich nicht um
(1) eine Transaktion mit den Inhabern von Eigenkapitalinstrumenten aufgrund ihrer Anteilsrechte,
(2) eine Ausgabe von Eigenkapitalinstrumenten im Rahmen eines Unternehmens-
    zusammenschlusses zum Zweck der control-Erlangung
oder
(3) Warentermingeschäfte gem. IAS 32.8-10 bzw. IAS 39.5-7.

IFRS 2 ist anwendbar

IFRS 2 regelt grds. alle Transaktionen/Erwerbsvorgänge, bei denen das bilanzierende Unternehmen als Entgelt für erhaltene Güter oder Leistungen eine Vergütung zahlt, deren Höhe von der Wertentwicklung seiner Unternehmensanteile abhängt. Dabei kann die Vergütung direkt durch Eigenkapitalinstrumente oder Barmittel oder eine Kombination aus beiden erfolgen. Die Vergütung von Mitarbeitern durch Belegschaftsaktien, Aktienoptionen oder auch virtuelle Aktienoptionen zählen z.B. zum Anwendungsbereich von IFRS 2. Aber auch in Fällen, in denen ein Geschäftspartner (z.B. ein Unternehmensberater) z.B. Aktien, GmbH-Anteile oder Aktienoptionen als Entgelt für Dienstleistungen erhält, ist IFRS 2 anwendbar.

Innerhalb eines Konzerns ist IFRS 2 auch dann anwendbar, wenn aufgrund derartiger Kaufverträge ein Konzernunternehmen die Waren oder Dienstleistungen erhält und ein anderes Konzernunternehmen dafür z.B. Eigenkapitaltitel ausgibt (IFRS 2.3A).

Vom Anwendungsbereich des IFRS 2 sind einige Sachverhalte ausgeschlossen, u.a.:
* Transaktionen mit Anteilseignern, die keine Vergütung darstellen, sondern aufgrund ihrer Eigenschaft als Anteilseigner stattfinden (Dividendenzahlungen) (IFRS 2.4),
* Ausgaben von Eigenkapitalinstrumenten, um im Rahmen eines Unternehmenszusammenschlusses (**IFRS 3**) Beherrschung (control) zu erlangen (IFRS 2.5),
* Warentermingeschäfte gem. IAS 32.8-11 bzw. IAS 39.5-7, die mit Unternehmensanteilen erfüllt werden (IFRS 2.6).

Normenkontext

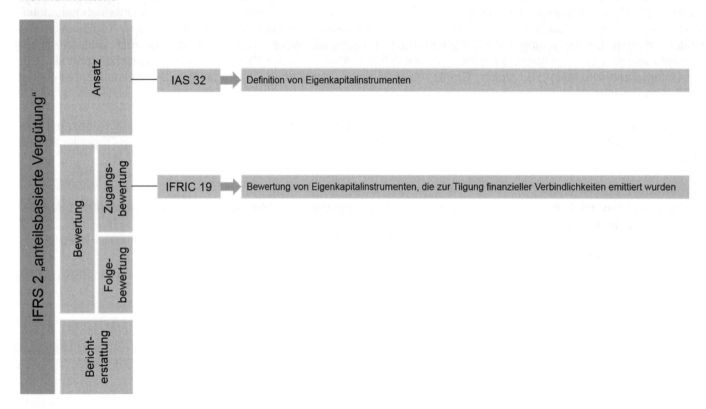

Neben IFRS 2 und den grds. zu beachtenden Standards IAS 12 (siehe Kap. D.13 für latente Steuern) und IAS 1 (siehe Kap. C für Ausweisfragen) sind folgende Standards/Interpretationen ggf. relevant:

- **IAS 32** „Finanzinstrumente: Ausweis": Definition von Eigenkapitalinstrumenten.

- **IFRIC 19** „Tilgung finanzieller Verbindlichkeiten durch Eigenkapitalinstrumente": Soweit der Fair Value verlässlich ermittelbar ist, werden Eigenkapitalinstrumente, die zum Zweck der Tilgung finanzieller Verbindlichkeiten ausgegeben werden (z.B. im Rahmen einer anteilsbasierten Vergütung), zum Fair Value bewertet. IFRIC 19 ist indes nur einschlägig, wenn die Begleichung in Eigenkapitaltiteln erst das Resultat einer (nachträglichen) Neuverhandlung ist (IFRS 19.2).

Anmerkung: IFRS 13 (siehe Kap. D.2.3) ist für die Fair Value-Ermittlung im Zusammenhang mit anteilsbasierter Vergütung nicht einschlägig (IFRS 2.6A).

Erfassung in Bilanz und Gesamtergebnisrechnung

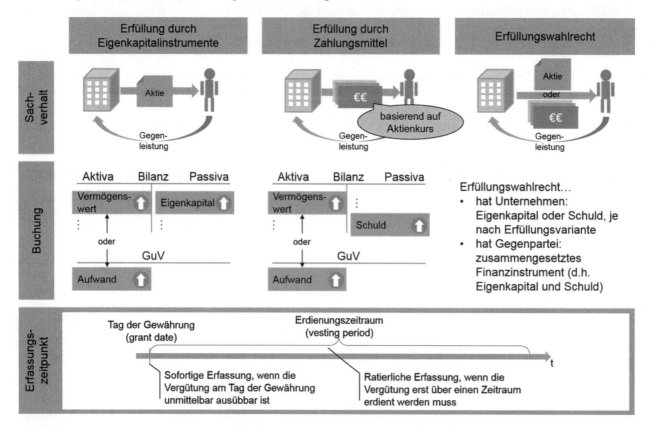

Die empfangenen Güter/Leistungen werden als **Vermögenswert** erfasst, sofern sie der Definition eines Vermögens- wertes genügen (siehe Kap. A.5), ansonsten werden sie als **Aufwand** gebucht. Insb. empfangene Leistungen (z.B. die Arbeitsleistung von Angestellten) werden regelmäßig als Aufwand in der GuV erfasst.

Hinsichtlich der Gegenbuchung im Haben ist zwischen den drei Varianten zu differenzieren:
- Erfolgt die Erfüllung in **Eigenkapitalinstrumenten**, so wird korrespondierend das **Eigenkapital** erhöht. Typische Beispiele für die Erfüllung in Eigenkapitalinstrumenten sind Belegschaftsaktien oder Aktienoptionsprogramme.
- Erfolgt die Erfüllung durch **Zahlungsmittel**, ist eine **Schuld** (Rückstellung) anzusetzen. Beispiele hierfür stellen vir- tuelle Aktien oder virtuelle Aktienoptionen (sogenannte share appreciation rights) dar.
- Besteht ein **Wahlrecht** zwischen der Erfüllung in Eigenkapitalinstrumenten oder durch Zahlungsmittel, ist die Ge- genbuchung abhängig davon, wer das Wahlrecht ausüben darf (IFRS 2.34 ff.). Liegt das Wahlrecht zur Erfüllung beim bilanzierenden Unternehmen, hat dieses zu ermitteln, ob eine gegenwärtige Verpflichtung zur Begleichung in Zahlungsmitteln vorliegt (entweder weil der Begleichung in Eigenkapital ein gesetzliches oder satzungsmäßiges Verbot gegenübersteht oder weil das Unternehmen derartige Verpflichtungen grds. per Barausgleich erfüllt). Obliegt die Wahl der Gegenpartei, handelt es sich um ein zusammengesetztes Finanzinstrument.

Für die Frage des Erfassungszeitpunktes gilt gem. IFRS 2.14 f. bzw. IFRS 2.32 die Gegenleistung als bereits erfüllt, wenn die (virtuelle) Aktienoption sofort ausübbar ist. Der Bilanzansatz erfolgt unmittelbar in kompletter Höhe. Hängt die Ausübbarkeit hingegen von Marktbedingungen (z.B. dem Aktienkurs), dem Ablauf einer Sperrfrist oder der Erbringung einer Leistung (z.B. dem Erreichen eines Umsatzziels) ab, wird unterstellt, dass die Gegenleistung im Laufe der Zeit (sogenannte vesting period) erbracht werden wird. Die Bilanzierung erfolgt entsprechend ratierlich.

Im **HGB** fehlt es an expliziten Regelungen, weshalb insb. die Haben-Buchung in der Literatur umstritten ist: Die Mei- nungen reichen von keiner bilanziellen Erfassung über den Ansatz einer Rückstellung bis zur Buchung im Eigenkapital (analog IFRS 2).

Bewertungsgrundsätze bei anteilsbasierter Vergütung

	❶ Erfüllung durch Eigenkapitalinstrumente	**❷ Erfüllung durch Zahlungsmittel**	**Erfüllungswahlrecht...**	
			❸ ...liegt beim Unternehmen	**❹ ...liegt bei Gegenpartei**
Bewertungs-methode	direkte Methode: Fair Value der erhaltenen Güter/Dienstleistungen oder indirekte Methode: Fair Value der ausgegebenen Eigenkapitalinstrumente	indirekte Methode: Fair Value der eingegangenen unsicheren Zahlungs-verpflichtung	Bewertung je nach Erfüllungs-variante analog Fall ❶ oder ❷	Bewertung als zusammen-gesetztes Finanz-instrument
Bewertungs-zeitpunkt	Arbeits- und ähnliche Leistungen: Tag der Gewährung sonstigen Transaktionen: Liefertag der Güter/Dienstleistungen	Fortlaufende Aktualisierung der Bewertung		(analog Fall ❶)

❶ Bei **Erfüllung durch Eigenkapitalinstrumente** bemessen sich die Höhe der Eigenkapitalbuchung ebenso wie die der erhaltenen Güter/Dienstleistungen nach dem Fair Value der Güter/Dienstleistungen (**direkte Methode**). Ist dieser nicht verlässlich ermittelbar, erfolgt die Bewertung unter Bezugnahme auf den Fair Value der ausgegebenen Eigenkapitalinstrumente (**indirekte Methode**) (IFRS 2.10). Bei Mitarbeitervergütungen wird es oft nicht möglich sein, den Fair Value der erbrachten Leistung zu bestimmten, daher kommt dort die indirekte Methode grds. zur Anwendung (IFRS 2.12). Der Fair Value der Eigenkapitalinstrumente soll basierend auf dem Marktpreis, oder, falls dieser nicht verfügbar ist, mittels anerkannter Bewertungsverfahren (z.B. Optionspreismodelle) ermittelt werden (IFRS 2.16 f.). Bei erbrachter Arbeitsleistung und ähnlichen Leistungen erfolgt die Bewertung am Tag der Gewährung (IFRS 2.11). Bei sonstigen Transaktionen (d.h. nicht mit Angestellten), erfolgt die Bewertung am Liefertag der Güter/Dienstleistungen (IFRS 2.13). Dabei ist die (Nicht-)Erfüllung von Ausübungsbedingungen zu schätzen (siehe dazu S. 325).

❷ Bei **Erfüllung durch Zahlungsmittel** sind sowohl die erhaltenen Güter/Dienstleistungen als auch die Schuld zum Fair Value der Zahlungsverpflichtung zu bewerten (also nur nach der **indirekten Methode**). Die Höhe der Schuld wird wiederum mittels **Optionsbewertungsverfahren** bemessen (IFRS 2.33). Änderungen der Verpflichtung sind bis zum Tag ihrer Erfüllung erfolgswirksam zu buchen (IFRS 2.30).

❸ Liegt das Erfüllungswahlrecht beim **Unternehmen**, erfolgt die Bewertung, sofern eine Verpflichtung zur Begleichung in Zahlungsmitteln besteht, analog Fall ❷ (IFRS 2.41 f.). Andernfalls muss im Umkehrschluss eine Verpflichtung zur Erfüllung in Eigenkapitalinstrumenten vorliegen, wodurch die Bewertung analog zu Fall ❶ zu erfolgen hat (IFRS 2.43).

❹ Liegt das Erfüllungswahlrecht bei der **Gegenpartei**, besitzt das Instrument eine Schuld-Komponente (für die Erfüllung mit Zahlungsmitteln) und eine Eigenkapitalkomponente (für die Erfüllung in Eigenkapitalinstrumenten). Handelt es sich bei der Gegenpartei nicht um Angestellte des Unternehmens, wird die Eigenkapitalkomponente berechnet, indem die Differenz vom Fair Value der erhaltenen Güter/Dienstleistungen und dem Fair Value der Schuld-Komponente gebildet wird (IFRS 2.35). Betrifft die Vergütung indes Angestellte des Unternehmens, so ist die Summe der Fair Values von Eigenkapital- und Schuldkomponente zu bilden (IFRS 2.36 f.).

Berücksichtigung der Änderungen von Bedingungen in Folgejahren

Erfüllung durch Eigenkapitalinstrumente		Erfüllung durch Zahlungsmittel	
Anzahl der Instrumente	Wert des Eigenkapital- instruments	Anzahl der Instrumente	Wert der Schuld
↑	↑	↑	↑
Leistungs- bedingungen*	Markt- bedingungen	Leistungs- bedingungen*	Markt- bedingungen
Dienst- bedingungen	Nicht- Ausübungs- bedingungen	Dienst- bedingungen	Nicht- Ausübungs- bedingungen

veränderlich bis zum Ende des Erdienungs- zeitraums	nach Zugangsbewertung unveränderlich	veränderlich auch nach Ende des Erdienungszeitraums

*sofern keine Marktbedingungen

Die Ausübung von anteilsbasierten Vergütungen ist regelmäßig an bestimmte Bedingungen geknüpft. Dies können einerseits **Ausübungsbedingungen** (vesting conditions) oder **Nicht-Ausübungsbedingungen** (non-vesting conditions, z.B. die Veränderung eines Aktienindices, IFRS 2.BC357) sein.

Die Ausübungsbedingungen unterteilen sich weiterhin in

- **Dienstbedingungen** (service conditions, z.B. der Verbleib im Unternehmen für einen gewissen Zeitraum) und
- **Leistungsbedingungen** (performance conditions, z.B. eine bestimmte Gewinnsteigerung). Leistungsbedingungen können ferner **Marktbedingungen** (market conditions, z.B. das Erreichen eines bestimmten Aktienkurses) beinhalten (IFRS 2.A).

Bei **Erfüllung durch Eigenkapitalinstrumente** gilt:

- Auf die **Anzahl** der Instrumente haben Dienst- und Leistungsbedingungen (sofern letztere keine Marktbedingungen sind) einen Einfluss (IFRS 2.19 f.). Bis zum Ende des Erdienungszeitraumes sind (Schätzungs-)Änderungen bei diesen Bedingungen Bilanz- und GuV-wirksam zu berücksichtigen (IFRS 2.20 und 23).
- Auf den **Wert** der Eigenkapitalinstrumente wirken hingegen die Marktbedingungen und die Nicht-Ausübungsbedingungen. Dieser Wert bleibt indes nach der Zugangsbewertung unverändert (IFRS 2.21 und 21A).

Bei **Erfüllung durch Zahlungsmittel** gilt:

- Auf die **Anzahl** der Instrumente haben, analog der Erfüllung durch Eigenkapitalinstrumente, Dienst- und Leistungsbedingungen (sofern letztere keine Marktbedingungen sind) einen Einfluss.
- Auf den **Wert** der Schuld wirken, wiederum analog der Erfüllung durch Eigenkapitalinstrumente, die Marktbedingungen und die Nicht-Ausübungsbedingungen.
  Indes werden sowohl die Anzahl der Optionen als auch der Wert der Schuld während und nach dem Ende des Erdienungszeitraumes bei Änderungen der Bedingungen angepasst, bis die Schuld beglichen ist (IFRS 2.30).

Beispiel zur Bilanzierung von anteilsbasierter Vergütung

Sachverhalt

Die Praxis-AG richtet für ihren Vorstand sowie die darunter liegenden Management-Ebenen (insgesamt 50 Personen) ein anteilsbasiertes Vergütungssystem ein. Jeder Manager erhält 200 Optionen. Es gilt eine Sperrfrist für die Ausübung von 2 Jahren. Die übrigen Daten entwickeln sich wie folgt:

	01.01.t1	31.12.t1	31.12.t2	31.12.t3
Anzahl Mitarbeiter am Ende der Sperrfrist	50	45	40	
Mitarbeiter, die die Option tatsächlich ausüben			10	30
= noch berechtigte Mitarbeiter		45	30	0
Optionen je Mitarbeiter	200	200	200	200
Zeitwert der (virtuellen) Aktienoptionen	10	12	13	16
innerer Wert der virtuellen Aktienoptionen			12	14

Fall a): Die Praxis-AG gestaltet das Vergütungssystem als echtes Aktienoptionsprogramm aus, d.h. die Manager erhalten Aktien der Praxis-AG.

Fall b): Die Praxis-AG gestaltet das Vergütungssystem als virtuelles Aktienoptionsprogramm. Die Manager erhalten den inneren Wert der Option (= die Differenz von Aktienkurs und Ausübungspreis) ausgezahlt.

Lösung

Fall a): Aktienoptionen	01.01.t1	31.12.t1	31.12.t2
Anzahl der Instrumente	50 x 200	45 x 200	40 x 200
Wert der Instrumente	10	10	10
Gesamtwert	100.000	90.000	80.000
davon im EK zu erfassen		45.000	80.000
Aufwandsbuchung		45.000	35.000

Fall b):virtuelle Aktienoptionen	31.12.t1	31.12.t2	31.12.t3
Anzahl der Instrumente	45 x 200	30 x 200	
Wert der Instrumente	12	13	
Gesamtwert	108.000	78.000	
davon als Schuld zu erfassen	54.000	78.000	-
Aufwandsbuchung	54.000	48.000	6.000

Fall a): Aktienoptionen (= Erfüllung durch Eigenkapitalinstrumente)

Von den ursprünglich 50 berechtigten Managern haben fünf das Unternehmen vorzeitig verlassen. Der Wert der Aktienoption zum grant date (10 EUR) bleibt indes über die Laufzeit unverändert. Der Gesamtwert des Aktienoptionsprogramms beträgt daher am 31.12.t1 (45 Mitarbeiter x 200 Optionen je Mitarbeiter x 10 EUR =) 90.000 EUR. Aufgrund der Sperrfrist erfolgt die Bilanzierung ratierlich, d.h. im ersten Jahr sind (90.000 : 2 =) 45.000 EUR als Aufwand zu erfassen. Im zweiten Jahr sind nur noch 40 Manager im Unternehmen. Insgesamt beträgt der Wert des Programms daher nur noch (40 Mitarbeiter x 200 Optionen je Mitarbeiter x 10 EUR =) 80.000 EUR. Da in der Vorperiode bereits 45.000 EUR erfasst wurden, sind per 31.12.t2 noch (80.000 - 45.000 =) 35.000 EUR als Aufwand zu buchen. (Anmerkung: Im vorliegenden Beispiel bleibt die Anzahl der Instrumente unverändert, d.h. die Manager erhalten im Zeitablauf keine zusätzlichen Aktienoptionen und es werden auch keine Optionen zurückgenommen.)

Fall b): virtuelle Aktienoptionen (= Erfüllung durch Zahlungsmittel)

Der Gesamtwert des virtuellen Aktienoptionsprogramms beträgt zum 31.12.t1 (45 Mitarbeiter x 200 Optionen je Mitarbeiter x 12 EUR =) 108.000 EUR. Bei der Erfüllung in Zahlungsmitteln ist mit Ablauf der Sperrfrist ab dem zweiten Jahr zusätzlich zu berücksichtigen, wie viele Manager von der Option tatsächlich Gebrauch machen (im Beispiel: zehn Manager). Der Gesamtwert beträgt also nur noch (30 Mitarbeiter x 200 Optionen je Mitarbeiter x 13 EUR =) 78.000 EUR. Der Wert der Option wird bei dieser Variante zu jedem Stichtag neu ermittelt, d.h. er variiert über die gesamte Laufzeit des Programms (Erdienungszeitraum + Ausübungszeitraum) (IFRS 2.33). In t1 wurden bereits 54.000 EUR erfasst. Es sind also 24.000 EUR für die Erhöhung der Schuld zu buchen und weitere (10 Mitarbeiter x 200 Optionen je Mitarbeiter x 12 EUR [innerer Wert] =) 24.000 EUR für die Ausübung der Option – der Aufwand der Periode beträgt insgesamt 48.000 EUR. In t3 üben die verbleibenden 30 Manager ihre Optionen aus. Dafür wäre ein Betrag von (30 Mitarbeiter x 200 Optionen je Mitarbeiter x 14 EUR [innerer Wert] =) 84.000 EUR erforderlich. Die Gegenbuchung im Soll verbraucht zum einen die gebildete Schuld i.H.v. 78.000 EUR, weitere 6.000 EUR sind als Aufwand zu buchen.

Überblick über Anhangangaben

Angaben	Textziffern	Beispiele
Angaben zu Art und Umfang der anteilsbasierten Vergütung	IFRS 2.44 f.	Ausübungsbedingungen der anteilsbasierten Vergütungssysteme, Überleitungsrechnung zu Aktienoptionen
Angaben zur Fair Value-Ermittlung	IFRS 2.46 ff.	Angaben zum verwendeten Optionsbewertungsmodell und dessen Inputs
Angaben zur Bilanz- und GuV-Wirkung	IFRS 2.50 f.	in der Periode erfasster Aufwand aus anteilsbasierter Vergütung

Beispiel für ausgewählte Anhangangaben

Die Praxis-AG gewährt ihrem Vorstand sowie der darunter liegenden Management-Ebene eine anteilsbasierte Vergütung. Zu diesem Zweck können bezugsberechtigte Personen virtuelle Aktien zu einem festen Bezugskurs erwerben. Die Praxis-AG gewährt mit Ablauf der Sperrfrist für jeweils zwei erworbene virtuelle Aktien eine weitere virtuelle Aktie.

Die Zuteilung der virtuellen Aktien unterliegt einer Sperrfrist von 3 Jahren. Zusätzlich sind folgende Ziele kumulativ zu erreichen:
- Der Aktienkurs der Praxis-AG muss über dem Durchschnitt der Aktienkurse der wichtigsten Wettbewerber liegen.
- Der Aktienkurs der Praxis-AG muss am Ende der Periode über dem Kurs zu Periodenbeginn liegen.
- Die Praxis-AG muss eine Umsatzrendite von mind. 10% ausweisen.

Nach Ablauf der Sperrfrist findet ein Barausgleich statt. Die Bewertung erfolgt zum Schlusskurs der Aktien der Praxis-AG am 31.12. eines Jahres.

Im abgelaufenen Geschäftsjahr wurde für anteilsbasierte Vergütung ein Aufwand in Höhe X EUR (Vorjahr: X EUR) erfasst. Die Höhe der insgesamt dafür gebildeten Rückstellung beläuft sich zum Bilanzstichtag auf X EUR (Vorjahr: X EUR).

Die Anzahl und der durchschnittliche Ausübungspreis entwickelten sich im abgelaufenen Geschäftsjahr wie folgt:

	ausstehend am 01.01.	in der Periode			ausstehend am 31.12.	ausübbar am 31.12
		neu gewährt	ausgeübt	verfallen		
Anzahl						
Ø Ausübungspreis						

D.13 Latente Steuern

D.13.1 Relevante Vorschriften

- o Anwendungsbereich von IAS 12
- o Normenkontext

D.13.2 Ansatz

- o Ansatzvorschriften für latente Steuern
- o Beispiele für Ansatz latenter Steuern

D.13.3 Bewertung

- o Grundsätze zur Bewertung latenter Steuern
- o Beispiel für Bewertung latenter Steuern

D.13.4 Berichterstattung

- o Saldierung latenter Steuern
- o Überblick über Anhangangaben
- o Beispiel für ausgewählte Anhangangaben

Anwendungsbereich von IAS 12

Positive Abgrenzung des Anwendungsbereichs

Es liegt
(1) eine temporäre Differenz zwischen Handels- und Steuerbilanz, also ein Unterschied zwischen dem Buchwert eines Vermögenswertes/einer Schuld und dessen steuerlichen Basis, oder
(2) ein Verlustvortrag vor.

Negative Abgrenzung des Anwendungsbereichs

Es liegt eine
(1) Steuer, die keine Ertragsteuer ist,
(2) Zuwendung der öffentlichen Hand oder
(3) permanente Differenz zwischen Handels- und Steuerbilanz vor.

IAS 12 ist anwendbar

IAS 12 ist auch anwendbar auf tatsächlich zu zahlende Ertragsteuern

IAS 12 regelt die Bilanzierung tatsächlich zu zahlender **Ertragssteuern** sowie latenter Steuern auf temporäre Differenzen (IAS 12.1). Damit fallen alle Steuern, die auf der Grundlage des zu versteuernden Ergebnisses zu zahlen sind, in den Anwendungsbereich des Standards, in Deutschland z.B. die Einkommenssteuer, die Gewerbesteuer oder die Körperschaftssteuer. Auch **Quellensteuern** fallen in den Anwendungsbereich (IAS 12.2). Zudem sind unter bestimmten Bedingungen auch auf steuerliche **Verlustvorträge** (aktive) latente Steuern zu erfassen (IAS 12.34).

Temporäre Differenzen sind Unterschiede zwischen dem IFRS-Buchwert eines Vermögenswertes bzw. einer Schuld und der steuerlichen Basis (tax base) des Vermögenswertes bzw. der Schuld (IAS 12.5). Die steuerliche Basis ist der steuerliche Wertansatz des Postens, also das korrespondierende (positive/negative) Wirtschaftsgut. Eine solche Differenz kann z.B. durch unterschiedliche Abschreibungsmethoden nach Handels- bzw. Steuerrecht entstehen. Die unterschiedliche Bewertung führt zunächst zu einer Differenz. Sind der Vermögenswert bzw. das Wirtschaftsgut nach vollständiger Abschreibung nicht mehr in der Bilanz enthalten, stimmen Handels- und Steuerbilanz indes wieder überein. Auch Unterschiede zwischen der Handels- und der Steuerbilanz, die sich nicht „automatisch", sondern z.B. durch Managemententscheidungen oder spätestens bei Auflösung des Unternehmens aufheben, sind darunter zu fassen: So könnte ein finanzieller Vermögenswert der Kategorie available for sale (siehe Kap. D.5) im IFRS-Abschluss oberhalb der Anschaffungskosten bewertet werden, was aufgrund des Anschaffungskostenprinzips im Steuerrecht eine Differenz zwischen Handels- und Steuerbilanz bedeutet, die indes spätestens bei Verkauf des finanziellen Vermögenswertes umgekehrt werden würde.

Demgegenüber ist der Standard **nicht anwendbar** auf solche Steuern, die **keine Ertragsteuern** darstellen. Dies sind in Deutschland z.B. die Grunderwerbsteuer oder die Stromsteuer. Auch auf **Zuwendungen der öffentlichen Hand** gem. IAS 20 ist IAS 12 nicht anzuwenden, wohl aber auf die Differenzen von Handels- und Steuerbilanz, die sich daraus ergeben können (IAS 12.4). Bestehen zwischen Handels- und Steuerbilanz **permanente Differenzen**, also Unterschiede die sich zu keinem Zeitpunkt ausgleichen werden, ist IAS 12 ebenfalls nicht anzuwenden.

Normenkontext

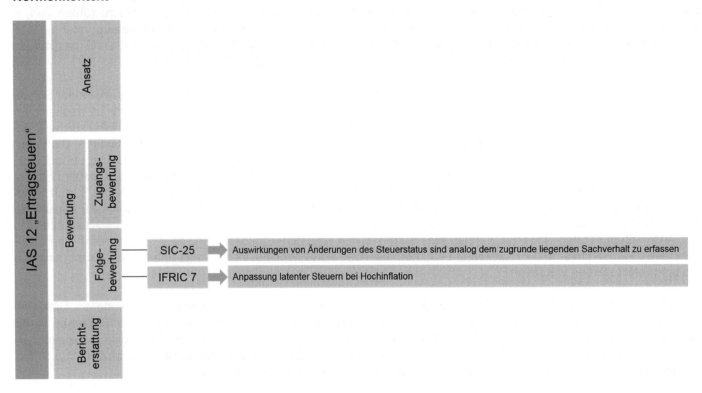

Neben IAS 12 und dem grds. zu beachtenden Standard IAS 1 (siehe Kap. C für Ausweisfragen) sind folgende Interpretationen ggf. relevant:

- **SIC-25** „Ertragsteuern – Änderungen im Steuerstatus eines Unternehmens oder seiner Anteilseigner": Ändert sich der Steuerstatus des Unternehmens oder seiner Anteilseigner, sind die Effekte daraus grds. unmittelbar in der GuV zu erfassen, es sei denn, sie beziehen sich auf Transaktionen, die direkt ins Eigenkapital oder ins OCI gebucht wurden. Letztere Effekte sind dann analog mit dem Eigenkapital zu verrechnen bzw. über das OCI zu buchen.

- **IFRIC 7** „Anwendung des Anpassungsansatzes unter IAS 29 ‚Rechnungslegung in Hochinflationsländern'": Die Eröffnungsbilanzwerte für latente Steuern in einem gem. IAS 29 angepassten Abschluss sind derart anzupassen, als habe die Hochinflation immer schon bestanden.

Anmerkung: Die Bilanzierung von Abgaben an den Staat, die keine Ertragssteuern i.S.d. IAS 12 darstellen, ist in IFRIC 21 „Abgaben" geregelt (siehe Kap. D.10.1).

Ansatzvorschriften für latente Steuern

	aktive latente Steuern	passive latente Steuern

Ansatzgebote

Verlustvorträge/abzugsfähige temporäre Differenzen	zu versteuernde temporäre Differenzen

Balkendiagramm aktive latente Steuern:
- Verlustvorträge/Steuerguthaben — Steuerrecht
- Wirtschaftsgut (Steuerrecht) / Vermögenswert (IFRS)
- Wirtschaftsgut (Steuerrecht) / Schuld (IFRS)

Balkendiagramm passive latente Steuern:
- Wirtschaftsgut (Steuerrecht) / Vermögenswert (IFRS)
- Wirtschaftsgut (Steuerrecht) / Schuld (IFRS)

Voraussetzung für den Ansatz: Es bestehen wahrscheinlich künftige steuerlichen Ergebnissen zur Verrechnung

Ansatzverbote

	Goodwill, der steuerlich nicht abzugsfähig ist
erfolgsneutraler Erstansatz von Vermögenswerten/Schulden	erfolgsneutraler Erstansatz von Vermögenswerten/Schulden
Investitionen in Tochterunternehmen, Zweigstellen, assoziierte Unternehmen und gemeinschaftliche Vereinbarungen, sofern die Differenz nicht umkehren oder kein steuerpflichtiger Gewinn vorliegen wird	Investitionen in Tochterunternehmen, Zweigstellen, assoziierte Unternehmen und gemeinschaftliche Vereinbarungen, sofern die Umkehr der Differenz unwahrscheinlich ist und der Investor diese steuern kann

Eine **aktive latente Steuer** ist grds. zu bilden, wenn die tax base eines Vermögenswertes (IAS 12.7) unter bzw. einer Schuld (IAS 12.8) über dem Wertansatz nach IFRS liegt und in der Zukunft ausreichende steuerliche Gewinne erzielt werden, um die abzugsfähigen Differenzen nutzen zu können (IAS 12.24 ff.). Darüber hinaus sind für ungenutzte Verlustvorträge bzw. Steuerguthaben aktive latente Steuern zu bilden (IAS 12.34). Voraussetzung dafür ist, dass die Verlustvorträge auf identifizierbaren Ursachen basieren, die sich vermutlich nicht wiederholen werden und dass das Unternehmen über Möglichkeiten der Steuerplanung verfügt, die künftig zu steuerpflichtigen Gewinnen führen werden (IAS 12.36). Ansatzverbote bestehen demgegenüber für folgende Sachverhalte:

- Steuer- und handelsrechtlich erfolgsneutraler Erstansatz von Vermögenswerten/Schulden, die nicht aus einem Unternehmenszusammenschluss resultieren (IAS 12.24).
- Investitionen in Tochterunternehmen, Zweigstellen, assoziierte Unternehmen und gemeinschaftliche Vereinbarungen: Auf Differenzen, die sich nicht umkehren werden oder für die kein steuerpflichtiger Gewinn vorliegen wird, gegen den sie verrechnet werden können, dürfen keine aktiven latenten Steuern gebildet werden (IAS 12.44).

Eine **passive latente Steuer** ist zu bilden, wenn die tax base eines Vermögenswertes (einer Schuld) über (unter) dem Wertansatz nach IFRS liegt (IAS 12.15 ff.). Es bestehen folgende Ansatzverbote:

- Untersagt ist der Ansatz passiver latenter Steuern für Goodwill (IAS 12.21).
- Steuer- und handelsrechtlich erfolgsneutraler Erstansatz von Vermögenswerten/Schulden, die nicht aus einem Unternehmenszusammenschluss resultieren (IAS 12.15).
- Investitionen in Tochterunternehmen, Zweigstellen, assoziierte Unternehmen und gemeinschaftliche Vereinbarungen: kein Ansatz passiver latenter Steuern, sofern der Investor in der Lage ist, die Umkehr der Differenzen zu steuern und es wahrscheinlich ist, dass diese sich künftig nicht umkehren werden (IAS 12.39).

Im **HGB** sind latente Steuern gem. §§ 274 Abs. 1 bzw. 306 HGB auf Abweichungen zu den steuerlichen Wertansätzen sowie auf Verlustvorträge, die binnen fünf Jahren verrechnet werden können, zu bilden. Für einen Überhang aktiver latenter Steuern gilt ein Ansatzwahlrecht, für einen Überhang passiver latenter Steuern besteht eine Ansatzpflicht.

Beispiele für Ansatz latenter Steuern

Sachverhalt

Bei der Praxis-AG liegen folgende Sachverhalte vor:

❶ Ein Vermögenswert wird nach IFRS linear abgeschrieben. Im Steuerabschluss wird für das Wirtschaftsgut die degressive Abschreibung gewählt.

❷ Die lokalen Behörden in einer strukturschwachen Region überlassen der Praxis-AG ein großes Areal zur Errichtung einer Produktionsanlage. Die Überlassung erfolgt kostenlos und steuerfrei.

❸ In einem Strafverfahren wird gegen die Praxis-AG eine Geldstrafe festgesetzt.

❹ Die Praxis-AG hat aus Vorjahren einen noch nicht genutzten Verlustvortrag. In Zukunft erwartet sie indes steuerpflichtige Gewinne, gegen die der Verlustvortrag verrechnet werden kann.

Lösung

❶ Die höheren Abschreibungsbeträge im Steuerabschluss führen im IFRS-Abschluss zum Ansatz einer passiven latenten Steuer.

❷ Diese steuerfreie Zuwendung der öffentlichen Hand beeinflusst weder das IFRS-Ergebnis noch das steuerliche Ergebnis. Daher ist keine latente Steuer zu bilden.

❸ Die Geldstrafe stellt Aufwand dar, der niemals steuerlich abzugsfähig ist, weshalb keine latente Steuer zu bilanzieren ist.

❹ Für den Verlustvortrag ist eine aktive latente Steuer zu erfassen.

❶ Durch die degressive Abschreibung wird der Buchwert steuerrechtlich schneller realisiert als nach IFRS. Dies mindert kurzfristig die tatsächlich zu zahlenden Steuern. Allerdings werden in späteren Perioden höhere Steuern zu zahlen sein. Diese künftige Verpflichtung zu höheren Steuerzahlungen wird durch die Bildung einer passiven latenten Steuer antizipiert.

❷ Da kein Unternehmenszusammenschluss vorliegt und im Ansatzzeitpunkt des Grundstücks weder das IFRS-Ergebnis noch das steuerliche Ergebnis beeinflusst werden, ist gem. IAS 12.33 i.V.m. IAS 12.22 (c) keine latente Steuer zu bilden. Auch wenn sich in folgenden Perioden Unterschiede zwischen dem Buchwert des Grundstücks nach IFRS und dessen tax base ergeben sollten, sind für diese keine latenten Steuern anzusetzen.

❸ Die festgesetzte Geldstrafe gilt gem. § 10 Nr. 3 KStG für die Ermittlung des steuerlichen Ergebnisses als nichtabziehbare Aufwendung. Damit kommt es zu einer permanenten Differenz zum IFRS-Abschluss, also einem Unterschied, der sich niemals umkehren wird. Daher darf keine latente Steuer für diesen Sachverhalt gebildet werden.

❹ Der Verlustvortrag führt (unter der Voraussetzung, dass die Bedingungen des IAS 12.36 erfüllt sind) zur Bildung einer aktiven latenten Steuer, da durch die Nutzung des Vortrags künftige Steuerzahlungen gemindert werden.

Grundsätze zur Bewertung latenter Steuern

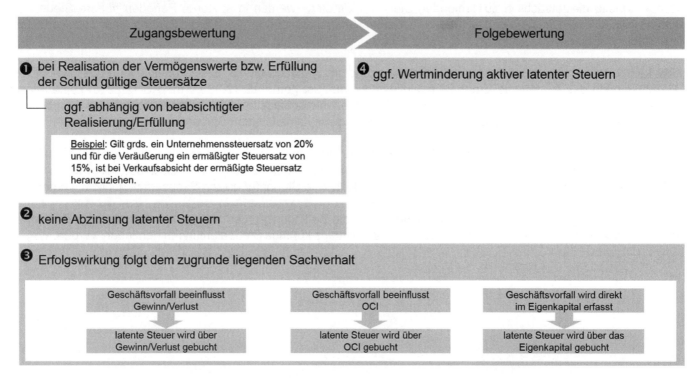

❶ Bei der Bewertung latenter Steuern sind diejenigen **Steuersätze** heranzuziehen, die voraussichtlich gültig sein werden, wenn der zugrunde liegende Vermögenswert realisiert bzw. die zugrunde liegende Schuld erfüllt wird, sofern diese am Ende der Berichtsperiode bereits in Kraft getreten sind (IAS 12.47). Im Ergebnis werden daher überwiegend die aktuell gültigen Steuersätze genutzt, da die Höhe künftiger Steuersätze im politischen Diskurs festgelegt wird und schwierig absehbar ist. In Deutschland sind z.B. nur die bereits vom Bundesrat und Bundestag verabschiedeten Steuersatzänderungen zu berücksichtigen.

Zu berücksichtigen bei der Wahl des Steuersatzes ist, **auf welche Weise** der Vermögenswert/die Schuld voraussichtlich realisiert/erfüllt werden soll (IAS 12.51), da dies je nach Gesetzeslage den anzuwendenden Steuersatz und/oder die Höhe der tax base beeinflussen kann.

❷ Für aktive und passive latente Steuern gilt überdies ein **Abzinsungsverbot** (IAS 12.53).

❸ Die **Erfolgswirkung** der Buchung latenter Steuern richtet sich nach dem zugrunde liegenden Sachverhalt. Grds. sind aktive und passive latente Steuern erfolgswirksam zu buchen. Wird die zugrunde liegende Transaktion indes im OCI (z.B. bei Anwendung der Neubewertungsmethode, siehe Kap. D.2.3) oder direkt im Eigenkapital (z.B. infolge einer Fehlerkorrektur nach IAS 8, siehe Kap. E.5) erfasst, sind auch die korrespondierenden Steuerlatenzen im OCI bzw. direkt im Eigenkapital zu erfassen (IAS 12.58 und 61A).

❹ Aktive latente Steuern sind auf **Wertminderung** zu prüfen. Ein Wertminderungsbedarf liegt vor, wenn voraussichtlich kein ausreichender steuerbarer Gewinn vorliegen wird, um die Steuervorteile, für die die aktive latente Steuer gebildet wurde, zu nutzen (IAS 12.56). So ist z.B. eine aktive latente Steuer für einen ungenutzten Verlustvortrag nicht werthaltig, wenn die Unternehmensplanung auch für die kommenden Perioden fortgesetzte (steuerbare) Verluste erwartet.

Im **HGB** hat die Bewertung latenter Steuern gem. § 274 Abs. 2 HGB ebenfalls mit dem unternehmensindividuellen Steuersatz im Zeitpunkt der Auflösung der Differenz zu erfolgen. Eine Abzinsung ist gleichfalls untersagt.

Beispiel für Bewertung latenter Steuern

Sachverhalt

t0: Aufgrund unterschiedlicher Definition der Herstellkosten setzt die Praxis-AG am 31.12.t0 einen Vermögenswert in der IFRS-Bilanz mit 80 TEUR an, in der Steuerbilanz wird der Vermögenswert indes als positives Wirtschaftsgut nur i.H.v. 60 TEUR erfasst. Der Steuersatz der Praxis-AG beträgt 30%.

t1: Im Jahr nach der Anschaffung wird der Vermögenswert nach IFRS wie auch nach Steuerrecht über 5 Jahre abgeschrieben. Der Steuersatz der Praxis-AG beträgt unverändert 30%.

t2: Im zweiten Jahr ändert sich aufgrund einer neuen Gesetzeslage der Steuersatz auf nunmehr 25%.

Lösung

t0: Bei Anschaffung ist eine passive latente Steuer i.H.v. (80 TEUR - 60 TEUR) x 30% = 6 TEUR zu bilden.

t1: Der Buchwert wird durch Abschreibung realisiert. Die passive latente Steuer wird anteilig i.H.v. 1,2 TEUR ertragswirksam aufgelöst.

t2: Die Steuersatzänderung ist ertragswirksam i.H.v. 0,8 TEUR zu berücksichtigen. Dieser Wert errechnet sich, indem der Betrag der passiven latenten Steuer im Jahr t2 (6 - 1,2 = 4,8 TEUR) multipliziert wird mit der prozentualen Veränderung der Steuersätze ([0,3 - 0,25] : 0,3 = 0,1667). Neben dieser Berichtigung wird die passive latente Steuer weiter anteilig ertragswirksam i.H.v. 1,0 TEUR aufgelöst.

Zur Veranschaulichung wird ein vorläufiges EBT (earnings before taxes) vor den beschriebenen Effekten i.H.v. 100 TEUR unterstellt:

Im **Jahr t0** wird, da es sich um eine zu versteuernde temporäre Differenz handelt, eine passive latente Steuer i.H.v. 6 TEUR gebildet.

Jahr t1:

	IFRS	Steuerrecht
vorläufiges EBT	100	100
Abschreibung	-16	-12
EBT	84	88
		x 30%
Steueraufwand	-26,4 ⬅	-26,4
lat. St. Ertrag	1,2	
gesamter Steueraufwand (30% von 84)	-25,2	

Im **Jahr t1** führt die Abschreibung im Steuerabschluss (60 : 5 = 12) zu einem zu versteuernden EBT i.H.v. 88 TEUR. Multipliziert mit dem Steuersatz i.H.v. 30% ergibt sich ein Steueraufwand i.H.v. 26,4 TEUR. Dieser wird in den IFRS-Abschluss übernommen, steht dort indes zunächst in keinem Zusammenhang zum EBT i.H.v. 84.

Erst mit anteiliger ertragswirksamer Auflösung der passiven latenten Steuer (6 : 5 = 1,2) ergibt sich ein gesamter Steueraufwand in der IFRS-Bilanz i.H.v. 25,2 TEUR, was 30% des IFRS-EBT entspricht.

Im **Jahr t2** ist die Steuersatzänderung zu berücksichtigen. Die passive latente Steuer beträgt nach der anteiligen Auflösung im Jahr t1 noch (6 - 1,2 =) 4,8 TEUR. Bei Berücksichtigung des neuen Steuersatzes von 25% muss dieser Posten indes nur noch 4,0 TEUR betragen. Dieser Betrag ergibt sich, wenn die Differenz von IFRS-Buchwert (in t2: 64 TEUR) und steuerlicher Basis (in t2: 48 TEUR) i.H.v. 16 TEUR mit 25% multipliziert wird. Es ist somit zum einen ein Ertrag i.H.v. 0,8 TEUR für die Steuersatzänderung zu erfassen und zum anderen ein Ertrag i.H.v. 1,0 TEUR (4,0 : 4 Jahre = 1) für die weitere anteilige Auflösung der latenten Steuer.

Saldierung latenter Steuern

Eine Saldierung aktiver und passiver latenter Steuern ist geboten, wenn
- ein durchsetzbarer Rechtsanspruch auf Saldierung besteht und
- Steuerschuld und Steueranspruch gegenüber derselben Steuerbehörde bestehen.

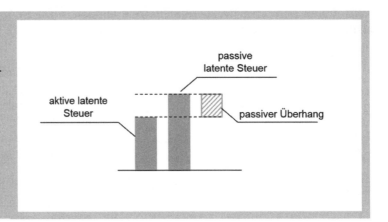

Gem. IAS 12.74 ff. sind latente Steuerschulden (passive latente Steuern) mit latenten Steueransprüchen (aktive latente Steuern) zu **saldieren**, sofern zwei Bedingungen erfüllt sind:

- Das Unternehmen muss den Ausgleich der tatsächlichen Steuerschulden (= an die Steuerbehörde zu entrichtende Ertragsteuern) und Steueransprüche (= von der Steuerbehörde zu erstattende Ertragsteuern) rechtlich durchsetzen können (IAS 12.74 (a)) und

- die Ertragsteuerschulden und Ertragsteueransprüche müssen sich auf dieselbe Steuerbehörde beziehen (IAS 12.74 (b)).

Überblick über Anhangangaben

Angaben	Textziffern	Beispiele
Wesentliche Bestandteile des Steuerergebnisses	IAS 12.79 f.	tatsächlicher Steueraufwand, latente Steuern aus temporären Differenzen, latente Steuern aus Steuersatzänderungen
zusätzliche Angabepflichten	IAS 12.81	Überleitung vom Steuerergebnis zum IFRS-Ergebnis
Angaben zu aktiven latenten Steuern bei vorangegangenen Verlusten	IAS 12.82	Betrag, Art und Begründung von aktiven latenten Steuern trotz Verlusten in der aktuellen bzw. vorangegangenen Periode
Steuereffekte von Dividenden	IAS 12.82A	Art und (falls praktikabel) Betrag der Steuereffekte aufgrund von Dividendenzahlungen

Beispiel für ausgewählte Anhangangaben

Die Ertragsteuern setzen sich wie folgt zusammen:

	t2	t1
tatsächliche Steueraufwendungen		
davon tatsächliche Ertragsteueraufwendungen der Periode		
davon Anpassung von in Vorjahren angefallenen tatsächlichen Ertragsteuern		
davon Minderung des tatsächlichen Steueraufwandes aufgrund der Nutzung bisher nicht berücksichtigter steuerlicher Verluste, Steuergutschriften oder bisher nicht berücksichtigter temporärer Unterschiede früherer Perioden		
Latente Steueraufwendungen		
davon Entstehung oder Umkehrung temporärer Differenzen		
davon für Steuersatzänderungen		
davon Minderung der latenten Steuern aufgrund der Nutzung bisher nicht berücksichtigter steuerlicher Verluste, Steuergutschriften oder infolge bisher nicht berücksichtigter temporärer Unterschiede früherer Perioden		
Summe		

Der Unterschied zwischen dem erwarteten (bei Anwendung des für die Praxis-AG gültigen Steuersatzes) und dem ausgewiesenen Ertragsteueraufwand ist auf folgende Ursachen zurückzuführen:

	t2	t1
Ergebnis vor Steuern		
Erwarteter Steueraufwand		
Abweichung zu ausländischen Steuersätzen		
Änderung von Steuersätzen		
Steuerminderungen (-)/Steuermehrungen (+) aufgrund steuerfreier Erträge bzw. steuerlich nicht abzugsfähiger Aufwendungen		
Steuernachzahlungen/-erstattungen für Vorjahre		
Sonstige Abweichungen		
Ausgewiesener Steueraufwand		

D.14 Ertragserfassung (inkl. Auftragsfertigung)

D.14.1 Relevante Vorschriften

- Anwendungsbereich von IAS 18/IAS 11
- Normenkontext

D.14.2 Ansatz/Bewertung

- Zeitpunkt der Ertragserfassung abhängig von der Transaktionsart
- Voraussetzungen für die Bilanzierung von Auftragsfertigung nach IAS 11
- Beispiel für Auftragsfertigung

D.14.3 Berichterstattung

- Überblick über Anhangangaben
- Beispiel für ausgewählte Anhangangaben

D.14.4 Ausblick auf IFRS 15

Anwendungsbereich von IAS 18/IAS 11

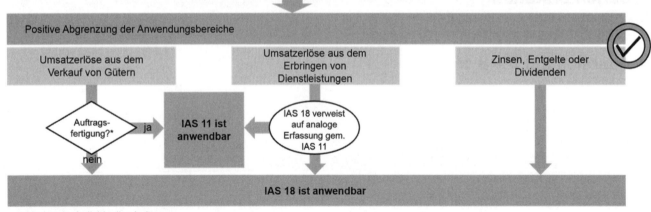

Negative Abgrenzung der Anwendungsbereiche

Es handelt sich nicht um Umsatzerlöse, die sich aus
(1) Leasingverträgen gem. IAS 17,
(2) Dividenden für nach Equity-Methode bilanzierte Anteile gem. IAS 28,
(3) Versicherungsverträgen gem. IFRS 4,
(4) der Veräußerung sowie bei Änderung des beizulegenden Zeitwerts von finanziellen Vermögenswerten/Schulden gem. IAS 39,
(5) der Wertänderung anderer kurzfristiger Vermögenswerte,
(6) dem erstmaligen Ansatz landwirtschaftlicher Erzeugnisse oder biologischer Vermögenswerte sowie bei Änderung des beizulegenden Zeitwerts von biologischen Vermögenswerten gem. IAS 41 oder
(7) dem Abbau von Bodenschätzen gem. IFRS 6 ergeben.

Positive Abgrenzung der Anwendungsbereiche

Umsatzerlöse aus dem Verkauf von Gütern

Umsatzerlöse aus dem Erbringen von Dienstleistungen

Zinsen, Entgelte oder Dividenden

Auftragsfertigung?* → ja → IAS 11 ist anwendbar

nein

IAS 18 verweist auf analoge Erfassung gem. IAS 11

IAS 18 ist anwendbar

*d.h. kundenindividueller Auftrag

Die Erfassung von Erträgen erfolgt grds. nach der allgemeinen Vorschrift des **IAS 18**. Dies gilt für Erträge aus dem Verkauf von Gütern oder der Erbringung von Dienstleistungen ebenso wie für Zinserträge, Nutzungsentgelte (z.B. Lizenzgebühren) und Dividenden. Für die Ertragserfassung bei Dienstleistungen verweist IAS 18 zudem auf IAS 11 (IAS 18.21).

Im Fall von Fertigungsaufträgen (die sowohl materielle Güter (z.B. Industrieanlagen) als auch Dienstleistungen im Zusammenhang mit der Fertigung materieller Güter (z.B. Architektenleistungen) betreffen können) ist hingegen **IAS 11** als Spezialvorschrift für die Erfassung von Erträgen beim Auftragnehmer einschlägig. Ein Fertigungsauftrag im Anwendungsbereich von IAS 11 ist ein individuell verhandelter Auftrag (d.h. keine Massenfertigung oder kundenindividuelle Massenproduktion (mass customization)) über ein Gut oder mehrere Güter, die eng aufeinander abgestimmt sind (IAS 11.3).

Vom Anwendungsbereich ausgenommen sind Sachverhalte, für die der IASB spezielle Standards erlassen hat. Dies betrifft u.a.:
- Leasingverträge gem. **IAS 17** (siehe Kap. D.4),
- Dividenden für nach Equity-Methode bilanzierte Anteile gem. **IAS 28** (siehe Kap. F.4),
- Veräußerungserträge sowie Änderungen des beizulegenden Zeitwerts von finanziellen Vermögenswerten/Schulden gem. **IAS 39** (siehe Kap. D.5 bzw. D.11),
- der Wertänderung anderer kurzfristiger Vermögenswerte (siehe z.B. Kap. D.6 für Vorräte).

Normenkontext

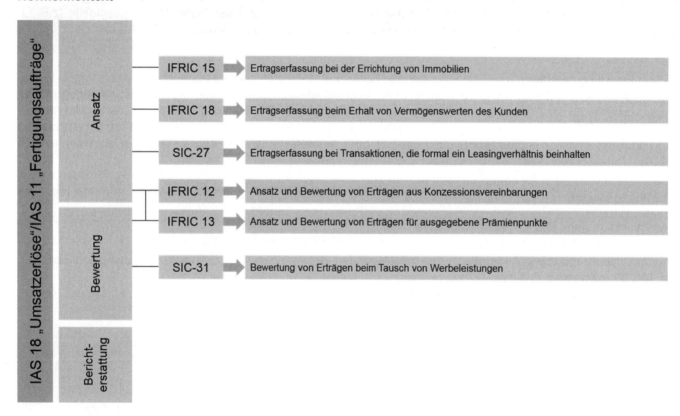

Neben IAS 18 bzw. IAS 11 und den grds. zu beachtenden Standards IFRS 13 (siehe Kap. D.2.3 für die Fair Value-Ermittlung), IAS 12 (siehe Kap. D.13 für latente Steuern) und IAS 1 (siehe Kap. C für Ausweisfragen) sind folgende Standards/Interpretationen ggf. relevant:

- **SIC-27** „Beurteilung des wirtschaftlichen Gehalts von Transaktionen in der rechtlichen Form von Leasingverhältnissen": Der Erfassungszeitpunkt einer Gebühr aus derartigen Transaktionen bestimmt sich nach IAS 18.

- **SIC-31** „Umsatzerlöse – Tausch von Werbedienstleistungen": Beim Tausch von Werbeleistungen sind die Erlöse nicht mit dem Fair Value der erhaltenen Werbeleistung, sondern unter Bezug auf ähnliche, nicht in einem Tauschvorgang erbrachte Werbeleistungen zu bemessen.

- **IFRIC 12** „Dienstleistungskonzessionsvereinbarungen": Die Ertragserfassung und -bewertung bei Konzessionsvereinbarungen erfolgt nach IAS 11 bzw. IAS 18.

- **IFRIC 13** „Kundenbindungsprogramme": Prämienpunkten aus Kundenbindungsprogrammen werden Teile der Umsatzerlöse aus dem Verkauf, für den sie gutgeschrieben wurden, zugeordnet. Diese Umsatzanteile werden erst beim Einlösen der Prämienpunkte erfasst. Die Bewertung der Prämienpunkte erfolgt zu deren Fair Value.

- **IFRIC 15** „Verträge über die Errichtung von Immobilien": Je nachdem, ob die Vereinbarung die Definition eines Fertigungsauftrages erfüllt oder nicht, sind Erlöse nach IAS 11 oder nach IAS 18 zu erfassen.

- **IFRIC 18** „Übertragungen von Vermögenswerten durch einen Kunden": Erhält das bilanzierende Unternehmen (z.B. ein Wasserversorger) von seinem Kunden Vermögenswerte (z.B. um den Kunden an das Wassernetz anzuschließen), sind für diese Transaktion Erlöse zu erfassen.

Zudem verweist SIC-32 auf IAS 11 (siehe S. XX).

Zeitpunkt der Ertragserfassung abhängig von der Transaktionsart

Güterverkauf	Erbringung von Dienstleistungen	Zinsen, Entgelte, Dividenden	Auftragsfertigung
• Übergang wesentlicher Chancen und Risiken • keine Beherrschung oder unternehmerische Einflussnahme • verlässliche Messbarkeit der Kosten • verlässliche Messbarkeit der Erlöse • wahrscheinlicher künftiger Nutzenzufluss	• verlässliche Messbarkeit des Fertigstellungsgrads • verlässliche Messbarkeit der bereits angefallenen und der künftigen Kosten • verlässliche Messbarkeit der Erlöse • wahrscheinlicher künftiger Nutzenzufluss	• verlässliche Messbarkeit der Erlöse • wahrscheinlicher künftiger Nutzenzufluss	• verlässliche Ermittlung des Resultats (in Abhängigkeit vom Vertragstyp, siehe nachfolgende Seiten)

Neben den aus dem Rahmenkonzept entlehnten Kriterien „verlässliche Messbarkeit von Kosten/Erlösen" und „Wahrscheinlichkeit des Nutzenzuflusses" müssen zur Umsatzrealisation aus dem **Verkauf von Gütern** a) die wesentlichen Chancen und Risiken übergegangen sein und b) das Unternehmen darf keine Beherrschung oder unternehmerische Einflussnahme mehr über den Vermögenswert besitzen (IAS 18.14). Z.B. ist Kriterium a) nicht erfüllt, wenn ein Unternehmen eine Anlage liefert, deren aufwendige Installation Vertragsbestandteil ist, aber noch aussteht (IAS 18.16 (c)). Im Endeffekt bedeutet dies, dass eine Umsatzrealisierung aus dem Güterverkauf oftmals erst mit vollständiger Erbringung der vertraglich geschuldeten Leistung (= Lieferung des Gutes) erfolgen kann.

Bei der **Erbringung von Dienstleistungen** muss zur Ertragserfassung, neben den Kriterien „verlässliche Messbarkeit von Kosten/Erlösen" und „Wahrscheinlichkeit des Nutzenzuflusses" insb. der Fertigstellungsgrad verlässlich messbar sein (IAS 18.20). Hierfür können verschiedene Methoden angewendet werden (z.B. der Anteil bereits erfüllter Leistungen am Gesamtleistungsumfang oder der Anteil bereits angefallener Kosten an den Gesamtkosten). Siehe hierzu insb. die Regelungen des IAS 11 auf den Folgeseiten. Sind die genannten Kriterien erfüllt, können Erlöse aus Dienstleistungen bereits während der Leistungserbringung (anteilig) realisiert werden.

Der Zeitpunkt der Ertragserfassung bestimmt sich gem. IAS 18.30 für Zinsen nach der Effektivzinsmethode (siehe Kap. D.4.3), für Entgelte periodengerecht nach den Vertragsbestimmungen bzw. für Dividenden, sobald das Recht auf Zahlung besteht.

Bei **Auftragsfertigung** i.S.d. IAS 11 hängt gem. IAS 11.22 die Ertragserfassung davon ab, ob das Gesamtergebnis des Auftrages verlässlich ermittelt werden kann (siehe hierzu die nachfolgenden Seiten). Dann erfolgt eine anteilige Gewinnrealisierung entsprechend des Fertigstellungsgrades.

Im **HGB** sind Umsätze unabhängig von dem Geschäftsmodell gem. des Realisationsprinzips (§ 252 Nr. 4 HGB) grds. erst bei Gefahrenübergang zu erfassen.

Voraussetzungen für die Bilanzierung von Auftragsfertigung nach IAS 11

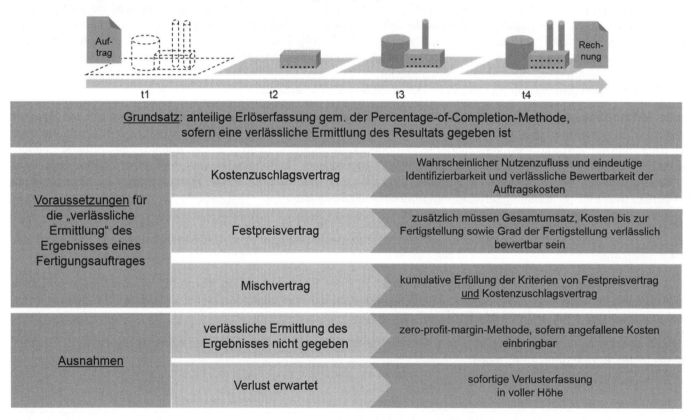

Grundsatz: anteilige Erlöserfassung gem. der Percentage-of-Completion-Methode, sofern eine verlässliche Ermittlung des Resultats gegeben ist

Voraussetzungen für die „verlässliche Ermittlung" des Ergebnisses eines Fertigungsauftrages	Kostenzuschlagsvertrag	Wahrscheinlicher Nutzenzufluss und eindeutige Identifizierbarkeit und verlässliche Bewertbarkeit der Auftragskosten
	Festpreisvertrag	zusätzlich müssen Gesamtumsatz, Kosten bis zur Fertigstellung sowie Grad der Fertigstellung verlässlich bewertbar sein
	Mischvertrag	kumulative Erfüllung der Kriterien von Festpreisvertrag und Kostenzuschlagsvertrag
Ausnahmen	verlässliche Ermittlung des Ergebnisses nicht gegeben	zero-profit-margin-Methode, sofern angefallene Kosten einbringbar
	Verlust erwartet	sofortige Verlusterfassung in voller Höhe

Bei langfristigen Fertigungsaufträgen sieht **IAS 11** grds. die Anwendung der sogenannten **Percentage-of-Completion**-Methode vor (IAS 11.22). Danach werden bereits während der Fertigungsphase Auftragserlöse anteilig erfasst, auch wenn diese noch nicht mit dem Kunden abgerechnet wurden.

Voraussetzung für die Anwendung dieser Methode ist, dass das Ergebnis des Fertigungsauftrages verlässlich ermittelbar ist. Ob dieses Kriterium erfüllt ist, bestimmt sich je nach Art des zugrunde liegenden Vertrages:

- Bei einem **Kostenzuschlagsvertrag** rechnet der Auftragnehmer die ihm entstandenen Kosten zuzüglich einer Marge ab. Ein Verlust aus solchen Verträgen ist entsprechend unwahrscheinlich. Daher müssen hierfür neben der Wahrscheinlichkeit des Nutzenzuflusses insb. nur die Auftragskosten verlässlich dem Auftrag zuzuordnen sein und ebenso verlässlich bewertet werden können (IAS 11.24).
- Liegt ein **Festpreisvertrag** vor, kann der Auftragnehmer lediglich den vorab vereinbarten Preis in Rechnung stellen, unabhängig von den ihm tatsächlich entstehenden Kosten. Da das Risiko eines Verlustes aus diesem Vertragstyp höher ist, müssen zusätzlich zu den gerade genannten Kriterien der Gesamtumsatz, die Kosten bis zur Fertigstellung sowie der Grad der Fertigstellung verlässlich bewertbar sein (IAS 11.23).
- Bei einem **Mischvertrag**, der Elemente beider oben genannten Vertragstypen beinhaltet, müssen alle Voraussetzungen zusammen erfüllt sein (IAS 11.6).

Sollten diese Kriterien jeweils nicht erfüllt sein, darf die Percentage-of-Completion-Methode nicht angewendet werden. Stattdessen sind in diesem Fall Umsätze nur in Höhe der angefallenen (und voraussichtlich einbringbaren) Kosten zu erfassen (**zero-profit-margin**-Methode) (IAS 11.32). Auch nach dieser Methode werden Auftragszwischenverluste vermieden, indes kommt es aber auch zu keinem vorzeitigen Gewinnausweis.

Sollte sich ein **Verlust** aus einem Fertigungsauftrag abzeichnen, ist dieser unmittelbar aufwandswirksam zu erfassen (IAS 11.36).

Im **HGB** existieren keine expliziten Regeln für Fertigungsaufträge. Grds. ist daher die completed-contract-Methode anzuwenden, wonach erst bei vollständiger Fertigstellung der komplette Umsatz zu realisieren ist. Die Anwendung der nach IFRS zulässigen Methoden wird in der Literatur nur unter sehr eingeschränkten Bedingungen für möglich gehalten.

Beispiel für Auftragsfertigung

Sachverhalt

Die Praxis-AG erhält den Auftrag, eine Produktionsanlage für einen Kunden zu errichten. Die Errichtung wird drei Jahre benötigen. Es sei unterstellt, dass es sich um einen gem. IAS 11 zu bilanzierenden Festpreisvertrag handelt, bei dem das Resultat verlässlich ermittelbar ist. Die Praxis-AG wendet die cost-to-cost-Methode zur Ertragserfassung gem. der Percentage-of-Completion-Methode an. Die Daten des Auftrags lauten wie folgt:

Jahr	t1	t2	t3
erwartete Gesamterlöse	600 TEUR	600 TEUR	600 TEUR
erwartete Gesamtkosten	400 TEUR	500 TEUR	500 TEUR
Ist-Kosten der Periode	100 TEUR	200 TEUR	200 TEUR

In der Periode t2 erfolgt zudem eine Teilabrechnung i.H.v. 50 TEUR.

Lösung

Jahr	t1	t2	t3	
Fertigstellungsgrad	25%	60%	100%	
Auftragsfertigung	150 TEUR	310 TEUR	550 TEUR	0 TEUR
Forderungen	0 TEUR	50 TEUR	50 TEUR	600 TEUR
Umsatz	150 TEUR	210 TEUR	240 TEUR	
Aufwand	100 TEUR	200 TEUR	200 TEUR	
Gewinn/Verlust	50 TEUR	10 TEUR	40 TEUR	

Bei Anwendung der cost-to-cost-Methode bestimmt sich der **Fertigstellungsgrad** nach dem Verhältnis der kumulierten IST-Kosten im Verhältnis zu den erwarteten Gesamtkosten. Dabei ist im nebenstehenden Beispiel die Erhöhung der Gesamtkostenschätzung im Jahr t2 (400 TEUR → 500 TEUR) zu berücksichtigen. Dies ist als Schätzungsänderung gem. IAS 8 (siehe Kap. E.5) zu bilanzieren (IAS 11.38). Das bedeutet, die Änderung wirkt sich nur prospektiv aus, das Jahr t1 ist also nicht anzupassen (IAS 8.36).

Multipliziert mit den erwarteten Gesamterlösen ergibt der Fertigstellungsgrad die Höhe des in der jeweiligen Periode insgesamt zu erfassenden aktivischen Bilanzpostens für die **Auftragsfertigung**. Die jeweilige Erhöhung dieses Postens wird als **Umsatz** erfasst.

Die **Teilabrechnung** in Periode t2 schlägt sich folgendermaßen nieder: Gem. des Fertigstellungsgrades von 60% beträgt der Posten „Auftragsfertigung" vorläufig (600 TEUR x 60% =) 360 TEUR. Da im Jahr t1 bereits 150 TEUR erfasst wurden, beträgt der Umsatz des Jahres t2 (360 TEUR - 150 TEUR =) 210 TEUR. Davon abzuziehen ist der Betrag der Teilabrechnung (50 TEUR), so dass der Posten „Auftragsfertigung" auf lediglich 310 TEUR erhöht wird, 50 TEUR werden direkt als Forderung gebucht (IAS 11.42 ff.).

Zum Abschluss des Jahres t3 erfolgt schließlich die **Umbuchung** des kumulierten Betrags aus dem Posten „Auftragsfertigung" in „Forderungen".

Überblick über Anhangangaben

Angaben	Textziffern	Beispiele
allgemeine Angaben zu Umsatzerlösen	IAS 18.35	Beträge der wesentlichen Kategorien von Umsatzerlösen
Eventualverbindlichkeiten und Eventualforderungen	IAS 18.36 bzw. IAS 11.45	Eventualverbindlichkeiten aufgrund von Gewährleistungskosten
allgemeine Angaben zu langfristigen Fertigungsaufträgen	IAS 11.39	Methode zu Ermittlung des Fertigstellungsgrades
Angaben zu laufenden Projekten	IAS 11.40 f.	Summe der angefallenen Kosten und der ausgewiesenen Gewinne
Vermögenswerte/Schulden aus langfristigen Fertigungsaufträgen	IAS 11.41-44	aktivische/passivische Salden aus Fertigungsaufträgen

Beispiel für ausgewählte Anhangangaben

Die Umsatzerlöse aus dem Verkauf von Handelswaren und Fertigerzeugnissen werden mit dem Eigentums- bzw. Gefahrenübergang an den Kunden erfasst, sofern ein Preis vereinbart oder bestimmbar ist und dessen Bezahlung wahrscheinlich ist.

Die Umsatzerlöse aus Serviceleistungen werden erfasst, sofern die Leistungen erbracht sind, ein Preis vereinbart oder bestimmbar ist und dessen Bezahlung wahrscheinlich ist. Bei Rahmenverträgen über Serviceleistungen werden erbrachte Leistungen regelmäßig, i.d.R. monatlich, abgerechnet.

Umsätze und Aufwendungen aus Fertigungsaufträgen werden nach der Percentage-of-Completion-Methode bilanziert, wonach Umsätze entsprechend dem Fertigstellungsgrad ausgewiesen werden. Der Fertigstellungsgrad ergibt sich aus dem Verhältnis der bis zum Bilanzstichtag angefallenen Auftragskosten zu den insgesamt zum Stichtag geschätzten Auftragskosten (cost-to-cost-Verfahren). Ist für die Abwicklung eines Fertigungsauftrags ein beträchtlicher Zeitraum erforderlich, umfassen die Auftragskosten auch zurechenbare Fremdkapitalkosten. Nach der Percentage-of-Completion-Methode bilanzierte Fertigungsaufträge werden entsprechend den zum Stichtag aufgelaufenen Auftragskosten zuzüglich des sich aus dem erreichten Fertigstellungsgrad ergebenden anteiligen Gewinns in den Forderungen aus Lieferungen und Leistungen erfasst. Auftragsänderungen, Nachforderungen oder Leistungsprämien werden insoweit berücksichtigt, wie sie mit dem Kunden bereits verbindlich vereinbart wurden. Wenn das Ergebnis eines Fertigungsauftrags nicht verlässlich schätzbar ist, werden wahrscheinlich erzielbare Umsätze bis zur Höhe der angefallen Kosten erfasst. Auftragskosten werden in der Periode erfasst, in der sie anfielen. Ist absehbar, dass die gesamten Auftragskosten die Auftragserlöse übersteigen, werden die erwarteten Verluste unmittelbar als Aufwand erfasst.

Die Umsatzerlöse setzen sich wie folgt zusammen:

	t2	t1
Verkauf von Waren und Fertigerzeugnissen		
Dienstleistungen		
Fertigungsaufträge		
Summe		

Ausblick auf IFRS 15

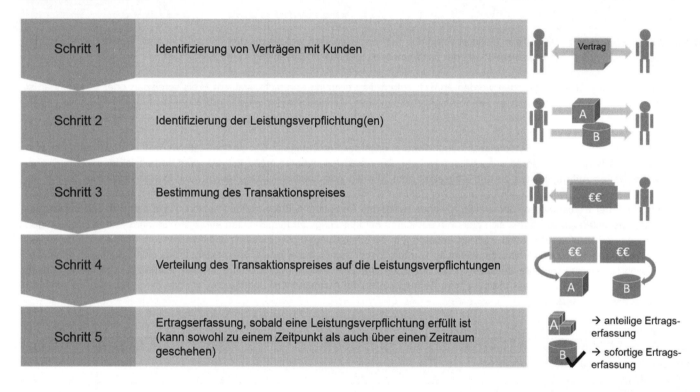

Schritt 1	Identifizierung von Verträgen mit Kunden
Schritt 2	Identifizierung der Leistungsverpflichtung(en)
Schritt 3	Bestimmung des Transaktionspreises
Schritt 4	Verteilung des Transaktionspreises auf die Leistungsverpflichtungen
Schritt 5	Ertragserfassung, sobald eine Leistungsverpflichtung erfüllt ist (kann sowohl zu einem Zeitpunkt als auch über einen Zeitraum geschehen)

→ anteilige Ertrags-erfassung

→ sofortige Ertrags-erfassung

IFRS 15 wurde im Mai 2014 vom IASB verabschiedet, bis Redaktionsschluss indes von der EU noch nicht endorsed. IFRS 15 wird voraussichtlich für Geschäftsjahre anwendbar sein, die ab dem 01.01.2017 beginnen. Dieser neue Standard wird die Standards IAS 11 und IAS 18 sowie die Interpretationen SIC-31, IFRIC 13, IFRIC 15 und IFRIC 18 ablösen. Zur Erfassung von Erträgen sind gem. IFRS 15 fünf Schritte zu berücksichtigen:

1. **Identifizierung von Verträgen mit Kunden**: Ein Vertrag gem. IFRS 15 besteht, sofern dieser von den beteiligten Parteien akzeptiert wurde, die Güter/Dienstleistungen sowie die damit verbundenen Zahlungsmodalitäten bestimmt werden können, dem Vertrag wirtschaftlicher Gehalt zukommt und es wahrscheinlich ist, dass das Unternehmen die Gegenleistungen erhalten wird (IFRS 15.9 ff.).

2. **Identifizierung der Leistungsverpflichtung(en)**: Anschließend sind die Verpflichtungen zum Transfer von Gütern oder Dienstleistungen zu identifizieren. Bei unterstützenden Tätigkeiten (z.B. rein administrativen Aufgaben), die kein Gut bzw. keine Dienstleistung transferieren, handelt es sich indes nicht um Leistungsverpflichtungen (IFRS 15.22 ff.).

3. **Bestimmung des Transaktionspreises**: Der Transaktionspreis umfasst jegliche Gegenleistung für den Transfer der zugesagten Güter/Dienstleistungen. Zu berücksichtigen sind dabei u.a. variable Bestandteile (z.B. Preisnachlässe oder Boni) oder auch implizite Finanzierungskomponenten (IFRS 15.47 ff.).

4. **Verteilung des Transaktionspreises auf die Leistungsverpflichtungen**: Die Verteilung erfolgt grds. auf Basis der relativen Einzelverkaufspreise, die sich für die einzelne Leistungsverpflichtung ergeben würden. Für bestimmte Rabatte und variable Bestandteile gelten spezielle Regelungen (IFRS 15.73).

5. **Ertragserfassung, sobald eine Leistungsverpflichtung erfüllt ist**: Eine Leistungsverpflichtung gilt als erfüllt, sobald der zugehörige Vermögenswert in die Beherrschungsmacht des Kunden übergeht. Als „Vermögenswert" werden dabei sowohl (im)materielle Güter als auch Dienstleistungen verstanden. Zu bestimmen ist ferner, ob die Leistungsverpflichtung zu einem bestimmten Zeitpunkt oder über einen bestimmten Zeitraum erfüllt wird. (IFRS 15.31 ff.).

Teil E   Ausgewählte Berichterstattungspflichten

E.1   Segmentberichterstattung
E.2   Ergebnis je Aktie
E.3   Aufgegebene Geschäftsbereiche
E.4   Beziehungen zu nahe stehenden Parteien
E.5   Unstetigkeiten

E.1 Segmentberichterstattung

E.1.1 Anwendungsbereich von IFRS 8

E.1.2 Segmentabgrenzung

E.1.3 Segmentangaben

- o Angaben zu den berichtspflichtigen Segmenten
- o sonstige Segmentangaben
- o Beispiel für ausgewählte Angaben zu den berichtspflichtigen Segmenten
- o Beispiel für ausgewählte sonstige Segmentangaben

Anwendungsbereich von IFRS 8

Positive Abgrenzung des Anwendungsbereichs

Das bilanzierende Unternehmen ist
(1) mit Eigen- oder Fremdkapitaltiteln an einem öffentlichen Markt notiert oder
(2) hat seinen Abschluss bei einer Wertpapieraufsicht eingereicht, mit dem Ziel Eigen- oder
     Fremdkapitaltiteln an einem öffentlichen Markt notieren zu lassen.

Auch bei freiwilliger Segmentberichterstattung (d.h. wenn (1) oder (2) nicht einschlägig sind) müssen
die Vorschriften des IFRS 8 zwingend beachtet werden.

Negative Abgrenzung des Anwendungsbereichs

Bei gemeinsamer Publikation sowohl des Einzel- als auch des Konzernabschlusses in einem
Finanzbericht ist IFRS 8 nur für den Konzernabschluss verpflichtend.

IFRS 8 ist anwendbar

Für die Segmentberichterstattung ist **IFRS 8** einschlägig.

Mit Ausnahme von IFRS 8 sowie IAS 33 (siehe Kap. E.2) sind alle IFRS von allen Unternehmen, bei denen der entsprechende Sachverhalt vorliegt, anzuwenden. IFRS 8 ist verpflichtend nur von Unternehmen anzuwenden, die entweder

- an einem **öffentlichen Markt** mit Eigenkapitaltiteln (z.B. Aktien) oder Fremdkapitaltiteln (z.B. Anleihen) notiert sind, oder
- sich im Prozess der **Zulassung** für eine solche Notierung befinden und zu diesem Zweck bei den zuständigen Aufsichtsbehörden (z.B. die SEC in den USA oder die BaFin in Deutschland) ihre Abschlüsse einreichen bzw. eingereicht haben (IFRS 8.2).

Grds. ist IFRS 8 von diesen Unternehmen sowohl im **Einzel-** als auch im **Konzernabschluss** anzuwenden. Enthält ein Finanzbericht indes beide Abschlüsse, ist eine Segmentberichterstattung nur für den Konzernabschluss verpflichtend zu erstellen (IFRS 8.4).

Unternehmen, die nicht an einem öffentlichen Markt notiert sind (und sich auch nicht im Prozess der Zulassung dazu befinden), steht es frei, dennoch **freiwillig** eine Segmentberichterstattung zu veröffentlichen. Diese freiwillige Berichterstattung muss allerdings den Normen des IFRS 8 entsprechen, andernfalls darf sie nicht als „Segmentberichterstattung" tituliert werden (IFRS 8.3).

Segmentabgrenzung

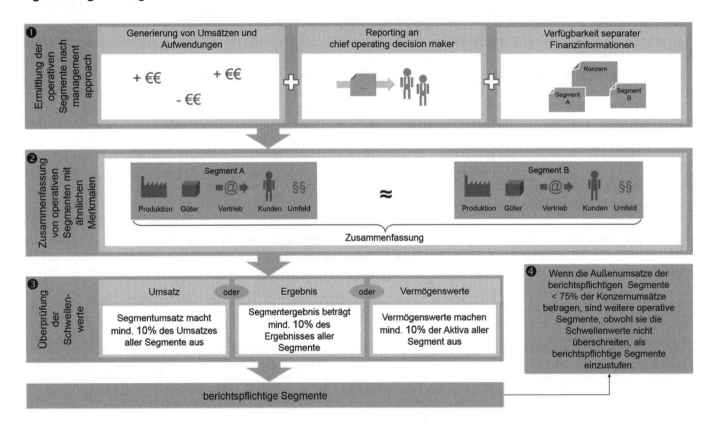

❶ Gem. dem sogenannten **management approach** sind im ersten Schritt sämtliche **operativen Segmente** zu identifizieren. Dies sind Teilbereiche eines Unternehmens, die kumulativ drei Kriterien erfüllen (IFRS 8.5):

1. Es werden Aufwendungen und Umsätze generiert, entweder extern und/oder unternehmensintern. Ggf. besitzt der Bereich indes auch nur das Potenzial für künftige Umsätze/Aufwendungen (bei Neugründungen).	woraufhin die Leistung des Bereichs beurteilt und Ressourcen zugeteilt werden. Diese Funktion kann von einer einzelnen Person, aber auch von einer Gruppe von Personen ausgeübt werden.
2. Die Ergebnisse des Teilbereichs werden regelmäßig an die Funktion chief operating decision maker gemeldet,	3. Es liegen separate Finanzinformationen aus dem Berichtswesen für den Teilbereich vor.

Die Summe aller operativen Segmente muss nicht zwingend 100% des Unternehmens ausmachen. So erfüllen z.B. Zentralbereiche einer Holding das Kriterium „Generierung von Umsätzen" nicht und sind daher keine operativen Segmente i.S.d. IFRS 8 (IFRS 8.6).

Aus den identifizierten operativen Segmenten sind im Anschluss die **berichtspflichtigen Segmente** anhand der folgenden Schritte zu ermitteln:

❷ Operative Segmente mit ähnlichen wirtschaftlichen Merkmalen (z.B. hinsichtlich der Produktionsprozesse, der erstellten Güter/Dienstleistungen, der Distributionswege, der Kunden oder des regulatorischen Umfelds) können gem. IFRS 8.12 zusammengefasst werden.

❸ Die über die ersten beiden Schritte ermittelten Segmente, die einen der drei Schwellenwerte (> 10% der Innen- und Außenumsätze, > 10% der Ergebnisse (absolute Beträge), > 10% der Vermögenswerte) erfüllen, stellen die berichtspflichtigen Segmente dar.

❹ Wenn die Außenumsätze der so ermittelten berichtspflichtigen Segmente < 75% der Konzernumsätze betragen, sind weitere operative Segmente, obwohl sie die Schwellenwerte nicht überschreiten, als berichtspflichtige Segmente einzustufen, bis die berichtspflichtigen Segmente mind. 75% der Konzernumsätze darstellen (IFRS 8.15). Alle übrigen Unternehmensbereiche sind in einem „Sammelposten" zusammengefasst anzugeben (IFRS 8.16).

Im **HGB** (bzw. gem. DRS 3) sind operative Segmente ebenfalls anhand der internen Organisations- und Berichtsstruktur zu bilden (DRS 3.10). Im weiteren Schritt ist für die Zusammenfassung von ähnlichen Segmenten ein homogenes Chancen-Risiko-Profil (DRS 3.13) ausschlaggebend. Ferner sind die „10%"- und „75%"-Kriterien analog IFRS 8 (DRS 3.12 und 15) für die Bestimmung der berichtspflichtigen Segmente zu beachten.

Angaben zu den berichtspflichtigen Segmenten

allgemeine Angaben (IFRS 8.22)

- Grundlagen der Identifikation berichtspflichtiger Segmente
- Arten der Produkte/Dienstleistungen, mit denen jedes Segment Erlöse generiert

Bewertung (IFRS 8.25 ff.)

- Bewertung erfolgt nach internen Prinzipien (ggf. ≠ IFRS)
- Unterschiede in der Bewertung sowie ggf. asymmetrische Zuordnungen von Vermögenswerten/ Schulden sind zu erläutern

Überleitungsrechnung (IFRS 8.28)

- Überleitung der für die berichtspflichtigen Segmente berichteten Werte auf die Werte des Gesamtunternehmens

Angaben zu Gewinn/Verlust, Vermögenswerten und Schulden (IFRS 8.23 f.)

- Mindestangabe:
  - Ergebnisgröße, die zur Steuerung verwendet wird

- Zusätzliche Angaben, nur wenn diese dem chief operating decision maker regelmäßig vorgelegt werden und/oder Bestandteil der berichteten Ergebnisgröße sind:
  - Umsätze mit externen Kunden
  - Umsätze aus konzerninternen Transaktionen
  - Zinsaufwendungen und -erträge
  - Abschreibungen
  - wesentliche GuV-Posten gem. IAS 1.97
  - Gewinnanteil von Unternehmen die nach der Equity-Methode bilanziert werden
  - Ertragssteueraufwendungen oder -erträge
  - wesentliche, nicht-zahlungswirksame Posten (abgesehen von Abschreibungen)
  - Gesamtvermögen/-schulden

Neben **allgemeinen Informationen** zu berichtspflichtigen Segmenten (IFRS 8.22), ist in jedem Fall diejenige **Ergebnisgröße** anzugeben, mit der das Segment intern gesteuert wird (IFRS 8.23). Diese Ergebnisgröße muss insofern nicht zwingend auf Grundlage der dem Abschluss zugrundeliegenden IFRS-Vorschriften ermittelt worden sein, sondern soll dem management approach folgend den **intern** berichteten Steuerungswerten entsprechen. Werden mehrere unterschiedliche Ergebnisgrößen dem Management als Steuerungsgröße vorgelegt, ist diejenige zu wählen, deren Bewertung der Bewertung im übrigen Abschluss am besten entspricht (IFRS 8.25-26).

Weitere Kennzahlen wie z.B. Vermögen, Schulden, Umsätze, Abschreibungen etc. sind nur dann zwingend offenzulegen, wenn sie an den chief operating decision maker berichtet werden und/oder Bestandteil der Ergebnisgröße sind (IFRS 8.23).

Die möglichen **Bewertungsunterschiede** zwischen den Segmentwerten und den Werte in Konzernbilanz bzw. -GuV sind zu erläutern. Zu diesem Zweck sind folgende Angabepflichten zu erfüllen:
* Bilanzierungsgrundsätze für Inter-Segment Transaktionen,
* Art der Unterschiede zwischen den Werten der berichtspflichten Segmente und den IFRS-Konzernwerten für den Gewinn/Verlust, die Vermögenswerte sowie die Schulden,
* Änderungen in den Bewertungsmethoden im Vergleich zum Vorjahr sowie ggf. Auswirkungen auf Gewinn/Verlust,
* Beschreibung ggf. asymmetrischer Zuordnungen z.B. von Vermögenswerten zu einem und den zugehörigen Abschreibungen zu einem anderen berichtspflichtigen Segment (IFRS 8.27).

Weiterhin fordert IFRS 8.28 **Überleitungsrechnungen** für Umsatz, Vorsteuerergebnis, Vermögenswerte, ggf. Schulden (sofern diese gem. IFRS 8.23 berichtet werden) sowie sonstige wesentliche Posten der berichtspflichtigen Segmente auf die IFRS-Konzernwerte.

Bei internen **Umstrukturierungen** der berichtspflichtigen Segmente sind die Vorjahreszahlen entsprechend anzupassen (IFRS 8.29-30).

sonstige Segmentangaben

Aufteilung der externen Umsätze nach Regionen (IFRS 8.33 (a))	Aufteilung der externen Umsätze nach (Gruppen von) Produkten/Dienstleistungen (IFRS 8.32)

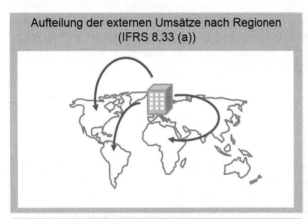 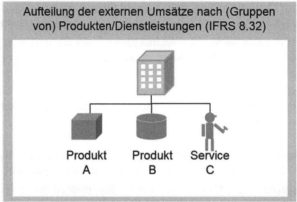

Aufteilung langfristiger Vermögenswerte nach Regionen (IFRS 8.33 (b))	wesentliche Kunden (IFRS 8.34)

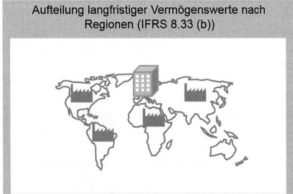 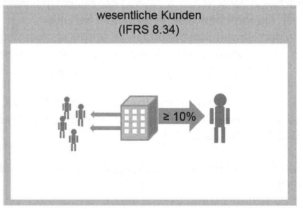

Sofern nicht bereits im Zusammenhang mit den Angaben zu den berichtspflichtigen Segmenten geschehen, sind Angaben zur Umsatzaufteilung nach Produkten/Dienstleistungen (IFRS 8.32) und nach geografischen Regionen (IFRS 8.33 a)) zu machen. Ebenfalls nach geografischen Regionen sind die langfristigen Vermögenswerte aufzuteilen (IFRS 8.33 b)):

- Die **Umsatzaufteilung nach Produkten/Dienstleistungen** soll die Außenumsätze aufgliedern. Dazu können Produkte und Dienstleistungen zu Gruppen zusammengefasst werden.

- Die **Umsatzaufteilung nach geografischen Regionen** soll die Außenumsätze des Unternehmens aufteilen in die Außenumsätze im Sitzland des Unternehmens einerseits und die Außenumsätze in allen übrigen Ländern andererseits. Ggf. sind einzelne Länder separat anzugeben, sofern die Umsätze dort wesentlich sind.

- Bei der **Aufteilung langfristiger Vermögenswerte** nach geografischen Regionen sind gleichfalls mind. die langfristigen Vermögenswerte im Sitzland des Unternehmens und in allen übrigen Ländern anzugeben. Dabei sollen indes Finanzinstrumente, latente Steuern, Vermögenswerte aus Leistungen nach Beendigung des Arbeitsverhältnisses und Rechte aus Versicherungsverträgen nicht mit einbezogen werden. Auch hier gilt, dass ggf. einzelne Länder separat anzugeben sind, sofern die langfristigen Vermögenswerte in diesen Ländern wesentlich sind.

Sind die erforderlichen Informationen für die Umsatzaufteilung und/oder die Aufteilung der Vermögenswerte nicht verfügbar und unterbleibt somit die Angabe, ist diese Tatsache anzugeben.

Sofern mit **wesentlichen Kunden** jeweils 10% oder mehr der Umsätze des Unternehmens generiert werden, sind gem. IFRS 8.34 neben dieser Tatsache sowohl der Gesamtbetrag der Umsatzerlöse mit jedem dieser wesentlichen Kunden als auch die berichtspflichtigen Segmente anzugeben, in denen die Umsätze anfallen. Indes verlangt der Standard ausdrücklich nicht, dass der Umsatz pro Segment oder die Identität der Kunden angegeben werden. Mehrere Einzelkunden, die jedoch unter einheitlicher Beherrschung stehen, sollen für diese Zwecke wie ein einzelner Kunde behandelt werden.

Im Gegensatz zu den Angaben zu berichtspflichtigen Segmenten sollen die Angaben zum Gesamtunternehmen auf den (IFRS-)Werten im Abschluss basieren (IFRS 8.31 f.).

Beispiel für ausgewählte Angaben zu den berichtspflichtigen Segmenten

Die externe Segmentberichterstattung erfolgt auf Basis der konzerninternen Organisations- und Managementstruktur sowie der internen Finanzberichterstattung an das oberste Führungsgremium (chief operating decision maker). Der Vorstand der Praxis-AG ist verantwortlich für die Bewertung und Steuerung des Geschäftserfolgs der Segmente und gilt als oberstes Führungsgremium i.S.d. IFRS 8.

Die Praxis-AG betreibt ihr Geschäft in den drei Segmenten „A" (Produktion des Produktes XYZ), „B" (Dienstleistungen in Bereich ABC) sowie „C" (Bündelung der Geschäfte in Wachstumsregionen).

Den Bewertungsgrundsätzen für die Segmentberichterstattung der Praxis-AG liegen die im Konzernabschluss verwendeten IFRS zu Grunde. Die Praxis-AG beurteilt die Leistung der Segmente u.a. anhand des Ergebnisses vor Zins- und sonstigem Finanzergebnis, welches sich aus dem Betriebsergebnisses (EBIT) zuzüglich des Ergebnisses aus at equity bilanzierten Unternehmen zusammensetzt.

	Segment A	Segment B	Segment C	Summe der Segmente	Konsolidierungen	Konzern- abschluss
Umsatz						
Ergebnis						
Vermögenswerte						
Schulden						
Investitionen						

(Hinweis: Angabe ist für Berichtsjahr und Vorjahr zu machen)

	t2	t1
Ergebnisgröße (Summe der Segmente)		
+/- Ergebnisbeitrag der Zentralbereiche		
+/- Konsolidierungseffekte		
Ergebnisgröße (Konzern)		

	t2	t1
Gesamtvermögen (Segmente)		
+/- Ergebnisbeitrag der Zentralbereiche		
+/- Konsolidierungseffekte		
Gesamtvermögen (Konzern)		

Beispiel für ausgewählte sonstige Segmentangaben

Aufteilung der Außenumsätze

Die Außenumsätze der Praxis-AG teilen sich wie folgt auf die Produkte und Dienstleistungen auf:

	t2	t1
Produkt XYZ		
Dienstleistung ABC		

Die Außenumsätze und langfristigen Vermögenswerte der Praxis-AG teilen sich wie folgt auf die Regionen auf:

	Außenumsätze	langfristige Vermögenswerte
Deutschland		
übriges Europa		
Nord- und Südamerika		
Asien		

wesentliche Kunden

Im Jahr t2 wurden mit einem Kunden mehr als 10% der Umsätze erzielt. Die Höhe der Umsätze mit diesem Kunden betrug in t2 über alle Segmente X EUR. Die Umsätze mit dem wesentlichen Kunden sind den Segmenten A und B zuzuordnen.

E.2 Ergebnis je Aktie

E.2.1 Anwendungsbereich von IAS 33

E.2.2 Berechnung des Ergebnisses je Aktie

○ unverwässertes und verwässertes Ergebnis je Aktie
○ Beispiel zur Berechnung des Ergebnisses je Aktie

E.2.3 Darstellung und Anhangangaben zum Ergebnis je Aktie

○ Berichterstattung zum Ergebnis je Aktie
○ Beispiel für ausgewählte Angaben zu den Ergebnissen je Aktie

Anwendungsbereich von IAS 33

Positive Abgrenzung des Anwendungsbereichs

Das bilanzierende Unternehmen ist
(1) mit Stammaktien oder potenziellen Stammaktien an einem öffentlichen Markt notiert oder
(2) hat seinen Abschluss bei einer Wertpapieraufsicht eingereicht mit dem Ziel, Stammaktien an einem öffentlichen Markt notieren zu lassen.

Negative Abgrenzung des Anwendungsbereichs

Wird sowohl der Einzel- als auch der Konzernabschluss publiziert, ist nur das auf dem Konzernabschluss basierende Ergebnis je Aktie verpflichtend anzugeben.

IAS 33 ist anwendbar

Für die Berechnung und die Angaben zum Ergebnis je Aktie ist verpflichtend **IAS 33** anzuwenden (IAS 33.3).

Ähnlich IFRS 8 (siehe Kap. E.1) ist IAS 33 verpflichtend nur von solchen Unternehmen anzuwenden, die entweder
- an einem **öffentlichen Markt** mit Stammaktien oder potenziellen Stammaktien notiert sind oder
- sich im Prozess der **Zulassung** für eine solche Notierung von Stammaktien befinden und zu diesem Zweck bei den zuständigen Aufsichtsbehörden (z.B. die SEC in den USA oder die BaFin in Deutschland) ihre Abschlüsse einreichen bzw. eingereicht haben (IAS 33.2).

Als **Stammaktien** (ordinary shares) sind jene Eigenkapitaltitel definiert, die allen anderen Eigenkapitalinstrumenten im Rang nachgehen (IAS 33.5). Gem. IAS 33.6 bemisst sich die Nachrangigkeit an dem Anspruch auf das Periodenergebnis. Stimmrechtslose Vorzugsaktien, die eine vorrangige Ausschüttung verbriefen, zählen somit nicht zu den Stammaktien. „Vorzugsaktien", deren Mehrdividenden an die Dividende der Stammaktie gekoppelt ist, bei denen der Mehrbetrag aber nicht vorrangig bedient wird, zählen hingegen zu den Stammaktien i.S.d. IAS 33.

unverwässertes und verwässertes Ergebnisses je Aktie

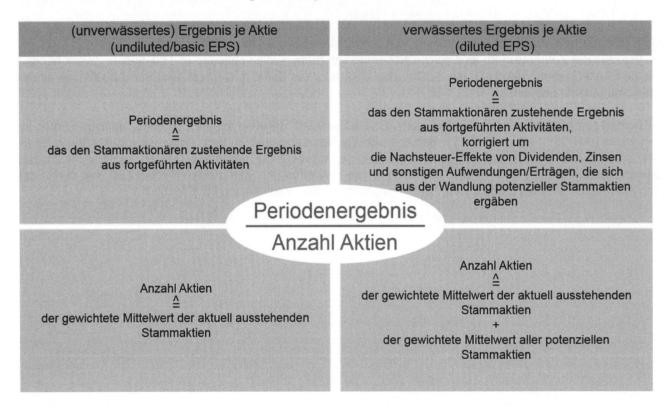

(unverwässertes) Ergebnis je Aktie (undiluted/basic EPS)	verwässertes Ergebnis je Aktie (diluted EPS)
Periodenergebnis $\hat{=}$ das den Stammaktionären zustehende Ergebnis aus fortgeführten Aktivitäten	Periodenergebnis $\hat{=}$ das den Stammaktionären zustehende Ergebnis aus fortgeführten Aktivitäten, korrigiert um die Nachsteuer-Effekte von Dividenden, Zinsen und sonstigen Aufwendungen/Erträgen, die sich aus der Wandlung potenzieller Stammaktien ergäben
Anzahl Aktien $\hat{=}$ der gewichtete Mittelwert der aktuell ausstehenden Stammaktien	Anzahl Aktien $\hat{=}$ der gewichtete Mittelwert der aktuell ausstehenden Stammaktien + der gewichtete Mittelwert aller potenziellen Stammaktien

$$\frac{\text{Periodenergebnis}}{\text{Anzahl Aktien}}$$

Gem. **IAS 33** sind grds. sowohl ein unverwässertes als auch ein verwässertes Ergebnis je Aktie (earnings per share/ EPS) anzugeben. In der Berechnung unterscheiden sich diese sowohl in der Zähler- als auch in der Nennergröße:

unverwässertes Ergebnis je Aktie	verwässertes Ergebnis je Aktie
Berechnung des Periodenergebnisses	
Verwendet wird das Nachsteuer-Periodenergebnis, das den Anteilseignern des Mutterunternehmens zusteht. Zudem ist nur das Ergebnis aus fortgeführten Aktivitäten zu berücksichtigen (IAS 33.12 ff.).	Das Periodenergebnis wird korrigiert um die Ergebniseffekte, die sich bei unterstellter Umwandlung der potenziellen Stammaktien ergeben hätten. Z.B. hätte die Umwandlung einer Aktienanleihe dazu geführt, dass die aufwandswirksam erfassten Zinszahlungen nicht angefallen wären. Dementsprechend wird das Periodenergebnis um die Zinsaufwendungen und die daraus resultierenden Steuereffekte korrigiert (IAS 33.33 ff.).
Berechnung der Aktienanzahl	
• Zurückerworbene eigene Anteile bleiben unberücksichtigt. • Kapitalveränderungen während des Geschäftsjahres sind zeitanteilig zu gewichten (IAS 33.19 ff.). • Rückwirkende Anpassung, wenn die Veränderung der Aktienanzahl nicht mit einer Veränderung der dem Unternehmen zur Verfügung stehenden Ressourcen einhergeht (z.B. Aktiensplit) (IAS 33.26).	• Es wird eine Umwandlung zu Beginn des Geschäftsjahres oder am Tag der Emittierung unterstellt. • Bedingt emissionsfähige Aktien werden erst bei Erfüllung der Bedingung berücksichtigt.

Im **HGB** gibt es keine dem IAS 33 vergleichbare Vorschrift.

Beispiel zur Berechnung des Ergebnisses je Aktie

Sachverhalt

Fall a): Von der Praxis-AG sind zu Beginn des Berichtssjahres 1 Mio. Stammaktien im Umlauf. Zur Beteiligung der Mitarbeiter am Unternehmenserfolg werden am 01. Juni des Jahres 20.000 Gratisaktien an die Mitarbeiter herausgegeben. Am 01. Oktober des Jahres emittiert sie im Rahmen einer Kapitalerhöhung weitere 300.000 Aktien. Das Periodenergebnis der Praxis-AG beläuft sich auf 3,7 Mio. EUR, davon entfallen 0,2 Mio. EUR auf Minderheitsgesellschafter ($\approx$ 5%). Wie berechnet sich das unverwässerte Ergebnis je Aktie?

Fall b): Wie Fall a), zusätzlich wurden zu Beginn des Berichtsjahres 100.000 Optionen auf die Stammaktien der Praxis-AG ausgegeben. Deren Bezugskurs liegt bei 8 EUR, der durchschnittliche Aktienkurs in der Periode betrug 10 EUR. Wie berechnet sich das verwässerte Ergebnis je Aktie nach der treasury stock method gem. IAS 33.45 ff.?

Fall c): Wie Fall a), in diesem Fall wurden zu Beginn des Berichtsjahres zusätzlich 10.000 Wandelanleihen (Umtauschverhältnis 1:1) mit einem Nennwert von je 100 EUR ausgegeben. Deren Kupon beträgt 4%. Der Steuersatz der Praxis-AG liegt bei 30%. Die Anleihen sind jederzeit während des Berichtsjahres wandelbar. Wie berechnet sich das verwässerte Ergebnis je Aktie nach der if-converted method gem. IAS 33.33 ff.?

Lösung

Fall a): Das unverwässerte Ergebnis je Aktie beträgt
3.500.000 EUR : (1.020.000 x 0,75 + 1.320.000 x 0,25) = 3,20 EUR je Aktie

Fall b): Das verwässerte Ergebnis je Aktie beträgt
3.500.000 EUR : ([1.020.000 + 20.000] x 0,75 + [1.320.000 + 20.000] x 0,25) = 3,14 EUR je Aktie

Fall c): Das verwässerte Ergebnis je Aktie beträgt
(3.500.000 EUR + 26.600 EUR) : (1.030.000 x 0,75 + 1.330.000 x 0,25) = 3,19 EUR je Aktie

	Berechnung des Periodenergebnisses	Berechnung der Aktienanzahl	

Fall a)	Periodenergebnis: 3.700.000 EUR
	- Ergebnis der
	Minderheitsgesellschafter <u>200.000 EUR</u>
	                     <u>3.500.000 EUR</u>
		Stammaktien am Periodenanfang 1.000.000
		+ Gratisaktien <u>20.000</u>
		                                   1.020.000
		Jan. – Sept. x 0,75
		
		Stammaktien in Jan. – Sept. 1.020.000
		+ Aktien aus Kapitalerhöhung <u>300.000</u>
		                                   1.320.000
		Okt. – Dez. x 0,25
		
		                                   <u>1.095.000</u>	

Fall b)	Analog zu Fall a), da die Optionsausübung gem. IAS 33.46 a) das Ergebnis nicht beeinflusst.	Nach der treasury stock method: Bei Ausübung der Optionen würde die Praxis-AG 100.000 x 8 = 800.000 EUR einnehmen. Bei einem Ø Aktienkurs von 10 EUR könnte sie damit 80.000 eigene Stammaktien zurückkaufen. Die restlichen (100.000 - 80.000 =) 20.000 neuen Stammaktien werden in die Berechnung wie Gratisaktien einbezogen.	
Fall c)	Nach der if-converted method: Aktuell fallen für die Praxis-AG Kuponzahlungen in Höhe von 10.000 x 100 x 4% = 40.000 EUR an. Davon entfallen auf die Mehrheitsgesellschafter 95%, also 38.000 EUR. Der Nachsteuereffekt auf das Periodenergebnis beträgt 38.000 EUR x (1 - 0,3) = 26.600 EUR. Diese Belastung entfiele mit Wandlung der Anleihen, so dass das Periodenergebnis um diesen Betrag zu erhöhen ist.	Die Anzahl der Aktien aus Fall a) erhöht sich zusätzlich um 10.000 potenzielle Stammaktien aus der Wandlung der Anleihen.	

Berichterstattung zum Ergebnis je Aktie

Angaben/Vorschriften	Textziffern	
Darstellung in Gesamt-ergebnisrechnung	IAS 33.66 f.	Angabe von verwässertem und unverwässertem Ergebnis je Aktie aus fort-geführten Aktivitäten (auch bei negativem Ergebnis je Aktie, IAS 33.69)
rückwirkende Anwendung	IAS 33.64	Analog zu den Vorschriften bezüglich Gratisaktien, ist die Aktienanzahl im Fall von ähnlichen Maßnahmen (z.B. Aktiensplit oder Zusammenlegung von Aktien), die keinen Ressourcenzu- oder abfluss bedeuten, rückwirkend für alle Berichtsperioden anzupassen (auch wenn die Maßnahme nach dem Bilanzstichtag, aber vor Veröffentlichung des Abschlusses stattfindet)
Ergebnis je Aktie aus nicht-fortgeführten Aktivitäten	IAS 33.68	Sofern nicht-fortgeführte Aktivitäten berichtet werden, sind das verwässerte und das unverwässerte Ergebnis je Aktie daraus entweder in der Gesamt-ergebnisrechnung oder im Anhang anzugeben
Angaben im Anhang	IAS 33.70	• Überleitung vom Periodenergebnis der Mehrheitsgesellschafter zum Zähler des verwässerten und unverwässerten Ergebnisses je Aktie • gewichtete Anzahl der Aktien und Überleitung zueinander für die Nenner des verwässerten und unverwässerten Ergebnisses je Aktie • Instrumente, die aktuell noch keinen verwässernden Effekt haben, künftig aber das Ergebnis je Aktie verwässern könnten • Beschreibung wesentlicher Transaktionen mit (potenziellen) Stammaktien nach dem Bilanzstichtag, die Ressourcenzu- oder abflüsse darstellen
freiwillige Kennzahlen	IAS 33.73 f.	Werden weitere Kennzahlen mit Bezug zur Aktienanzahl angegeben, ist der Nenner stets gem. IAS 33 zu berechnen

Beispiel für ausgewählte Angaben zu den Ergebnissen je Aktie

	t2	t1
Periodenergebnis (der Mehrheitsgesellschafter)		
- Ergebnis aus nicht fortgeführten Aktivitäten		
= Nenner des unverwässerten Ergebnisses je Aktie		
- Verwässerungseffekte		
= Nenner des verwässerten Ergebnisses je Aktie		

	t2	t1
Anzahl durchschnittlich ausstehender Stammaktien		
+ durchschnittliche Anzahl Gratisaktien		
= Zähler des unverwässerten Ergebnisses je Aktie		
- durchschnittliche Anzahl potenziell verwässernder Stammaktien		
= Zähler des verwässerten Ergebnisses je Aktie		

	t2	t1
unverwässertes Ergebnis je Aktie		
verwässertes Ergebnis je Aktie		

E.3   Aufgegebene Geschäftsbereiche

E.3.1   Anwendungsbereich von IFRS 5

E.3.2   Klassifizierung als „aufgegebener Geschäftsbereich"

E.3.3   Darstellung und Anhangangaben zu aufgegebenen Geschäftsbereichen
- o Berichterstattung zu aufgegebenen Geschäftsbereichen
- o Beispiel für ausgewählte Angaben zu aufgegebenen Geschäftsbereichen

Anwendungsbereich von IFRS 5

Positive Abgrenzung des Anwendungsbereichs

Es liegt ein aufgegebener Geschäftsbereich i.S.d. IFRS 5.32 vor.

IFRS 5.31 ff. ist anwendbar

IFRS 5 ist zudem anzuwenden für zur Veräußerung gehaltene Vermögenswerte

Anhangangaben anderer Standards sind grds. nicht mehr relevant. Ausnahmen:
(1) Ein anderer Standard enthält Angabepflichten für zur Veräußerung gehaltene Vermögenswerte bzw. aufgegebene Geschäftsbereiche oder
(2) Angabepflichten zur Bewertung von Vermögenswerten oder Schulden, die nicht im Anwendungsbereich des IFRS 5 sind (siehe Kap. D.7.1).

Für einen Unternehmensteil, der als „aufgegebener Geschäftsbereich" i.S.d. IFRS 5.32 (zur Definition siehe nachfolgende Seiten) zu klassifizieren ist, sind die Angabe- und Berichterstattungspflichten gem. IFRS 5 zu berücksichtigen. IFRS 5 regelt darüber hinaus die Bewertung und Berichterstattung über zur Veräußerung gehaltene Vermögenswerte (siehe Kap. D.7).

Damit sind die Anhangangaben anderer Standards regelmäßig nicht länger zu beachten. Von diesem Grundsatz gelten indes zwei Ausnahmen:

(1) Ein anderer Standard schreibt ausdrücklich **spezielle Anhangangaben** für Posten in seinem Anwendungsbereich, die als „zur Veräußerung gehalten" bzw. als „aufgegebener Geschäftsbereich" klassifiziert wurden, vor (IFRS 5.5B (a)).

(2) Die **Angabepflichten zur Bewertung** aus Standards, deren Anwendungsbereich für Bewertungszwecke vom Anwendungsbereich des IFRS 5 ausgenommen wurden (dies sind u.a. latente Steuern gem. IAS 12, Vermögenswerte aus Leistungen an Arbeitnehmer gem. IAS 19, finanzielle Vermögenswerte im Anwendungsbereich von IAS 39 bzw. IFRS 9 oder auch langfristige Vermögenswerten, die nach dem Fair Value Modell des IAS 40 bewertet werden), sind weiterhin zu beachten. Zudem sind die Angabepflichten des IAS 1, insb. IAS 1.15 (Fair Presentation) und IAS 1.125 (Schätzungen), zu beachten (IFRS 5.5B (b)).

Klassifizierung als „aufgegebener Geschäftsbereich"

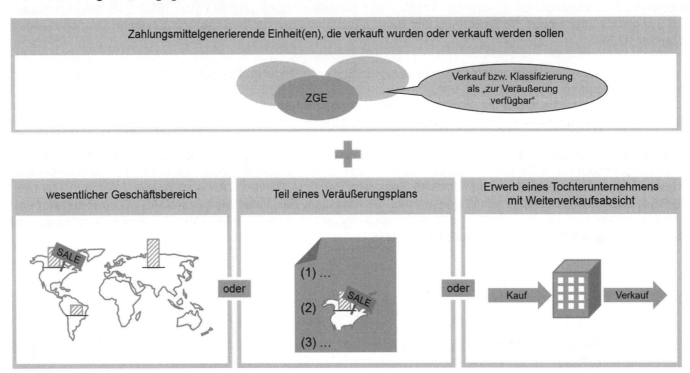

Bei einem „**aufgegebenen Geschäftsbereich**" (discontinued operation) handelt es sich gem. IFRS 5.31 f. um eine (Gruppe von) zahlungsmittelgenerierenden Einheit(en) (siehe Kap. D.2.3), die verkauft wurde oder als „zur Veräußerung gehalten" klassifiziert wurde und darüber hinaus entweder

- einen **wesentlichen Geschäftsbereich** bzw. einen wesentlichen regionalen Bereich oder

- Teil eines **Plans zur Veräußerung** eines wesentliches Geschäftsbereichs bzw. eines wesentlichen regionalen Bereichs oder

- ein Tochterunternehmen, das ausschließlich mit **Weiterveräußerungsabsicht** erworben wurde, darstellt.

Berichterstattung zu aufgegebenen Geschäftsbereichen

Angaben/Vorschriften	Textziffern	
Gesonderter Ausweis in Gesamtergebnisrechnung	IFRS 5.33 (a)	Ein Betrag in der Gesamtergebnisrechnung, der sowohl ○ den Nachsteuer-Gewinn/-Verlust der aufgegebenen Geschäftsbereiche als auch ○ den Nachsteuer-Gewinn/-Verlust, der aus der Neubewertung der Vermögenswerte/Veräußerungsgruppen der aufgegebenen Geschäftsbereiche resultiert, enthält. {table}
Angaben in der Gesamtergebnisrechnung oder im Anhang	IFRS 5.33 (b) und (d)	• Eine Aufteilung dieses Betrages in ○ Umsatz, Aufwendungen und den Vorsteuer-Gewinn/-Verlust ○ Ertragssteueraufwendungen und ○ Gewinn/Verlust, der aus der Neubewertung der Vermögenswerte/Veräußerungsgruppen der eingestellten Bereiche resultiert. • Das Ergebnis aus fortgeführten Aktivitäten und aus aufgegebenen Geschäftsbereichen, das den Mehrheitseigentümern des Mutterunternehmens zusteht.
Angaben in der Kapitalflussrechnung oder im Anhang	IFRS 5.33 (c)	Die Nettocashflows aus operativen, Investitions- und Finanzierungsaktivitäten (nur sofern es sich nicht um ein Tochterunternehmen, das mit Weiterveräußerungsabsicht i.S.d. IFRS 5.11 erworben wurde, handelt).
Anpassung der Vorjahreszahlen	IFRS 5.34	Diese Angaben sind – anders bei Vermögenswerten, die als „zur Veräußerung gehalten" klassifiziert wurden (siehe Kap. D.7.4) – auch für die dargestellten Vorjahre anzupassen.

Eingebettete Tabelle (erste Zeile):

GuV bzw. Gesamtergebnisrechnung	t2	t1
Umsatzerlöse		
:		
= Gewinn/Verlust aus fortgeführten Geschäftsbereichen		
+/- Nachsteuer-Gewinn/Verlust aus aufgegebenen Geschäftsbereichen		
= Perioden-Gewinn/-Verlust		

Angaben/Vorschriften	Textziffern	
nachträgliche Anpassungen	IFRS 5.35	Art und Betrag von nachträglichen Anpassungen, die sich auf zurückliegende Veräußerungen von eingestellten Bereichen beziehen (z.B. in Fällen, in denen der Verkäufer eines eingestellten Bereiches noch Garantieverpflichtungen für diesen Bereich zu erfüllen hatte).
Aufgabe der Klassifizierung als „aufgegebener Geschäftsbereich"	IFRS 5.36	Erfüllt ein zuvor als „aufgegebener Geschäftsbereich" dargestellter Unternehmensteil nicht länger die Definition eines aufzugebenden Bereiches, sind die entsprechenden Beträge auch für die dargestellten Vorjahre nicht mehr unter den aufgegebenen Bereichen zu zeigen.
Verkaufsplan für ein Tochterunternehmen	IFRS 5.36A	Besteht eine Verkaufsverpflichtung, die zu einem Beherrschungsverlust bei einem Tochterunternehmen führen wird, sind die Angabepflichten des IFRS 5.33-36 zu erfüllen, sofern das Tochterunternehmen die Definition eines aufgegebenen Bereichs (siehe Kap. D.7.1) erfüllt.
Neubewertung von fortgeführten Aktivitäten	IFRS 5.37	Gewinne/Verluste, aus der Neubewertung von langfristigen Vermögenswerten/Veräußerungsgruppen, die zwar als „zur Veräußerung gehalten" klassifiziert werden, aber nicht die Definition eines aufgegebenen Bereiches erfüllen, sind im Ergebnis aus fortgeführten Aktivitäten zu zeigen.

Beispiel für ausgewählte Angaben zu aufgegebenen Geschäftsbereichen

Die Praxis-AG hat im vergangenen Jahr den Unternehmensteil „XY" veräußert. Dieser Unternehmensteil umfasste das Südamerika-Geschäft der Praxis-AG und war daher ein wesentlicher regionaler Bereich. Aus diesem Grund stellt der Unternehmensteil „XY" einen aufgegebenen Geschäftsbereich i.S.d. IFRS 5 dar.

Nachfolgend aufgeführt ist eine Analyse des Ergebnisbeitrages, den der Unternehmensteil „XY" zum Gesamtkonzern geleistet hat:

	t2	t1
Umsatzerlöse		
+ sonstige betriebliche Erträge		
./. Aufwendungen		
= Vorsteuerergebnis		
./. Ertragssteueraufwand		
+/- Gewinn/Verlust aus dem Abgang des Unternehmensteils „XY"		
= Gewinn/Verlust aus aufgegebenen Geschäftsbereichen		
Ergebnis je Aktie		

Der Gewinn/Verlust aus dem Abgang des Unternehmensteils „XY" setzt sich wie folgt zusammen:

Erhaltene Gegenleistung	
./. abgegangenes Nettovermögen des Unternehmensteils „XY"	
= Gewinn/Verlust aus dem Abgang des Unternehmensteils „XY"	

Aufgrund des Abgangs des Unternehmensteils „XY" sind die folgenden Bilanzposten abgegangen:

langfristige Vermögenswerte		langfristige Schulden	
:		:	
kurzfristige Vermögenswerte		kurzfristige Schulden	
:		:	

In der Kapitalflussrechnung entfallen folgende Zahlungsströme auf den Unternehmensteil „XY":

	t2	t1
Cashflow aus betrieblicher Tätigkeit		
Cashflow aus Investitionstätigkeit		
Cashflow aus Finanzierungstätigkeit		
= Nettocashflow des Unternehmensteils „XY"		

E.4 Beziehungen zu nahe stehenden Parteien

E.4.1 Anwendungsbereich von IAS 24

E.4.2 Definition einer „nahe stehenden Partei"

E.4.3 Darstellung und Anhangangaben zu nahe stehenden Parteien
- Berichterstattung zu Beziehungen zu nahe stehenden Parteien
- Beispiel für ausgewählten Angaben zu Beziehungen zu nahe stehenden Unternehmen
- Beispiel für ausgewählte Angaben zu Beziehungen zu nahe stehenden Personen

Anwendungsbereich von IAS 24

Positive Abgrenzung des Anwendungsbereichs

Es liegt potenziell eine Beziehung zu einer nahe stehenden Partei (juristische oder natürliche Person) vor.

Negative Abgrenzung des Anwendungsbereichs

Im Konzernabschluss werden bei innerkonzernlichen Beziehungen die jeweiligen Transaktionen bzw. ausstehende Salden im Rahmen der Konsolidierung eliminiert.

IAS 24 ist anwendbar

IAS 24 ist anzuwenden, um

1. festzustellen, ob eine Beziehung zu einer nahe stehenden Partei vorliegt und
2. bei Vorliegen einer solchen Beziehung über diese Beziehung und daraus resultierende Transaktionen, Salden und Verpflichtungen Bericht zu erstatten (IAS 24.2).

Eine **nahe stehende Partei** kann dabei sowohl eine juristische Person (z.B. ein anderes Unternehmen oder eine Regierung) als auch eine natürliche Person (z.B. der Eigentümer einer Personenhandelsgesellschaft) sein (siehe zur Definition einer nahe stehenden Partei die nachfolgenden Seiten).

Die Berichterstattungspflichten gelten grds. sowohl für **Einzel- als auch für Konzernabschlüsse** (IAS 24.3). Bei der Erstellung eines Konzernabschlusses ist indes zu beachten, dass Transaktionen und Salden zwischen Konzernunternehmen im Rahmen der Konsolidierung (siehe Kap. F) eliminiert werden und insofern im Konzernabschluss auch nicht mehr anzugeben sind (IAS 24.4).

Definition einer „nahe stehenden Partei"

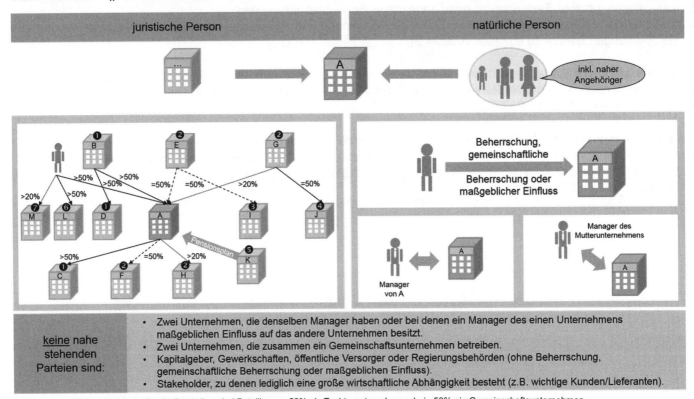

Anmerkung: Vereinfachend wird für die Darstellung bei Beteiligung >50% ein Tochterunternehmen, bei =50% ein Gemeinschaftsunternehmen und bei >20% ein assoziiertes Unternehmen angenommen.

Eine **juristische Person** ist in folgenden Fällen eine nahe stehende Partei von Unternehmen „A" i.S.d. IAS 24.9 (b):

❶ Die Unternehmen sind jeweils Mutter-, Tochter- oder Schwesterunternehmen voneinander („B", „C" und „D").

❷ Das eine Unternehmen ist ein assoziiertes Unternehmen oder ein Gemeinschaftsunternehmen des anderen („E", „F", „G" und „H").

❸ Beide Unternehmen sind Gemeinschaftsunternehmen derselben dritten Partei („I").

❹ Das eine Unternehmen ist ein Gemeinschaftsunternehmen einer dritten Partei, während das andere Unternehmen ein assoziiertes Unternehmen dieser dritten Partei ist (z.B. „J").

❺ Das eine Unternehmen ist ein Pensionsplan des anderen Unternehmens (oder einer nahe stehenden Partei des anderen Unternehmens) (z.B. „K").

❻ Beide Unternehmen werden von derselben natürlichen Person beherrscht („L").

❼ Eine natürliche Person beherrscht das eine Unternehmen und übt maßgeblichen Einfluss auf das andere Unternehmen aus (z.B. „M").

Eine **natürliche Person** gilt gem. IAS 24.9 (a) als „nahe stehende Partei" von Unternehmen A, wenn

• Beherrschung, gemeinschaftliche Beherrschung oder maßgeblicher Einfluss auf A vorliegt,

• die natürliche Person einen Schlüsselposten im Management von A innehat oder

• die natürliche Person einen Schlüsselposten im Management des Mutterunternehmens von A innehat.

Demgegenüber schließt IAS 24.11 eine Reihe von potenziellen „nahe stehenden Parteien" explizit aus. Dabei handelt es sich um Unternehmen, natürliche Personen oder Behörden, die zwar durch die Art ihrer Interaktion mit dem Unternehmen einen (teilweise signifikanten) Einfluss auf das Unternehmen haben können. Dieser Einfluss liegt indes in der „Natur der Sache" begründet und nicht z.B. in einem Beherrschungsverhältnis i.S.d. IFRS 10 bzw. IFRS 11.

Berichterstattung zu Beziehungen zu nahe stehenden Parteien

Angabepflichten bei...			
...Beherrschung (auch ohne Transaktion)	...Personen in Schlüsselposten	...Transaktionen mit nahestehenden Parteien	...Bezug zu öffentlichen Stellen

• Existenz der Beziehung
• Name des Mutterunternehmens bzw. der letztlich beherrschenden Einheit
• Ggf. Name desjenigen Mutterunternehmens, das einen Konzernabschluss erstellt
	• Vergütung
	  • kurzfristig fällige Leistungen
	  • Leistungen nach Beendigung des Arbeitsverhältnisses
	  • sonstige langfristig fällige Leistungen
	  • Leistungen bei Beendigung des Arbeitsverhältnisses
	  • anteilsbasierte Vergütung
		Angaben je Kategorie von nahestehender Partei:
		• Art der Beziehung
		• Betrag der Transaktion
		• ausstehende Salden
		• Angaben zu eingegangenen Verpflichtungen
			• Name der Regierung
			• Art der Beziehung
			• Art und Betrag der wesentlichen Einzeltransaktionen
			• Qualitative oder quantitative Angaben zum Umfang von in Summe wesentlichen Transaktionen

Kategorien von nahestehenden Parteien:
- Mutterunternehmen
- Unternehmen mit gemeinschaftlicher Beherrschung oder maßgeblichem Einfluss
- Tochterunternehmen
- assoziierte Unternehmen
- Gemeinschaftsunternehmen
- Personen mit Schlüsselposten im Management des Unternehmens oder des Mutterunternehmens
- sonstige nahestehende Parteien

Beispiele für Transaktionen:
Käufe/Verkäufe, Dienstleistungen, Beratungen, Lizenzvereinbarungen, Bürgschaften

Die Berichterstattung zu nahe stehenden Parteien richtet sich nach der Art der Beziehung. Liegt ein **Beherrschungsverhältnis** vor (unabhängig davon, ob im Geschäftsjahr Transaktionen stattgefunden haben), sind die Tatsache, dass eine solche Beziehung besteht, der Name des Mutterunternehmens bzw. (sofern abweichend) der Name der letztlich beherrschenden Einheit sowie ggf. der Name desjenigen Mutterunternehmens, das einen Konzernabschluss erstellt, anzugeben (IAS 24.13 ff.). Diese Angaben sind zusätzlich zu den Angabepflichten der Standards IAS 27 und IFRS 12 zu machen (IAS 24.15).

Zu Personen, die sich in **Schlüsselpositionen** des Managements eines Unternehmens befinden, sind die Vergütungsbestandteile (in Summe über alle Personen) anzugeben (IAS 24.17).

Sofern im Geschäftsjahr **Transaktionen** mit Parteien stattgefunden haben, die als „nahe stehend" gelten, sind hierzu Angaben zu machen. Ob dafür eine Vergütung gezahlt wurde, ist irrelevant (IAS 24.9). Neben der Art der Beziehung, dem Transaktionswert und ausstehenden Salden betrifft dies auch eingegangene Verpflichtungen. Zu Salden und Verpflichtungen sind die jeweiligen Bedingungen, eventuelle Absicherungen, die Art der zu erbringenden Gegenleistung, abgegebene oder erhaltene Garantien sowie Rückstellungen für und Abschreibungen auf zweifelhafte Forderungen anzugeben (IAS 24.18). Diese Transaktionen dürfen zu Gruppen aggregiert werden (IAS 24.24). IAS 24.19 verlangt, dass diese Angaben separat für bestimmte Kategorien von nahe stehenden Personen gemacht werden.

Hat das Unternehmen einen **Bezug zu öffentlichen Stellen** (z.B. Regierungen oder Behörden) gelten abweichende Angabepflichten (IAS 24.25 ff.). Dieser Bezug besteht, sofern eine solche öffentliche Stelle entweder Beherrschung, gemeinschaftliche Beherrschung oder maßgeblichen Einfluss auf das Unternehmen ausübt oder ein anderes Unternehmen als „nahe stehend" gilt, weil es Beherrschung, gemeinschaftliche Beherrschung oder maßgeblichen Einfluss derselben Regierung unterliegt.

Gem. § 285 Nr. 21 **HGB** besteht Wahlrecht entweder allein über die marktunüblichen oder über alle Geschäfte (dann ohne Differenzierung in marktüblich und marktunüblich) zu nahe stehenden Parteien zu berichten. Gem. § 285 Nr. 9 HGB ist zudem die Vergütung der Führungs- und Aufsichtsgremien (im Falle börsennotierter Aktiengesellschaften aufgeschlüsselt nach Vorstandsmitgliedern) anzugeben.

Beispiel für ausgewählte Angaben zu Beziehungen zu nahe stehenden Unternehmen

Die Praxis-AG unterhält mit vielen Tochterunternehmen, Gemeinschaftsunternehmen und assoziierten Unternehmen Beziehungen im Rahmen der gewöhnlichen Geschäftstätigkeit. Dabei kauft und verkauft die Praxis-AG eine große Vielfalt von Produkten und Dienstleistungen grds. zu Marktbedingungen. Für Informationen zu Tochterunternehmen, Gemeinschaftsunternehmen und assoziierten Unternehmen im Geschäftsjahr t2 siehe die Anteilsbesitzliste. Informationen zu Tochterunternehmen, Gemeinschaftsunternehmen und assoziierten Unternehmen im Vorjahr finden sich in der Anteilsbesitzliste, die gesondert im elektronischen Bundesanzeiger veröffentlicht wird. Geschäftsvorfälle zwischen der Praxis-AG und ihren Tochterunternehmen, die nahe stehende Unternehmen darstellen, wurden im Zuge der Konsolidierung eliminiert und werden insofern hier nicht erläutert. Einzelheiten zu Geschäftsvorfällen zwischen dem Konzern und anderen nahe stehenden Unternehmen und Personen werden im Folgenden offengelegt.

Die Praxis-AG hat an verschiedene nicht voll konsolidierte Tochterunternehmen und assoziierte Unternehmen Produkte verkauft und Leistungen bezogen. Geschäftsbeziehungen zu Gemeinschaftsunternehmen bestehen nicht. Alle Geschäfte wurden zu marktüblichen Konditionen abgerechnet. Das Geschäftsvolumen sowie die zum Bilanzstichtag noch ausstehenden Forderungen bzw. Verbindlichkeiten sind aus Sicht des Konzerns im Folgenden dargestellt:

	Nicht vollkonsolidierte Tochterunternehmen		Assoziierte Unternehmen	
	t2	t1	t2	t1
Verkauf von Produkten				
Bezug von Leistungen				
Forderungen				
Verbindlichkeiten				

Beispiel für ausgewählte Angaben zu Beziehungen zu nahe stehenden Personen

Nahe stehende Personen umfassen die Mitglieder des Aufsichtsrates und des Vorstandes.

Die Vergütung der Mitglieder des Aufsichtsrates umfasst eine feste Vergütung, eine zusätzliche Vergütung für Ausschusstätigkeit sowie eine variable Vergütung. Die Bezüge des Aufsichtsrates betrugen insgesamt X EUR (Vorjahr X EUR). Hiervon entfielen X EUR (Vorjahr: X EUR) auf variable Vergütungsbestandteile.

Den aktiven Vorstandsmitgliedern wurden folgende Bezüge zur Wahrung ihrer Aufgaben in der Praxis-AG gewährt:

	t2	t1
Kurzfristige fällige Leistungen davon variable Vergütung		
Leistungen nach Beendigung des Arbeitsverhältnis		
Summe		

Bei den Leistungen nach Beendigung des Arbeitsverhältnisses handelt es sich um Aufwendungen für die Dotierung von Pensionsrückstellungen (Dienstzeitaufwand). Anteilsbasierte Vergütungen wurden nicht gewährt.

In t2 wurden X EUR (Vorjahr: X EUR) Leistungen aus Anlass der Beendigung von Beschäftigungsverhältnissen mit Vorstandsmitgliedern der Praxis-AG geleistet. Diese beinhalten Abfindungen und Übergangsvergütungen.

Für die ehemaligen Mitglieder des Vorstands der Praxis-AG wurden Ruhestandbezüge i.H.v. X EUR (Vorjahr: X EUR) geleistet. Die bilanzierten Verpflichtungen für die laufenden Pensionen und für die Anwartschaften der ehemaligen Mitglieder des Vorstands der Praxis-AG betragen X EUR (Vorjahr: X EUR).

Einem Vorstandsmitglied wurde ein Darlehen i.H.v. X EUR gewährt. Die Laufzeit des Darlehens beträgt 10 Jahre, der vereinbarte Zinssatz X % p.a. Zum 31.12.t2 bestand gegenüber dem Vorstandsmitglied noch eine Forderung i.H.v. X EUR aus dem Darlehen (Vorjahr: X EUR). Haftungsverhältnisse zugunsten der Vorstands- oder Aufsichtsratsmitgliedern wurde nicht eingegangen.

E.5 Unstetigkeiten

E.5.1 Anwendungsbereich von IAS 8

E.5.2 Bilanzielle Behandlung von Unstetigkeiten

E.5.3 Darstellung und Anhangangaben zu Unstetigkeiten

Anwendungsbereich von IAS 8

Positive Abgrenzung des Anwendungsbereichs

Es liegt ein(e)
(1) Wahl bzw. Änderung der Bilanzierungsmethoden,
(2) Änderung von Schätzungen oder
(3) Fehler vor.

Negative Abgrenzung des Anwendungsbereichs

Es handelt sich nicht um
(1) die Steuereffekte aus einer rückwirkenden Änderung/Fehlerkorrektur,
(2) die erstmalige Anwendung der Neubewertungsmethode gem. IAS 16/IAS 38 oder
(3) die erstmalige Anwendung eines neuen Standards, der eigene Übergangsvorschriften (transitional provisions) enthält.

IAS 8 ist anwendbar

IAS 8 enthält drei Anwendungsbereiche:

(1) Es ist eine **Bilanzierungsmethode** zu wählen bzw. eine bisher gewählte Bilanzierungsmethode soll künftig geändert werden.

(2) Für die Bilanzierung notwendige **Schätzungen** müssen angepasst werden. Eine solche Schätzungsänderung i.S.d. IAS 8 beruht auf neuen Informationen bzw. neuen Entwicklungen und stellt daher keinen Bilanzierungsfehler dar.

(3) Es liegt ein **Bilanzierungsfehler** vor. Hierbei kann es sich z.B. um Rechenfehler oder Fehler in der Auslegung einer Bilanzierungsvorschrift handeln (IAS 8.5).

Vom Anwendungsbereich des IAS 8 **ausgenommen** wurden drei Sachverhalte, in denen der IASB jeweils spezielle Vorschriften erlassen hat:

(1) Von einer Anpassung vergangener Abschlüsse gehen ggf. (latente) **Steuereffekte** aus. Diese Effekte sind indes gem. IAS 12 zu bilanzieren (siehe Kap. D.13) und fallen explizit nicht in den Anwendungsbereich von IAS 8 (IAS 8.4).

(2) Gleichermaßen stellt die erstmalige Anwendung der **Neubewertungsmethode** gem. IAS 16 bzw. IAS 38 (siehe Kap. D.2.3) zwar die Änderung einer Bilanzierungsmethode dar – sie ist indes nach IAS 16/IAS 38 zu bilanzieren und nicht nach IAS 8 (IAS 8.17).

(3) Enthält ein erstmalig anzuwendender Standard seinerseits spezielle **Übergangsvorschriften** (sogenannte transitional provisions), sind diese für die Erstanwendung dieses Standards und nicht IAS 8 anzuwenden (IAS 8.19).

411

Bilanzielle Behandlung von Unstetigkeiten

	❶ Wahl/Änderung der Bilanzierungsmethode	❷ Änderung von Schätzungen	❸ Fehler
Beispiel	Änderung von der Anschaffungskosten-Methode zur Fair Value-Methode gem. IAS 40	Neueinschätzung der Restnutzungsdauer eines Vermögenswertes	Korrektur eines von der DPR festgestellten Fehlers
Zeitbezug	retrospektiv (bzw. entsprechend der transitional provisions), d.h. Anpassung der Werte in der Berichtsperiode und in Vorperioden	prospektiv, d.h. Anpassung der Werte in der Berichtsperiode und in folgenden Perioden	analog zu ❶
Ergebnis-wirkung	ergebniswirksam für die Berichtsperiode und dargestellte Vorperioden, ergebnisneutral für nicht-dargestellte Vorperioden	ergebniswirksam	analog zu ❶

❶ Gem. dem **Stetigkeitsprinzip** ist eine gewählte Bilanzierungsmethode stetig beizubehalten (IAS 8.13), es sei denn, eine Änderung wird von einem (neuen) Standard gefordert oder führt zu verlässlicheren und relevanteren Informationen im Abschluss (IAS 8.14).

Primär sind bei einer **Änderung**, die von einem (neuen) Standard gefordert wird, die transitional provisions (Übergangsvorschriften) dieses Standards anzuwenden (IAS 8.19 (a)). Erfolgt die Änderung indes freiwillig oder mangelt es an einer Übergangsvorschrift, ist die Änderung retrospektiv anzuwenden (IAS 8.19 (b)). D.h. die Vorperioden sind so zu ändern, als wäre die geänderte Methode schon „immer" angewandt worden. Die Vergleichszahlen aller dargestellten Vorperioden sind ggf. erfolgswirksam anzupassen. Die Änderung der nicht dargestellten Perioden sind erfolgsneutral in der Eröffnungsbilanz der ersten dargestellten Periode zu erfassen (IAS 8.22). Sofern Anpassungen aller Vorperioden nicht durchführbar sind, sind die Anpassungen ab der Periode, ab der die Anpassung praktikabel ist, durchzuführen (IAS 8.24).

❷ Eine **Schätzungsänderung** wirkt sich prospektiv aus, d.h. die Änderung beeinflusst das Periodenergebnis (und ggf. Bilanzposten) des laufenden Geschäftsjahres sowie ggf. künftiger Perioden. Die Vorjahreswerte bleiben davon unberührt (IAS 8.36 f.).

❸ Die Behebung eines **Fehlers** wird grds. analog zu ❶ retrospektiv vorgenommen (IAS 8.42).

Im **HGB** existieren, abgesehen vom Stetigkeitsgebot des § 252 Abs. 1 Nr. 6 HGB, keine dem IAS 8 vergleichbaren Regelungen. Die einschlägige Regelung im deutschen Rechtsraum hierzu ist die IDW-Stellungnahme IDW RS HFA 6 „Änderung von Jahres- und Konzernabschlüssen".

Darstellung und Anhangangaben zu Unstetigkeiten

Angaben/Vorschriften	Text-ziffern	
Wahl/Änderung der Bilanzierungsmethode		
erstmalige Anwendung eines Standards	IAS 8.28, 30-31	• Bezeichnung des Standards • Tatsache, dass die Methode übereinstimmend mit den transitional provisions geändert wird (sofern anwendbar) • Art der Änderung • Beschreibung der transitional provisions (sofern anwendbar) • Angabe der transitional provisions, die sich künftig auswirken werden (sofern anwendbar) • betragsmäßige Änderung der betroffenen Abschlussposten sowie ggf. des Ergebnisses je Aktie für das aktuelle Jahr und die dargestellten Vorjahre • betragsmäßige Änderungen in nicht dargestellten Vorjahren (sofern praktikabel) • falls eine retrospektive Anwendung in einer bestimmten Periode nicht praktikabel war: Begründung dafür und Beschreibung wie und wann die Änderung angewendet wurde • bei Nichtanwendung eines neuen, aber noch nicht in Kraft getretenen IFRS: die Tatsache der Nichtanwendung und potenzielle Auswirkungen einer künftigen Anwendung
freiwilliger Wechsel der Bilanzierungsmethode	IAS 8.29	• Art der Änderung • Begründung, weshalb die Änderung verlässlichere und relevantere Informationen generiert • betragsmäßige Änderung der betroffenen Abschlussposten sowie ggf. des Ergebnisses je Aktie für das aktuelle Jahr und die dargestellten Vorjahre • betragsmäßige Änderungen in nicht dargestellten Vorjahren (sofern praktikabel) • falls eine retrospektive Anwendung in einer bestimmten Periode nicht praktikabel war: Begründung dafür und Beschreibung wie und wann die Änderung angewendet wurde

Änderung von Schätzungen		
Effekte von Schätzungs-änderungen	IAS 8.39-40	• Art der Änderung • Betrag der Änderung in der aktuellen und in künftigen Perioden • falls eine Angabe des Betrags für künftigen Perioden nicht praktikabel ist: Angabe dieser Tatsache
Fehler		
Effekte von Fehler-korrekturen	IAS 8.49	• Art des Fehlers • betragsmäßige Korrektur der betroffenen Abschlussposten sowie ggf. des Ergebnisses je Aktie für das aktuelle Jahr und die dargestellten Vorjahre • Betrag der Korrektur zum Beginn der frühesten dargestellten Periode • falls eine retrospektive Korrektur in einer bestimmten Periode nicht praktikabel war: Begründung dafür und Beschreibung wie und wann der Fehler korrigiert wurde

Teil F Überblick über Konzernrechnungslegungs- vorschriften

Konzernrechnungslegungspflicht und relevante Regelungen

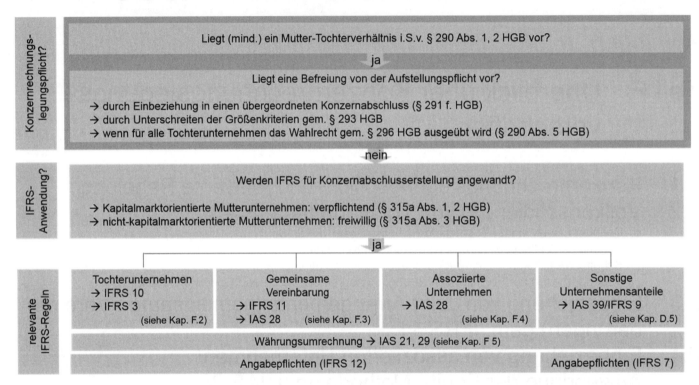

Unternehmen mit Sitz in Deutschland haben die Frage einer möglichen **Konzernrechnungslegungspflicht** – unabhängig davon, ob ein HGB- oder ein IFRS-Konzernabschluss aufgestellt werden soll/muss – nach den deutschen Gesetzesvorschriften zu prüfen. Für Kapitalgesellschaften sowie Personenhandelsgesellschaften gem. § 264a HGB besteht eine solche Konzernrechnungslegungspflicht grds., sofern zumindest ein Mutter-Tochter-Verhältnis i.S.d. § 290 Abs.1 + 2 HGB und keine Befreiung von der Konzernrechnungslegungspflicht gem. §§ 290 Abs. 5, 291-293 HGB besteht. Für Unternehmen anderer Rechtsformen ist § 11 PublG zu beachten.

Sofern **kapitalmarktorientierte** Unternehmen i.S.d. § 264d HGB zur Konzernrechnungslegung verpflichtet sind, haben diese **verpflichtend** einen IFRS-Konzernabschluss zu erstellen. **Nicht-kapitalmarktorientierte** Unternehmen können für die Erstellung ihres Konzernabschlusses **wahlweise** HGB oder IFRS anwenden (siehe auch Kap. B.4.)

Erstellt ein Unternehmen verpflichtend oder freiwillig einen **IFRS-Konzernabschluss,** sind für die Konzernrechnungslegung folgende IFRS zu berücksichtigen:

IAS 21/29: regeln (u.a.) die Währungsumrechnung von Tochterunternehmen.

IAS 28: definiert, wann ein assoziiertes Unternehmen vorliegt und regelt die Equity-Methode, die für die Einbeziehung von Gemeinschaftsunternehmen sowie assoziierten Unternehmen relevant ist.

IFRS 3: regelt die erstmalige Vollkonsolidierung von Tochterunternehmen (insb. die Kaufpreisallokation) sowie die Erst- und Folgebewertung eines Goodwills (dabei wird auch auf IAS 36 verwiesen; siehe Kap. D.2.3 und F.2).

IFRS 10: definiert, wann ein Mutter-Tochter-Verhältnis besteht und regelt die sonstigen Konsolidierungsfragen (z.B. Vorgehen bei abweichenden Bilanzstichtagen von Mutter- und Tochterunternehmen) sowie die sonstigen Konsolidierungsmaßnahmen (z.B. Schuldenkonsolidierung).

IFRS 11: definiert die Arten von gemeinsamen Vereinbarungen und regelt, wie diese in den Konzernabschluss einzubeziehen sind.

IFRS 12: bestimmt die Angabepflichten, die zu den Tochterunternehmen, Gemeinschaftsunternehmen sowie assoziierten Unternehmen im Konzernabschluss zu machen sind.

Definition eines Mutter-Tochter-Verhältnisses gem. IFRS 10

Control-Konzept gem. IFRS 10.6 ff.

Ein Mutterunternehmen (Investor) beherrscht ein Tochterunternehmen (Beteiligungsunternehmen),
wenn folgende Kriterien kumulativ erfüllt sind:

Power/Verfügungsgewalt	variable Rückflüsse	Verbindung zwischen Power und Rückflüssen
Das Mutterunternehmen verfügt über **substanzielle** Rechte, die ihm **gegenwärtige Fähigkeit** verleihen, die **maßgeblichen Tätigkeiten** zu lenken, z.B. bei - Stimmrechtsmehrheit (ggf. inkl. potenzieller ausübbarer und mittelbarer Stimmrechte) - Organbesetzungs- oder abberufungsrechte - Weisungsrechte/Vetorechte zu Gunsten des Investors - Sonstige Rechte (z.B. ggf. Autopilotregelungen bei Zweckgesellschaften), die dem Inhaber die Fähigkeiten verleihen, die maßgeblichen Tätigkeiten zu lenken.	Das Mutterunternehmen ist variablen Rückflüssen, die mit dem Erfolg des Tochterunternehmens variieren, ausgesetzt, z.B. - Dividenden, Zinsen - Wertänderungen der Eigenkapital-Investition - Entgelte für Kredit-/Liquiditäts-unterstützung - Rückflüsse aus Synergieeffekten - Zugang zu Know-how	Entscheidungsträger hat aufgrund folgender Fakten zu beurteilen, ob er als Agent oder Principal handelt, z.B.: - Umfang der Entscheidungs-kompetenz - Rechte anderer Parteien - Entgelt - Risikobelastung durch Schwankungen der Rendite aus anderen Anteilen

Gem. IFRS 10.7 liegt ein Mutter-Tochter-Verhältnis vor, wenn das vermeintliche Mutterunternehmen:

- die **Verfügungsgewalt** über das vermeintliche Tochterunternehmen besitzt (= Rechte, die ihm die gegenwärtige Fähigkeit verleihen, die maßgeblichen Tätigkeiten wesentlich zu beeinflussen) <u>und</u>
- eine **Risikobelastung** durch oder **Anrechte** auf schwankende Renditen aus seinem Engagement in das vermeintliche Tochterunternehmen hat <u>und</u>
- die Fähigkeit hat, seine **Verfügungsgewalt** über das vermeintliche Tochterunternehmen **dergestalt zu nutzen**, dass dadurch die Höhe der **Rendite** des Tochterunternehmens **beeinflusst** wird.

Im **Anhang B** zum IFRS 10 werden ausführliche und beispielhafte **Leitlinien zur Beurteilung der drei kumulativ zu erfüllenden Beherrschungskriterien** gegeben. Dabei wird deutlich, dass für die Beurteilung der Beherrschungsmöglichkeit Zweck und Ausgestaltung eines vermeintlichen Tochterunternehmens zu berücksichtigen sind. Sind z.B. Stimmrechte bei der Entscheidung kein dominanter Faktor (z.B. wenn sich die Stimmrechte nur auf die Verwaltungsaufgaben, nicht aber die maßgeblichen Tätigkeiten beziehen), kann die Berücksichtigung von Risiken erforderlich sein. Insofern ist das Vorliegen eines Mutter-Tochter-Verhältnisses im Einzelfall zu prüfen.

Mit der Neugestaltung des § 290 Abs. 1 und 2 **HGB** wurde die Definition eines Mutter-Tochter-Verhältnisses an die 2009 geltenden IFRS-Regelungen (IAS 27 und SIC-12 – die Vorgängerregelungen des IFRS 10) angepasst, wenngleich diese nicht in allen Fällen zum gleichen Ergebnis führten. Mit dem Erlass des IFRS 10 unterscheiden sich die HGB- und IFRS-Definitionen eines Tochterunternehmens nunmehr wieder (zumindest sprachlich) mehr. Wenngleich in vielen Fällen die Prüfung (weiterhin) zum gleichen Ergebnis führt, kann es im Einzelfall zu Abweichungen kommen.

Schritte zur Vollkonsolidierung von Tochterunternehmen

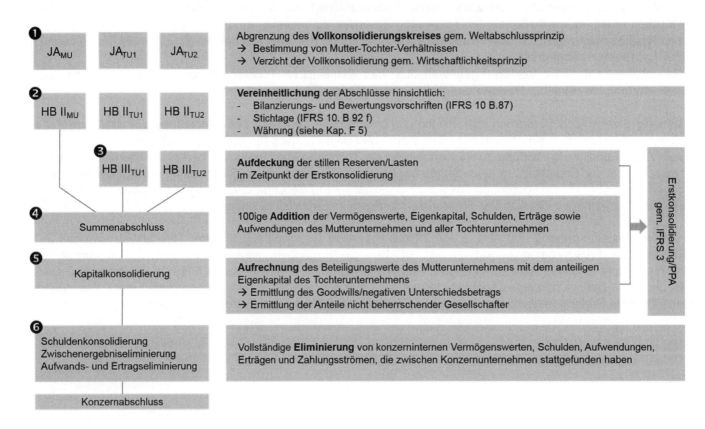

❶
JA_{MU} JA_{TU1} JA_{TU2}

Abgrenzung des **Vollkonsolidierungskreises** gem. Weltabschlussprinzip
→ Bestimmung von Mutter-Tochter-Verhältnissen
→ Verzicht der Vollkonsolidierung gem. Wirtschaftlichkeitsprinzip

❷
$HB\ II_{MU}$ $HB\ II_{TU1}$ $HB\ II_{TU2}$

Vereinheitlichung der Abschlüsse hinsichtlich:
- Bilanzierungs- und Bewertungsvorschriften (IFRS 10 B.87)
- Stichtage (IFRS 10. B 92 f)
- Währung (siehe Kap. F 5)

❸
$HB\ III_{TU1}$ $HB\ III_{TU2}$

Aufdeckung der stillen Reserven/Lasten
im Zeitpunkt der Erstkonsolidierung

❹
Summenabschluss

100ige **Addition** der Vermögenswerte, Eigenkapital, Schulden, Erträge sowie Aufwendungen des Mutterunternehmens und aller Tochterunternehmen

❺
Kapitalkonsolidierung

Aufrechnung des Beteiligungswerte des Mutterunternehmens mit dem anteiligen Eigenkapital des Tochterunternehmens
→ Ermittlung des Goodwills/negativen Unterschiedsbetrags
→ Ermittlung der Anteile nicht beherrschender Gesellschafter

❻
Schuldenkonsolidierung
Zwischenergebniseliminierung
Aufwands- und Ertragseliminierung

Vollständige **Eliminierung** von konzerninternen Vermögenswerten, Schulden, Aufwendungen, Erträgen und Zahlungsströmen, die zwischen Konzernunternehmen stattgefunden haben

Konzernabschluss

Erstkonsolidierung/PPA gem. IFRS 3

Für die Vollkonsolidierung von Tochterunternehmen sind (ähnlich wie nach **HGB**) folgende Schritte zu beachten:

❶ Zunächst ist der **Vollkonsolidierungskreis** abzugrenzen. Gem. IFRS 10 sind i.S.d. Weltabschlussprinzips grds. alle Tochterunternehmen (unabhängig von Sitz und Rechtsform) vollkonsolidierungspflichtig. Lediglich Tochterunternehmen, die unwesentliche Bedeutung für die Darstellung der VFE-Lage besitzen, brauchen gem. dem Wesentlichkeits-/Wirtschaftlichkeitsprinzip nicht vollkonsolidiert werden. Für Tochterunternehmen mit Weiterveräußerungsabsicht ist IFRS 5 zu beachten (siehe Kap. E.3). Weitere Ausnahmen bestehen bei Investmentgesellschaften.

❷ In einem nächsten Schritt sind die **Jahresabschlüsse** (JA) der Konzernunternehmen zu **vereinheitlichen**. Für die Vereinheitlichung der Stichtage sind Zwischenabschlüsse aufzustellen, sofern der Bilanzstichtag des Tochterunternehmens mehr als 3 Monate vom Konzernbilanzstichtag abweicht. Sofern der Jahresabschluss eines Konzernunternehmens in einer anderen Währung als der Konzernberichtswährung erstellt wurde, ist die Währungsumrechnung gem. IAS 21/29 zu beachten (siehe Kap. F.5). Zudem sind die Bilanzierungs- und Bewertungsvorschriften an die Konzernbilanzierungsrichtlinie anzupassen. Die vereinheitlichen Abschlüsse der Konzernunternehmen werden als **HB II** (Handelsbilanz II) bezeichnet.

❸ In der **HB III** werden die **stillen Reserven und Lasten**, die im Zeitpunkt der Erstkonsolidierung im Rahmen der Kaufpreisallokation ermittelt wurden, **aufgedeckt** (siehe dazu nächste Seiten).

❹ Die HB II des Mutterunternehmens sowie die HB III der Tochterunternehmen sind im weiteren Schritt zu einem **Summenabschluss** zu addieren. Dabei ist zu beachten, dass die Vermögenswerte, Schulden, das Eigenkapital sowie die Erträge und Aufwendungen aller Tochterunternehmen unabhängig von der Beteiligungsquote **stets zu 100%** in den Summenabschluss einzubeziehen sind.

❺ Im Rahmen der nachfolgenden **Kapitalkonsolidierung** werden die Beteiligungsbuchwerte des Mutterunternehmens mit dem jeweils in Höhe der Beteiligungsquote anteiligen (neubewerteten) Eigenkapital der Tochterunternehmen aufgerechnet. Eine sich ergebende Aufrechnungsdifferenz stellt den Goodwill/negativen Unterschiedsbetrag dar (siehe dazu nächste Seiten). Als nicht-beherrschende Anteile sind die restlichen, nicht aufgerechneten Eigenkapitalwerte der Tochterunternehmen in einem gesonderten Eigenkapitalposten auszuweisen.

❻ Im Rahmen der **Schuldenkonsolidierung**, **Zwischenergebniseliminierung** sowie der **Aufwands- und Ertragskonsolidierung** werden schließlich sämtliche konzerninternen Geschäfte eliminiert.

Schritte zur Erstkonsolidierung/Purchase Price Allocation gem. IFRS 3

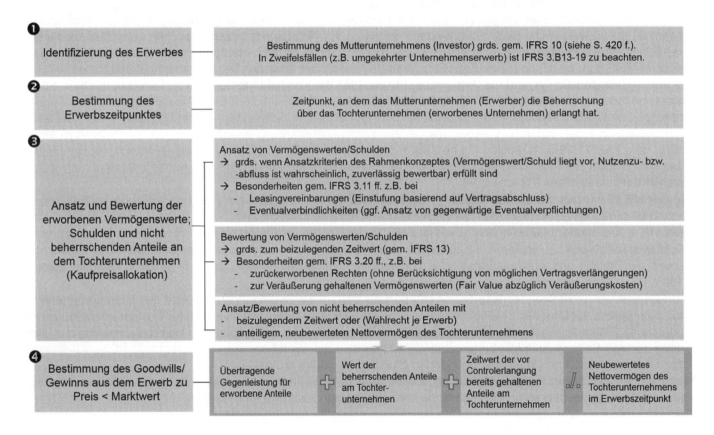

Folgende Schritte sind gem. IFRS 3.5 bei der erstmaligen Bilanzierung eines Unternehmenszusammenschlusses/der Erstkonsolidierung zu beachten:

❶ Gem. IFRS 3.6f. ist der **Erwerber** - anders als nach **HGB** - nicht allein aufgrund der rechtlichen Gestaltung, sondern nach der wirtschaftlichen Betrachtungsweise zu bestimmen. Dies kann in Einzelfällen (z.B. bei umgekehrtem Unternehmenserwerb) dazu führen, dass der rechtliche Erwerber als erworbenes Unternehmen identifiziert wird.

❷ Für die nachfolgende Kaufpreisallokation ist der **Erwerbszeitpunkt** zu bestimmen. Dies ist gem. IFRS 3.8f. der Zeitpunkt, an dem die Beherrschung i.S.d. IFRS 10 über das erworbene Unternehmen erlangt wurde. Hierbei sind sämtliche die Zeit vor oder nach dem Closing betreffende Vereinbarungen zu beachten.

❸ Im Rahmen der eigentlichen **Kaufpreisallokation** (purchase price allocation) sind alle erworbenen Vermögenswerte, übernommenen Schulden sowie die nicht beherrschenden Anteile eines Tochterunternehmens zu identifizieren und zu bewerten. Für den Ansatz gelten grds. die auch im Conceptual Framework geregelten Ansatzvorschriften für Vermögenswerte und Schulden (siehe Kap. A.5). Die erworbenen Vermögenswerte und übernommenen Schulden sind grds. zum Fair Value gem. IFRS 13 zu bewerten. IFRS 3 enthält allerdings eine Reihe von Besonderheiten/Ausnahmen von den allgemeinen Ansatzvorschriften sowie der Bewertung zum Fair Value. Der nicht beherrschende Anteil kann wahlweise mit dem Fair Value (sogenannte Full-Goodwill-Methode) oder mit dem anteiligen, neubewerteten Nettovermögen des Tochterunternehmens (sogenannte Partial-Goodwill-Methode) bewertet werden. Nach **HGB** sind grds. auch alle übernommenen Vermögensgegenstände und Schulden mit dem beizulegenden Zeitwert zu bewerten. Ausnahmen sind allein bei latenten Steuern und Rückstellungen zu beachten. Nicht-beherrschende Anteile (Minderheitenanteile) sind zwingend mit dem anteiligen neubewerteten Nettovermögen zu bewerten.

❹ Durch die Subtraktion des neubewerteten Nettovermögens des Tochterunternehmens von der Summe aus übertragenen Gegenleistung für die erworbenen Anteile (z.B. gezahlter Kaufpreis), dem Wert der nicht-beherrschenden Anteile (bewertet zum Fair Value oder anteiligem Nettovermögen) sowie – im Fall eines sukzessiven Unternehmenserwerbs – dem Fair Value der bis zum Controlübergang bereits gehaltenen Anteile wird ein Unterschiedsbetrag ermittelt. Ein positiver Unterschiedsbetrag ist – ähnlich zum **HGB** - als **derivativer Goodwill** zu aktivieren. Ist die Differenz hingegen negativ, ist nach einer (nochmaligen) Prüfung der Wertansätze der Vermögenswerte und Schulden sowie der übertragenen Gegenleistung der verbliebene **negative Unterschiedsbetrag** sofort in der GuV als Ertrag/Gewinn zu erfassen. Anders als nach **HGB** wird ein negativer Unterschiedsbetrag also nicht passiviert.

Besonderheiten der Folgekonsolidierung: measurement period und Goodwill-Impairment

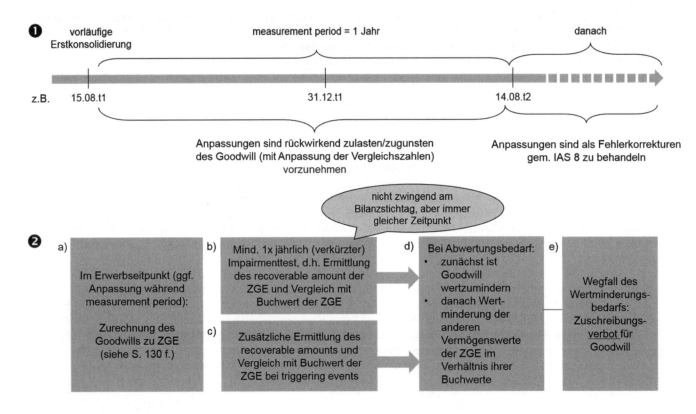

Im Rahmen der Folgekonsolidierung sind (u.a.) folgende Besonderheiten zu beachten:

❶ Die im Rahmen der Kaufpreisallokation erforderliche Identifizierung und Bewertung sämtlicher Vermögenswerte, Schulden und nicht beherrschenden Anteile sowie die Ermittlung der übertragenen Gegenleistung sind vielfach sehr zeitintensiv. Können in einem Abschluss nach der Erstkonsolidierung nicht sämtliche Werte schon vollständig bzw. zuverlässig ermittelt werden, ist i.S.d. Wirtschaftlichkeit gem. IFRS 3.45 erlaubt, zunächst eine **vorläufige Kaufpreisallokation** vorzunehmen. Innerhalb eines Bewertungszeitraums (der sogenannten **measurement period**) von maximal einem Jahr – gerechnet ab dem Erwerbszeitpunkt – dürfen diese vollständigen Werte zulasten bzw. zugunsten des Goodwills angepasst werden. Wobei diese Anpassung retrospektiv vorzunehmen ist, d.h. auch die Vorjahreszahlen im nachfolgenden Berichtsjahr (im nebenstehenden Beispiel: 31.12.t2) sind anzupassen. Werterhellende Informationen nach dem Bewertungszeitraum sind indes gem. IAS 8 als Fehlerkorrektur (siehe dazu Kap. E.5) zu behandeln.

❷ Gem. IFRS 3 wird ein Goodwill nicht planmäßig abgeschrieben, sondern „nur" außerplanmäßig (sogenannter **impairment-only-approach**), wobei für den Impairmenttest eines Goodwills folgende Besonderheiten in Abweichung zu dem üblichen Impairmenttest (siehe Kap. D.2.3) zu beachten sind:

a. Ein im Rahmen der Kaufpreisallokation ermittelter Goodwill ist im Erwerbszeitpunkt einer oder mehrerer zahlungsmittelgenerierender Einheiten (ZGE) in Abhängigkeit von den zurechenbaren Synergien zuzuordnen (IAS 36.80).

b. Für ZGE, die einen (anteiligen) Goodwill enthalten, ist mind. einmal jährlich der recoverable amount zu ermitteln, also unabhängig von Hinweisen auf eine mögliche Wertminderung (IAS 36.10). Der jährliche Wertminderungstest für ZGEs mit (anteiligem) Goodwill muss allerdings nicht zwingend zum Bilanzstichtag erfolgen, sondern kann jederzeit im Laufe des Geschäftsjahres vorgenommen werden und zwar auch zu unterschiedlichen Zeitpunkten für verschiedene ZGE. Allerdings muss die jährliche Überprüfung einer ZGE mit Goodwill stets zum gleichen Zeitpunkt im Jahr erfolgen (IAS 36.96).

c. Neben der jährlichen Überprüfung ist ein Wertminderungstest durchzuführen, wenn sogenannte triggering events auf eine mögliche Wertminderung hindeuten.

d. Ergibt sich aus dem Vergleich des Buchwertes der ZGE mit dem recoverable amount ein Wertminderungsbedarf, ist dieser gem. IAS 36.104 wie folgt vorzunehmen: zunächst ist der Goodwill der ZGE abzuschreiben. Ein verbleibender Wertminderungsbedarf ist proportional zu den Buchwerten der anderen Vermögenswerte der ZGE zuzuordnen (wobei hierbei die Restriktion gem. IAS 36.105 zu beachten ist).

e. Ein einmal wertgeminderter Goodwill darf auch bei Wegfall des Grundes für den Wertminderungsbedarf nicht wieder zugeschrieben werden (IAS 36.124).

Einbeziehung von Joint Arrangements (gemeinsamen Vereinbarungen) gem. IFRS 11

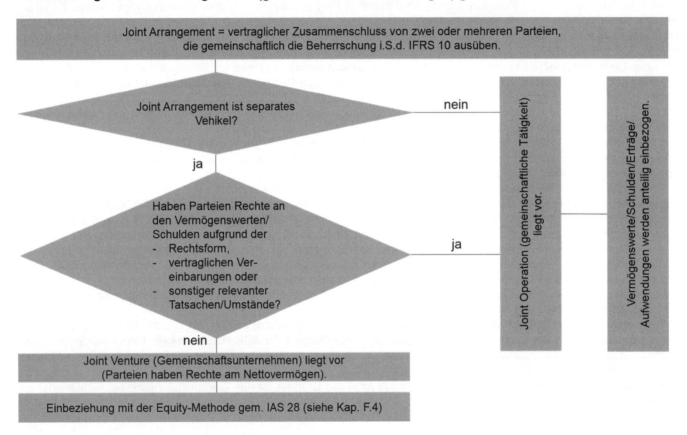

Für **Joint Arrangements** (gemeinsame Vereinbarungen) ist IFRS 11 anwendbar. Gem. IFRS 11.4 zählen dazu alle vertraglichen Arrangements, bei dem zwei oder mehrere Unternehmen die **gemeinschaftliche Führung/Beherrschung** ausüben. Definitionsmerkmale sind gem. IFRS 11.5 zum einen das Vorliegen einer **vertraglichen Vereinbarung** (die nicht zwingend schriftlich fixiert sein muss) und zum anderen die **gemeinschaftliche Führung** (die bedingt, dass die wesentlichen finanz- und geschäftspolitischen Entscheidungen einstimmig von den an der gemeinschaftlichen Führung beteiligten Parteien getroffen werden).

Für die Frage der Einbeziehung der Joint Arrangements in den Konzernabschluss ist wie folgt zu differenzieren:
- **Joint Operations** (gemeinschaftliche Tätigkeit) werden mit dem **anteiligen** Vermögen/Schulden/Erträgen/Aufwendungen einbezogen.
- **Joint Ventures** (Gemeinschaftsunternehmen) werden mit der **Equity-Methode** (siehe Kap. F.4) einbezogen.

Die Abgrenzung von Joint Operations vs. Joint Ventures hat nach folgenden Faktoren zu erfolgen, die im Einzelfall detailliert zu prüfen/beurteilen sind:
- Wenn die gemeinsame Vereinbarung **nicht** in Form eines **eigenständigen Vehikels** organisiert ist, liegt gem. IFRS 11.B16 immer eine **gemeinschaftliche Tätigkeit** vor. Ein eigenständiges Vehikel liegt - unabhängig von einer eigenen Rechtspersönlichkeit - dann vor, wenn eine von den Parteien unabhängige Finanzstruktur gegeben ist. So stellen ARGEs üblicherweise keine eigenständige Vehikel gem. IFRS 11 dar und sind demnach als gemeinschaftliche Tätigkeit zu behandeln.
- Wenn die gemeinschaftliche Vereinbarung hingegen in Form eines **eigenständigen Vehikels** organisiert ist, ist weiter anhand der Rechtsform, vertraglicher Vereinbarungen sowie sonstigen relevanten Sachverhalten und Umständen zu prüfen, ob die Parteien **Rechte an den einzelnen Vermögenswerten/Schulden** haben. Ist dies der Fall liegt eine **gemeinschaftliche Tätigkeit** vor. Haben die Parteien indes „nur" ein **Recht am Nettovermögen** (Residualanspruch), liegt ein **Gemeinschaftsunternehmen** vor.

Nach § 310 **HGB** können (Wahlrecht) Gemeinschaftsunternehmen alternativ mit der Quotenkonsolidierungsmethode oder der Equity-Methode in den Konzernabschluss einbezogen werden.

Einbeziehung von assoziierten Unternehmen/Anwendung der Equity-Methode gem. IAS 28

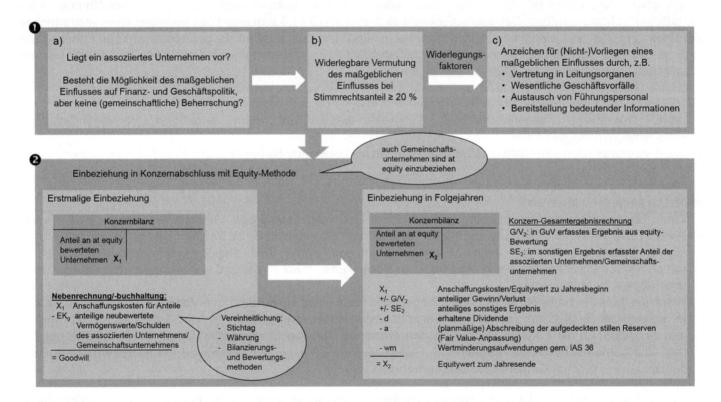

❶ Ein **assoziiertes Unternehmen** liegt gem. IAS 28.3 dann vor, wenn ein anderes Konzernunternehmen einen **maßgeblichen Einfluss** ausüben kann. Anders als nach **HGB** reicht insofern die Möglichkeit des maßgeblichen Einflusses aus, dieser muss nicht zwingend tatsächlich ausgeübt werden. Ähnlich zu HGB wird bei einem Stimmrechtsanteil von 20% oder mehr die Möglichkeit des maßgeblichen Einflusses **widerlegbar vermutet**. Allerdings kann über verschiedene in IAS 28.6 angeführte Indikatoren auch bei einem Stimmrechtsanteil < 20% das Vorliegen eines maßgeblichen Einflusses nachgewiesen werden.

❷ **Assoziierte Unternehmen** (ass. U.) sind ebenso wie **Gemeinschaftsunternehmen** (GU, siehe Kap. F.3) mit der Equity-Methode in einen Konzernabschluss einzubeziehen. Bei Anwendung der Equity-Methode werden die ass. U./GU im **Zugangszeitpunkt** zunächst mit den Anschaffungskosten im Konzernabschluss angesetzt. Um in den Folgejahren die erforderliche Fortführung des Equitywertes vornehmen zu können, müssen ähnlich wie bei der Vollkonsolidierung die stillen Reserven und Lasten des ass. U/GU im Zugangszeitpunkt aufgedeckt (analog der Kaufpreisallokation, siehe Kap. F.2) sowie ein Goodwill ermittelt werden. Dies erfolgt in einer Nebenrechnung (insofern wird hier auch von einer Einzeilenkonsolidierung gesprochen). In den **Folgejahren** wird ausgehend von dem Zugangswert/Wert zu Beginn des Geschäftsjahres der Equitywert wie folgt fortgeschrieben:

- +/- anteiliger Gewinn/Verlust des ass. U./GU
- +/- anteiliges sonstiges Ergebnis des ass. U./GU
- - anteilige Ausschüttung des ass. U./GU
- -/+ (planmäßige) Abschreibungen/Auflösung der im Rahmen der Fair Value-Anpassung bei Zugang aufgedeckten stillen Reserven/ Lasten
- - Wertminderungen des Goodwills

Bei anhaltenden Verlusten des ass. U./GU ist eine Minderung des Equity-Wertes höchstens auf 0 möglich. Ein negativer Equitywert ist nicht möglich, vielmehr ist ein solcher gem. der sogenannten U-Boot-Methode außerbilanziell in einer Nebenbuchhaltung zu führen. Ggf. sind indes Forderungen gegenüber dem ass.U./GU wertzumindern.

Die Equity-Methode nach **HGB** gleicht im Wesentlichen der nach IAS 28. Unterschiede bestehen indes darin, dass eine Anpassung an die Konzernbilanzierungsrichtlinien (HB II-Anpassungen, siehe Kap. F.2) nach IAS 28 gefordert werden, nach HGB dafür ein Wahlrecht besteht. Weiter ist nach IAS 28 die Zwischenergebniseliminierung, falls machbar, zwingend anteilig vorzunehmen, während § 312 Abs. 5 HGB auch eine vollständige Zwischenergebniseliminierung erlaubt. Zudem wird nach HGB ein Goodwill planmäßig abgeschrieben, während nach IFRS auch für den Goodwill aus der Equity-Methode der impairment-only-approach (siehe Kap. F.2) gilt.

Fremdwährungsumrechnung gem. IAS 21

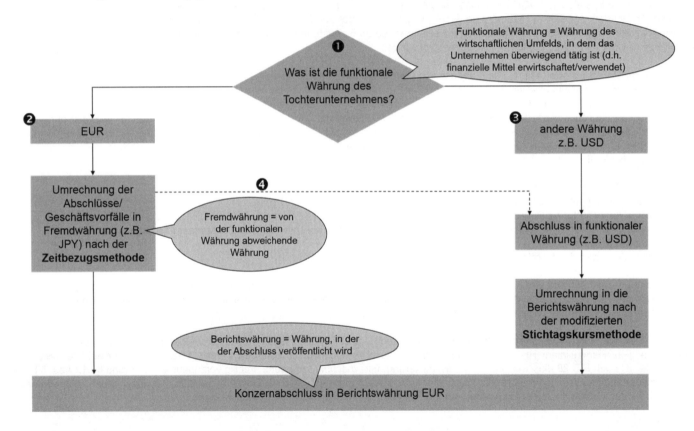

Für Mutterunternehmen (MU), die Ihren Konzernabschluss in der Berichtswährung EUR aufstellen, ist für die Fremdwährungsrechnung der Abschlüsse von Tochterunternehmen (TU) wie folgt zu verfahren:

❶ Zunächst ist für jedes TU zu klären, was deren **funktionale Währung** ist. Hierfür ist gem. IAS 21.9 entscheidend, in welcher Währung das TU im Wesentlichen seine finanziellen Mittel erwirtschaftet bzw. verwendet.

❷ Ist die **funktionale Währung eines TU** der „EUR" (wie dies vielfach bei Vertriebsgesellschaften der Fall ist), sind die in einer Fremdwährung erfolgten Geschäftsvorfälle/erstellten Abschlüsse nach der **Zeitbezugsmethode** in die Berichtswährung des MU (EUR) umzurechnen. Damit wird ... le des TU quasi so abgebildet, als wären sie originär in der funktionalen Währung des MU ge- ... (rechtlich) unselbständiger Teil des MU betrachtet.

... des **nicht** der **EUR**, sondern z.B. USD, ist der in USD erstellte Abschluss des TU mit der modi- ... richtswährung umzurechnen.

... n der funktionalen Währung **abweichen**, wäre der Abschluss/die Fremdwährungsgeschäfte ei- ... r Zeitbezugsmethode in die funktionale Währung des MU und anschließend mit der modifizier- ... währung umzurechnen.

... n **Umrechnungskurse** sowie die Behandlung der **Umrechnungsdifferenzen** für die Zeitbe- ... methode zusammengefasst dargestellt:

	Zeitbezugsmethode	Modifizierte Stichtagskursmethode
	Bilanzstichtagskurs	Bilanzstichtagskurs
...et zu fort-	Historischer Kurs bei Zugang	Bilanzstichtagskurs
...et zu bei-	Kurs zum Zeitpunkt der letzten Wertermittlung	Bilanzstichtagskurs
	Historischer Kurs bei Zugang	Historischer Kurs bei Zugang
...ebnis-	Transaktionskurs bzw. historischer Kurs, vereinfachend Durchschnittskurs	Transaktionskurs, vereinfachend Durchschnittskurs
...ten	erfolgswirksam	erfolgsneutral

... nes Hochinflationslandes ist, ist zusätzlich **IAS 29** zu beachten.

... TU nach der modifizierten Stichtagskursmethode umgerechnet.

Literaturverzeichnis

Auswahl an aktuellen Monographien und Sammelwerken zu IFRS:

Adler, H./Düring, W./Schmaltz, K. (Hrsg.), Rechnungslegung nach Internationalen Standards, Stuttgart, Loseblatt Stand: August 2011.

Althoff, F., Einführung in die Internationale Rechnungslegung, Wiesbaden 2012.

Baetge, J./Kirsch, H.-J./Thiele, S., Bilanzen, 12. Aufl., Düsseldorf 2012.

Baetge, J./Kirsch, H.-J./Thiele, S., Konzernbilanzen, 10. Aufl., Düsseldorf 2013.

Baetge, J./Wollmert, P./Kirsch, H.-J./Oser, P./Bischof, S. (Hrsg.), Rechnungslegung nach IFRS, 2. Aufl., Stuttgart, Loseblatt Stand: Mai 2014.

Ballwieser, W., IFRS – Rechnungslegung - Konzept, Regeln und Wirkungen, 3. Aufl., München 2013.

Bohl, W./Riese, J./Schlüter, J. (Hrsg.), Beck'sches IFRS-Handbuch, Kommentierung der IFRS/IAS, 4. Aufl., München 2013.

Bolin, M./Ditges, J./Arendt, U., Kompakt-Training Internationale Rechnungslegung nach IFRS, 4. Aufl., Herne 2013.

Buchholz, R., Grundzüge des Jahresabschluss nach HGB und IFRS, 8. Aufl., München 2013.

Buchholz, R., Internationale Rechnungslegung - die wesentlichen Vorschriften nach IFRS und HGB, 11. Aufl., Berlin 2014.

Coenenberg, A. G./Haller, A./Schultze, W., Jahresabschluss- und Jahresabschlussanalyse, 23. Aufl., Stuttgart 2014.

Diehm, J./Lösler, A., IFRS für Dummies, Weinheim 2013.

von Eitzen, B./Zimmermann, M., Bilanzierung nach HGB und IFRS, 2. Aufl., Weil im Schönbuch 2013.

Farr, W.-M./von Keitz, I., Checkliste für die Aufstellung und Prüfung des Anhangs nach IFRS (Notes), 6. Aufl., Düsseldorf 2014.

Grünberger, D., IFRS 2013, Ein systematischer Praxis – Leitfaden, 11. Aufl., Herne 2012.

Grünberger, H., IFRS - Eine Einführung, 4. Aufl., Wien 2014.

Hennrichs, J./Kleindiek, D./Watrin, C. (Hrsg.), Münchener Kommentar zum Bilanzrecht, Band 1: IFRS, München, Loseblatt Stand: Januar 2014.

Heuser, P.J./Theile, C. (Hrsg.), IFRS-Handbuch – Einzel- und Konzernabschluss, 5. Aufl., Köln 2012.

Kirsch, H., Einführung in die internationale Rechnungslegung nach IFRS, 9. Aufl., Herne 2013.

Kirsch, H., Übungen zur Internationalen Rechnungslegung nach IFRS, 6. Aufl., Herne 2013.

KPMG (Hrsg.), IFRS visuell, 6. Aufl., Stuttgart 2014.

Küting, K./Weber, C.-P., Der Konzernabschluss, Praxis der Konzernrechnungslegung nach HGB und IFRS, 13. Aufl., Stuttgart 2012.

Lüdenbach, N./Christian, D., IFRS Essentials, 2. Aufl., Herne 2012.

Lüdenbach, N./Hoffmann, W.-D./Freiberg, J. (Hrsg.), Haufe IFRS – Kommentar, 12. Aufl., Freiburg im Breisgau 2014.

Pellens, B./Fülbier, R.U./Gassen, J./Sellhorn, T., Internationale Rechnungslegung, 9. Aufl., Stuttgart 2014.

Petersen, K./Bansbach, F./Dornbach, E. (Hrsg.), IFRS Praxishandbuch - Ein Leitfaden für die Rechnungslegung mit Fallbeispielen, 9. Aufl., München 2014.

Reuther, F./Fink, C./Heyd, R. (Hrsg.), Full IFRS in Familienunternehmen und Mittelstand, 2. Aufl., Berlin 2014.

Rohatschek, R./Maukner, H., Rechnungslegung nach IFRS, 4. Aufl., Wien 2012.

Ruhnke, K./Simons, D., Rechnungslegung nach IFRS und HGB, 3. Aufl., Stuttgart 2012.

Theile, C., Übungsbuch IFRS, 4. Aufl., Wiesbaden 2014.

Thiele, S./von Keitz, I./Brücks, M. (Hrsg.), Internationales Bilanzrecht, Bonn/Berlin, Loseblatt Stand: August 2014.

Weber, M., 5 vor IFRS-Grundlagen - Endspurt zur Bilanzbuchhalterprüfung, 2. Aufl., Herne 2013.

Wöltje, J., IFRS, 6. Aufl., Freiburg im Breisgau 2012.

Stichwortverzeichnis